奧義書

UPANIṢAD

奧義書

目錄

譯者導讀

黃寶生

「奧義書」（Upaniṣad）在印度古代思想史上占有重要地位，是印度上古思想轉型的關鍵著作，對印度古代宗教和哲學的發展產生了深遠影響。

印度上古時代也稱吠陀時代。現存吠陀文獻包括「吠陀本集」、「梵書」、「森林書」和「奧義書」。

四部吠陀：《梨俱吠陀》、《娑摩吠陀》、《夜柔吠陀》和《阿達婆吠陀》，約產生於西元前十五世紀至西元前十世紀之間。其中，《梨俱吠陀》（Ṛgveda）是頌神詩集，《娑摩吠陀》（Sāmaveda）是頌神歌曲集，《夜柔吠陀》（Yajurveda）是祈禱詩文集，《阿達婆吠陀》（Atharvaveda）是巫術詩集。這些吠陀本集表明印度吠陀時代是崇拜神祇的時代。神祇分成天上諸神、空中諸神和地上諸神三類。許多天神由自然現象轉化而成，如蘇爾耶（太陽神）、阿耆尼（火神）、伐由（風神）、普利提維（大地女神）和烏霞（黎明女神）等，也有一些天神由社會現象或與自然現象相結合的社會現象轉化而成，如因陀羅（雷神和戰神）、陀濕多（工巧神）、蘇摩（酒神）和毗訶波提（祭司神）等。《梨俱吠陀》中的頌神詩主要是向這些天神表達崇拜、敬畏、讚美和祈求。在印度上古初民的心目中，人間一切事業的成功都依靠天神的庇佑。

印度吠陀時代早期是氏族部落社會。隨著生產力的發展和社會分工的加強，而形成種姓社會制度。社會成員分成四種種姓：第一種姓婆羅門（Brāhmaṇa）是祭司階級，掌管宗教；第二種姓剎帝利（Kṣatriya）是武士階級，掌管王權；第三種姓吠舍（Vaiśya）是平民階級，主要從事農業、畜牧業、手工業和商業；第四種姓首陀羅（Śūdra）是低級種姓，主要充當僕役。從四種種姓的排列次序就可以看出，婆羅門祭司在社會中居於首要地位。《梨俱吠陀》有一首晚出的「原人頌」，已將種姓制度神話化。這首頌詩描寫眾天神舉行祭祀，以原始巨人補盧沙作祭品。眾天神分割補盧沙時，「他的嘴變成婆羅門，雙臂變成羅闍尼耶（即剎帝利），雙腿變成吠舍，雙腳變成首陀羅」。（10.90.12）

四部吠陀也是適應祭祀儀式的實用需要而編訂成集的。婆羅門教的祭祀儀式分「家庭祭」和「天啟祭」兩大類。家庭祭是有關出生、婚喪和祈福等日常生活祭祀儀式，只要點燃一堆祭火，由家長本人擔任司祭者，或者請一個祭司協助。天啟祭則是貴族和富人，尤其是國王舉行的祭祀儀式，需要在祭壇的東邊、南邊和西邊點燃三堆祭火，由四位祭官統領一批祭司擔任司祭者。這四位祭官分別是：誦者祭司（Hotṛ），由他念誦《梨俱吠陀》頌詩，讚美諸神，邀請諸神出席祭祀儀式；歌者祭司（Udgātṛ），由他伴隨供奉祭品，尤其是蘇摩酒，高唱《娑摩吠陀》讚歌；行祭者祭司（Adhvaryu），由他執行全部祭祀儀式，同時低誦《夜柔吠陀》中的祈禱詩文；監督者祭司（Brahman，梵祭司），由他監督整個祭祀儀式的進行，一旦發現差錯，立即予以糾正。

《阿達婆吠陀》編訂成集的時間晚於前三部吠陀。但這不意味《阿達婆吠陀》中的巫術詩產生時間晚於前三部吠陀中的頌神詩。巫術是屬於原始宗教乃至前於宗教的古老社會現象。它更多體現始終在民間流行的通俗信仰。《阿達婆吠陀》的早期名稱是《阿達婆安吉羅》。阿達婆和安吉羅是兩位祭司的名字，也代表兩種巫術咒語：祝福咒語和驅邪咒語。在《阿達婆吠陀》中也有不少頌神詩，但一般都與巫術相結合。在這裡，《梨俱吠陀》中的諸神適應巫術的需要，幾乎都成了降伏妖魔或敵人的神。

印度吠陀時代上古初民崇拜神祇，熱衷祭祀。而婆羅門主導祭祀活動，並在祭祀活動中接受布施和酬金，是最大的實際受益者。在吠陀時代後期出現的各種梵書便是婆羅門的「祭祀學」著作。梵書（Brāhmaṇa）這一名稱的詞源是「梵」（Brahman，詞根 bṛh 的意思是增長和發展）。「梵」

在早期吠陀文獻中常常用於指稱吠陀頌詩，由此，念誦吠陀頌詩的人叫做婆羅門（Brāhmaṇa，陽性），解釋吠陀頌詩的著作叫做「梵書」（Brāhmaṇa，中性）。現存梵書有十幾種，分屬四吠陀。婆羅門在這些梵書中，為各種祭祀儀式制定規則，諸如祭祀的種類、祭火和祭司的數目、祭祀的時間和地點、念誦或詠唱的頌詩、供奉的祭品和祭祀用品等等，並千方百計將祭祀儀式繁瑣化和神祕化，強調所有這些規則乃至最微小的細節都事關祭祀的成敗。在這些梵書中，祭祀本身成了最高目的。包括天神在內的一切力量都源自祭祀。而婆羅門執掌祭祀，也被抬高到等同天神的地位。婆羅門的祭祀理論至此達到鼎盛。

在梵書之後出現的是各種森林書和奧義書。這兩類著作性質相近。奧義書有時包含在森林書中，如《愛多雷耶奧義書》包含在《愛多雷耶森林書》中；有時本身既是森林書，又是奧義書，如《大森林奧義書》。但這兩類著作一般都作為梵書的附錄。森林書排在梵書之後，奧義書又排在森林書之後。因此，這兩類著作，尤其是奧義書，又被稱為「吠檀多」（Vedānta），即「吠陀的終結」。雖然排在梵書之後，但它們的主題思想並不是梵書的繼續或總結，而是展現對於祭祀和人生的另一種思路。

森林書（Āraṇyaka）這一名稱的詞源是「森林」（araṇya）。這類著作是在遠離城鎮和鄉村的森林裡祕密傳授的。它們主要不是制定祭祀的實施規則，而是探討祭祀的神祕意義。這些森林書的作者隱居森林，不僅摒棄世俗生活方式，也摒棄世俗祭祀方式。他們強調內在的或精神的祭祀，以區別於外在的或形式的祭祀。這樣，森林書標誌著由梵書的「祭祀之路」轉向奧義書的「知識之路」。

奧義書（Upaniṣad）這一名稱的原義是「坐在某人身旁」（動詞詞根 sad 加上前綴 upa 和 ni），蘊含「祕傳」的意思。奧義書中經常強調這種奧義不能傳給「非兒子或非弟子」。如《歌者奧義書》中說：「確實，父親應該將梵傳給長子或入室弟子。不能傳給任何別人，即使他賜予大海環繞、充滿財富的大地。」（3.11.5-6）因此，upaniṣad 一詞在奧義書中既表示書名，也表示「奧義」或「奧祕」，與奧義書中使用的 guhya（「祕密」）一詞是同義詞。

留傳於世的奧義書很多。在一部名為《解脫奧義書》（Muktika Upaniṣad）的奧義書中列出的奧義書有一〇八種。實際上，掛名「奧義書」的奧義書不下二百種。然而，它們大多產生年代很晚，與吠陀文獻無關，不是嚴格意義上的奧義書。一般公認屬於吠陀時代的奧義書只有十三種。這十三種奧義書按照產生年代，大體分為三組：

第一組：

《大森林奧義書》（Bṛhadāraṇyaka Upaniṣad）
《歌者奧義書》（Chāndogya Upaniṣad）
《泰帝利耶奧義書》（Taittirīya Upaniṣad）
《愛多雷耶奧義書》（Aitareya Upaniṣad）
《考斯多基奧義書》（Kauṣītaki Upaniṣad）

這五種奧義書是散文體，產生年代約在西元前七、八世紀至西元前五、六世紀之間，也就是在佛陀（B.C.566 - B.C.486）之前。

第二組：

《由誰奧義書》（Kena Upaniṣad）
《伽陀奧義書》（Kaṭha Upaniṣad）
《自在奧義書》（Īśā Upaniṣad）
《白騾奧義書》（Śvetāśvatara Upaniṣad）
《剃髮奧義書》（Muṇḍaka Upaniṣad）

這五種奧義書主要是詩體，產生年代約在西元前五、六世紀至西元前一世紀之間。其中，《由誰奧義書》兼有詩體和散文體，也可以歸入第一組。

第三組：

《疑問奧義書》（Praśna Upaniṣad）

《蛙氏奧義書》（Māṇḍūkya Upaniṣad）

《彌勒奧義書》（Maitrī Upaniṣad）

這三種奧義書是散文體，產生年代約在西元初。

奧義書的內容是駁雜的，但它們的核心內容是探討世界的究竟原因和人的本質。其中的兩個基本概念是梵（Brahman）和自我（Ātman）。在吠陀頌詩中，確認眾天神主宰一切。在梵書中，確認生主是世界創造主。而在奧義書中，確認梵是世界的本源。梵作為世界的本源的觀念在梵書中已初露端倪，但在奧義書中得到充分發展，成為奧義書的主導思想。在奧義書中，「自我」一詞常常用作「梵」的同義詞，也就是說，梵是宇宙的自我、本源或本質。而「自我」一詞既指稱宇宙自我，也指稱人的個體自我，即人的本質或靈魂。梵是宇宙的本源，自然也是人的個體自我的本源。正如《歌者奧義書》中所說：「這是我內心的自我。它是梵。」（3.14.4）

在奧義書的創世說中，世界最初的唯一存在是自我，由自我創造出世界萬物。這個「自我」也就是梵。《愛多雷耶奧義書》中的「自我創世說」便是對《梨俱吠陀》中的「原人創世說」的改造。「原人創世說」描寫眾天神舉行祭祀，原始巨人補盧沙（Puruṣa，「原人」）作為祭品，而化身為世界萬物。「自我創世說」則描寫自我首先創造出原人，然後原人衍生世界萬物。《大森林奧義書》中指出：「正像蜘蛛沿著蛛絲向上移動，正像火花從火中向上飛濺，確實，一切氣息，一切世界，一切天神，一切眾生，都從這自我中出現。」（2.1.20）按照奧義書的種種描述，梵創造一切，存在於一切中，又超越一切。

奧義書中對於梵的認知和表述主要採用兩種方式。一種是擬人化或譬喻的方式，如《大森林奧義書》：「這自我是一切眾生的主人，一切眾生的國王。正如那些輻條安置在輪轂和輪輞中，一切眾生、一切天神、一切世界、一切氣息和一切自我都安置在這個自我中。」（2.5.15）《自在奧義書》：「它既動又不動，既遙遠又鄰近，既在一切之中，又在一切之外。」（5）《剃髮奧義書》：「他的頭是火，雙眼是月亮和太陽，耳朵是方位，語言是展示的吠陀，呼吸是風，心是宇宙，雙足產生大地，他是一切眾生的內在自我。」（2.1.4）另一種是否定的方式（或稱「遮詮」），也就是《大森林奧義書》中所說的「不是這個，不是那個」（neti neti）的認知和表達方式。因為對於梵（或自我）來說，「沒有比它更高者，只能稱說『不是』」。（2.3.6）如《大森林奧義書》：「這個不滅者（梵）不粗，不細，不短，不長，不紅，不濕，無影，無暗，無風，無空間，無接觸，無味，無香，無眼，無耳，無語，無思想，無光熱，無氣息，無嘴，無量，無內，無外。」（3.8.8）《剃髮奧義書》：「它不可目睹，不可把握，無族姓，無種姓，無手無腳，永恆，遍及一切，微妙，不變，萬物的源泉。」（1.1.6）《蛙氏奧義書》：「不可目睹，不可言說，不可執取，無特徵，不可思議，不可名狀，以確信唯一自我為本質，滅寂戲論，平靜，吉祥，不二。」（7）

奧義書中對梵的探討始終與對人的個體自我的探討緊密結合。《泰帝利耶奧義書》將人的個體自我分為五個層次：食物構成的自我、氣息構成的自我、思想構成的自我、知識構成的自我和歡喜構成的自我。前兩者是生理的自我，後三者是精神的自我。而其中歡喜構成的自我，意味對梵的認知和與梵合一。正因為如此，任何人「如果知道梵的歡喜，他就無所畏懼」。（2.9.1）《歌者奧義書》中描述天神因陀羅和阿修羅維羅遮那向生主請教自我。維羅遮那只認識到人的肉體自我，而因陀羅進一步認識到夢中的自我和沉睡中的自我，最後認識到無身體的自我。生主指出：「這個自我擺脫罪惡，無老，無死，無憂，不饑，不渴，以真實為欲望，以真實為意願。」（8.7.1）《蛙氏奧義書》將自我的精神意識分成四種狀態：清醒狀態、做夢狀態、沉睡狀態和第四狀態（又稱「第四境」）。清醒狀態「認知外在」，做夢狀態「認知內在」，沉睡狀態「智慧密集」，而第四狀態超越這三種狀態，既非「認知」，也非「不認知」，達到與梵同一（「不二」）。

與梵和自我的關係相關聯，奧義書中也探討宇宙和人的關係。在探討這種關係時，奧義書中的常用語是「關於天神」和「關於自我」。「關於天神」指關於宇宙，「關於自我」指關於人體。宇宙和人都是梵的展現，也就是以梵為本源。在奧義書的描述中，宇宙中的自然現象與人體的各種生理和精神功能具有對應關係。《大森林奧義書》第二章第五梵書講述因陀羅傳授給阿達婆家族達提衍的「蜜說」。其中，將宇宙中的水、火、風、太陽、方位、月亮、閃電、雷和空間分別與人的精液、語言、氣息、眼睛、耳朵、思想、精力、聲音和心相對應，並且確認宇宙中的「原人」和人體中的「原人」都是「這自我」，換言之，「這是甘露，這是梵，這是一切」。(2.5.1) 奧義書中將人的生命氣息分成五氣：元氣、下氣、中氣、行氣和上氣。《疑問奧義書》中，也將這五氣分別與太陽、大地、空中、風和火相對應。(3.7-8) 而且，在論述這種對應關係時，不僅將宇宙中的各種自然現象稱為「天神」，也將人體的各種感官稱為「天神」。這也在一定程度上表明，奧義書將吠陀頌詩中的神祇還原為自然和人。

奧義書對於梵和自我以及宇宙和人的探討，其最終結論可以表述為「宇宙即梵，梵即自我」。《歌者奧義書》中說：「這是我內心的自我，小於米粒，小於麥粒，小於芥子，小於黍粒，小於黍籽。這是我內心的自我，大於地，大於空，大於天，大於這些世界。包含一切行動，一切願望，一切香，一切味，涵蓋這一切，不說話，不旁騖。這是我內心的自我。它是梵。死後離開這裡，我將進入它。

信仰它，就不再有疑惑。」（3.14.3-4）在奧義書中，諸如「它是你」、「我是梵」和「自我是梵」都是常用語，以「梵我合一」為指歸。

奧義書將梵和自我視為最高知識。知道了梵和自我，也就知道一切。認識到梵我合一，也就獲得解脫。《歌者奧義書》中說：「這是自我。它不死，無畏，它是梵。這個梵，名為真實。」（8.3.4）然而，在日常生活中，「真實」常被「不真實」掩蓋：「正像埋藏的金庫，人們不知道它的地點，一次次踩在上面走過，而毫不察覺。同樣，一切眾生天天走過這個梵界，而毫不察覺，因為他們受到不真實蒙蔽。」（8.3.2）因此，奧義書自始至終以揭示這個「真實」為己任。

奧義書確認梵為最高真實，以認知「梵我合一」為人生最高目的。這與梵書中體現的崇拜神祇和信仰祭祀的婆羅門教義迥然有別。奧義書崇尚知識，而將知識分為「上知」和「下知」。《剃髮奧義書》中說：「下知是梨俱吠陀、夜柔吠陀、娑摩吠陀、阿達婆吠陀、語音學、禮儀學、語法學、詞源學、詩律學和天文學。然後，是上知。依靠它，認識不滅者。」（1.1.5）也就是將「四吠陀」和「六吠陀支」都歸入「下知」，「上知」則是對梵的認知。這「上知」和「下知」與《疑問奧義書》中提出的「上梵和下梵」（5.2）有相通之處。在那裡，「下梵」與凡界和月界相關聯，而「上梵」與梵界相關聯。這「上梵」和「下梵」又與《大森林奧義書》中的「有形」的梵和「無

形」的梵有相通之處。其中，「無形」的梵相當於「上梵」，是「真實中的真實」。(2.3.6)

奧義書超越吠陀經典，突破梵書的祭祀主義樊籬，可以說是在婆羅門教內部發生的一場思想革命。從奧義書中反映的情況看，這場思想革命也得到剎帝利王族的積極支持。在著名的奧義書導師中，就不乏剎帝利國王，如《大森林奧義書》中的阿闍世和遮婆利、《歌者奧義書》中的竭迦耶、《考斯多基奧義書》中的吉多羅·甘吉亞耶尼。在《大森林奧義書》中，婆羅門伽吉耶拜阿闍世為師時，阿闍世說道：「這確實是顛倒次序，婆羅門拜剎帝利為師。」(2.1.15) 婆羅門阿盧尼拜遮婆利為師時，遮婆利說道：「這種知識在此之前，從未出現在婆羅門中，而我會將它傳授給你。」(6.2.8) 這些說明婆羅門一向壟斷知識，崇拜神祇，推行祭祀主義，已經不能適應社會發展的需要，思想領域中的「革故鼎新」勢在必行。

圍繞梵和自我這個中心論題，奧義書還涉及其他許多論題，提出了不少新觀念。其中之一是業和轉生的觀念。在《大森林奧義書》中，阿爾多薄伽向耶若伏吉耶請教人死後的問題，而耶若伏吉耶向他表示：「此事不能當眾說，讓我們私下說。」然後，他倆離開現場進行討論，確認「因善業而成為善人，因惡業而成為惡人」。(3.2.13) 這說明「業和轉生」問題在當時也是一種重要的「奧義」。耶若伏吉耶也向遮那迦描述了人死去時，自我離開身體轉生的情狀，而轉生為什麼，則按照在世時的業行。他指出：「『人確實由欲構成』。按照欲望，形成意願。按照意願，從事行動。按照行動，獲得業果。」（4.4.5）在《大森林奧義書》中，遮婆利向阿盧尼描述轉生的兩條道路：一條是「在森林裡崇拜信仰和真理」的人們（即知梵者）死後進入天神世界和太陽，抵達梵界，「不再返回」；另一條是從事「祭祀、布施和苦行」的人們死後進入祖先世界和月亮，又返回凡界，「循環不已」。（6.2.15-16）在《歌者奧義書》中，對於轉生凡界有更為具體的描述，並指出：「那些在世上行為可愛的人很快進入可愛的子宮，或婆羅門婦女的子宮，或剎帝利婦女的子宮，或吠舍婦女的子宮。而那些在世上行為卑汙的人很快進入卑汙的子宮，或狗的子宮，或豬的子宮，或旃陀羅婦女的子宮。」（5.10.7）

而奧義書追求的人生最高目的是認知梵，達到「梵我合一」。人死後，自我進入梵界，擺脫生死輪迴，不再返回，自然是達到「梵我合一」的標誌。但達到「梵我合一」既是死後之事，更是在世之事。在《大森林奧義書》中，耶若伏吉耶向遮那迦傳授了「自我」奧義後，說道：「知道了這樣，就會平靜，隨和，冷靜，寬容，沉靜。他在自我中看到自我，視一切為自我。……他擺脫罪惡，擺脫汙垢，擺脫疑惑，成為婆羅門。這是梵界，大王啊！你已經獲得它。」（4.4.23）

奧義書中產生的這種業報、輪迴和解脫觀念，不僅為婆羅門教所接受，也為後來的佛教和耆那教所接受，而成為印度古代宗教思想中的重要基石。佛教將輪迴（saṁsāra）描述為「五道輪迴」：地獄、畜生、餓鬼、人和天（神），後來加上一個「阿修羅（魔）」，為「六道輪迴」。但佛教並不認同奧義書中提出的「梵」和「自我」，因而佛教的解脫（mokṣa）之道不是達到「梵我合一」，而是達到「涅槃」（nirvāṇa）。

在奧義書之後產生的印度古代哲學中，吠檀多（Vedānta）哲學是奧義書的直接繼承者。而數論和瑜伽也能在奧義書中找到淵源或雛形。在奧義書中，數論和瑜伽是作為認知梵的手段或方法。正如《白騾奧義書》中所說：「依靠數論瑜伽理解，知道這位神，便擺脫一切束縛。」（6.13）「數論」（Sāṅkhya）一詞的原義是「計數」，引申為包括計數在內的分析方法。在奧義書中，數論便是通過分析人體的構成因素，以認知自我。如《伽陀奧義書》中認為「感官對象高於感官，思想（『心』）高於感官對象，智慧（『覺』）高於思想，而偉大的自我（『個體自我』）高於智慧，未顯者（『原初物質』）高於偉大的自我，原人（『至高自我』）高於未顯者，沒有比原人更高者，那是究竟，至高歸宿」。（1.3.10-11）而《疑問奧義書》（4.7-8）中的排列次序是：自我、氣息、光、心（「意」）、我慢（「自我意識」）、思想（「心」）、五種行動器官（語言、雙手、雙腳、肛門和生殖器）、五種感覺器官（眼、耳、鼻、舌和身）和五大元素（地、水、火、風和空）。這些都是後來的數論哲學思辨運用的基本概念。

「瑜伽」（Yoga）一詞的原義是「聯繫」或「駕馭」，引申為修練身心的方法。《伽陀奧義書》將那吉蓋多從死神那裡獲得的奧義知識稱為「完整的瑜伽法」，說他由此「擺脫汙垢和死亡，達到梵」。（2.3.18）《白騾奧義書》中描述了修習瑜伽的適宜地點以及通過控制身體和思想認知梵：「猶如一面鏡子沾染塵土，一旦擦拭乾淨，又光潔明亮，同樣，有身者看清自我本質，也就達到目的，擺脫憂愁。」（2.14）《彌勒奧義書》中也將瑜伽作為與梵合一的方法加以描述，並將瑜伽分為六支：「調息、攝心、靜慮、凝神、思辨和三摩地。」（6.18）在後來出現的瑜伽經典《瑜伽經》（Yogasūtra）中，帕坦伽利（Patañjali）將瑜伽分支確定為八支：「持戒、精進、體位、調息、攝心、凝神、靜慮和三摩地。」（2.2.29）兩者的方法和精神基本一致。

此外，奧義書中也經常顯示出對現實生活的關注，尤其是對食物和生殖的重視。還有，對倫理道德的崇尚，如在《大森林奧義書》（5.2.1-4）中提出的 3 Da 原則：自制（dāmyata）、施捨（datta）和仁慈（dayadhvam）。英國詩人艾略特（T.S. Eliot）將這個 3 Da 原則用作素材，寫進了他的著名詩篇《荒原》（1922）。

總之，奧義書中的論題廣泛，內容豐富，以上只是著重介紹奧義書在印度上古思想轉型時期的創造性探索中取得的主要思想成果，並作一些提示式的說明。

同時，這些奧義書也真實地反映了當時的思想探索方法和過程。因而，雖然這些奧義書的思想趨向是一致的，但它們的表述方式異彩紛呈，術語的使用也不盡相同。它們尚未形成周密的哲學體系，也未充分運用概念進行思維，這些是此後的印度哲學的任務。奧義書的理論思維正處在從神話的、形象的思維，走向哲學的、抽象的思維轉變之中。因此，奧義書也就成了我們了解印度宗教和哲學發展歷程的一個重要樣本。

印度現存最早的奧義書注疏是第九世紀商羯羅（Śankara）和十一世紀羅摩奴闍（Rāmānuja）的注釋。現在對於十三種原始奧義書的確定，一方面是依據對文本內容本身的考察，另一方面也是依據他們注釋和提及的奧義書文本情況。在十七世紀印度莫臥兒王朝時期，奧義書被翻譯成波斯文。十九世紀初，法國學者迪佩隆（A. Duperron）依據這個波斯文譯本，將奧義書翻譯成拉丁文，題名為Oupnekhat，其中含有五十種奧義書。當時，德國哲學家叔本華讀到這個譯本，給予奧義書極高的評價：「在這整個世界，沒有比研讀奧義書更令人受益和振奮的了。它是我生之慰藉，也將是我死之慰藉。」*他也在《作為意志和表象的世界》第一版序言中推崇奧義書，說道：「我揣測梵文典籍影響的深刻將不亞於十五世紀希臘文藝的復興，所以我說讀者如已接受了遠古印度智慧的洗禮，並已消化了這種智慧，那麼，他也就有了最最好的準備來聽我要對他講述的東西了。」**此後，奧義書在西方學術界得到廣泛傳播，先後出現多種譯本，其中著名的有繆勒（Max

Muller）的英譯本《奧義書》（1879）、多伊森（P. Deussen）的德譯本《六十奧義書》（1897）和休謨（M. Hume）的《十三主要奧義書》（1921）等。

華文翻譯奧義書的先驅是徐梵澄先生。他自一九四五年起，僑居印度，在二十世紀五〇年代期間，潛心翻譯奧義書，先後譯出五十種。一九七九年他將譯稿題名《五十奧義書》，交由中國社會科學出版社，於一九八四年出版。徐梵澄先生的譯文採用文言體，故而對一般讀者而言，在閱讀和利用上會有一定困難。鑑於奧義書在印度思想史上的重要地位，我覺得有必要為華文讀者提供一部《奧義書》的現代漢語譯本，也就著手做了這件工作。

我的翻譯依據印度著名學者拉達克利希南（S. Radhakrishnan）的《主要奧義書》（The Principal Upaniṣads, 1953）中提供的梵語原文，該《主要奧義書》收有十八種奧義書，我譯出的是前面的十三種，也就是學術界公認的十三種原始奧義書。在翻譯中，也參考美國學者奧利維勒（P. Olivelle）的《早期奧義書》（The Early Upaniṣads, 1998）中提供的梵語原文。奧利維勒的《早期奧義書》收有十二種奧義書，也就是沒有收入十三種奧義書中一般認為較晚的《彌勒奧義書》。我對譯文的注釋既參考他們兩位的注釋，也參考其他的相關著作。我在注釋中注意把握這兩個原則：一是適應本地讀者的需要；二是力求簡明扼要，避免繁瑣或過度詮釋。

奥義書原本是口耳相傳的，因此，文體具有明顯的口語特色，諸如常用覆沓式表述、慣用語、語氣助詞和借助手勢等，其中不少也直接採用對話體。但它們最終畢竟形成書面文字，以抄本形式留傳下來，也就有別於純粹的口語。因而，我的譯文也不刻意追求口語化，只是盡量做到文字表達上明白曉暢。至於效果如何，只能留待讀者檢驗。

*轉引自拉達克利希南（S. Radhakrishnan）主編：《印度文化傳統》（The Cultural Heritage of India），加爾各答，二〇〇一，第一卷，三六五頁。

**叔本華：《作為意志和表象的世界》，石沖白譯，商務印書館，一九八二，第六頁。

UPANIȘAD

大森林奧義書

第一章

第一梵書

唵！這祭馬的頭是朝霞，眼睛是太陽，呼吸是風，張開的嘴是一切人之火。這祭馬的身體是年，背是天，腹內是空，腹外是地，兩脅是方位，肋骨是中間方位，肢體是季節，關節是月和半月，腿是白天和夜晚，骨是星星，肌肉是雲，胃中未消化的食物是沙礫，血脈是河流，肝和肺是山岳，毛是藥草和樹木。前半身是太陽升起，後半身是太陽落下。哈欠是閃電，抖動是霹雷，尿是雨，嘶鳴是語言。——1

唵（Om）是印度古人在吟誦吠陀時，用於開頭和結尾的感嘆詞，在奧義書中有時也沿用。更重要的是，這個音節已在奧義書中獲得神聖化。

祭馬是在馬祭中用作祭品的馬。馬祭是印度古代的一項重要祭祀。通常是國王放出一匹祭馬，讓它周遊世界。國王或王子帶領隊伍跟隨和保護祭馬，所到各個國家的國王或自動稱臣，或被征服。一年後，順利返回，便舉行馬祭，殺死和分割祭馬，投放祭火中。凡成功舉行馬祭的國王被認為是世界之主。《摩訶婆羅多》第十四篇〈馬祭篇〉描寫般度族堅戰王舉行馬祭，可參閱。

「一切人」（Vaiśvānara）是火的稱號，也特指腹中消化食物之火，見後文5.9.1（三個數字分別代表各奧義書中的章節頌數，下同。——編者）。「祭馬的身體」中的「身體」一詞原文為ātman。ātman的原始意義是呼吸或生命氣息，在奧義書中的常用義有兩種：一是自我或靈魂；二是作為人稱的我或自己。但有時也用作身體、本質和本性等意義。用作身體的意義時，指有別於肢體的整個身體。「方位」指東南西北上下。「中間方位」指東南、西南、西北和東北。

白天產生於祭馬前面的祭缽。它的子宮是東海。夜晚產生於祭馬後面的祭缽。它的子宮是西海。它倆成為放在祭馬前後的兩個祭缽。這祭馬成為駿馬，負載天神；成為快馬，負載健達縛；成為烈馬，負載阿修羅；成為普通的馬，負載凡人。確實，大海是它的親屬，是它的子宮。——2

「祭缽」用於盛放祭神的蘇摩汁。健達縛（Gandharva，或譯乾達婆）是天國歌伎。阿修羅（Asura）是與天神對立的魔。

第二梵書

確實，在太初，這裡空無一物。死亡或饑餓覆蓋一切，因為死亡就是饑餓。死亡轉念道：「讓我有身體。」於是，他起身讚頌。他讚頌，產生了水。他心想：「確實，我讚頌（arc），水（kam）為我產生。」這說明水具有頌詩（arka）的讚頌性。因此，任何人知道水具有頌詩的讚頌性，水就會為他產生。——1

arka 是多義詞，指稱火、光、太陽和頌詩等等。運用詞源學或構詞法作出說明，這是奧義書中一種常用的詮釋方法，旨在用語音的相同或相似，說明事物之間的聯繫。但在使用中，時常表現出主觀隨意性，未必都符合語言實際。

確實，水是頌詩。那些水沫凝聚，成為大地。他在大地上勞累。勞累而發熱，他的精液轉變成火。——2

「他」（指死亡，Mṛtyu）是陽性，「大地」（Pṛthivī）是陰性。

他將自己分為三部分。三分之一是太陽，三分之一是風。他的生命也分為三部分。東方是他的頭，這雙臂是左和右。西方是他的末端，雙腿是左和右。南方和北方是他的兩脅。天空是背，空中是腹，

這大地是胸。這樣，他立足於水中。任何人知道這樣，他就能在任何地方立足。——3

「他將自己分為三部分」，只提到太陽和風，另一個應該是上面所說的火。

他心生願望：「讓我產生第二個身體。」這饑餓，即死亡，通過思想與語言交合，產生精液。這精液變成年。在此之前，沒有年。他撫育它，時間達一年。到了時間，便生出它。然後，他張嘴要吞下它。它發出bhāṇ的哭叫聲。確實，這哭叫聲變成語言。——4

bhāṇ是擬聲詞。其中也包含動詞詞根bhaṇ（發聲或說話）。

他思忖道：「如果我殺害它，我獲得的食物很少。」於是，他依靠語言和自我創造這一切，也就是世上的所有一切：梨俱、夜柔、娑摩、詩律、祭祀、生命氣息和牲畜。然後，他吃他所創造的這一切。他吃（ad）這一切，由此得知阿底提（Aditi）具有吃的性質。任何人知道阿底提具有吃的性質，他就成為吃一切者，一切都成為他的食物。——5

梨俱（ṛc，義為詩節）、夜柔（yajus，義為禱詞）和娑摩（sāman，義為曲調）分別指《梨俱吠陀》頌詩、《夜柔吠陀》祈禱詩文和《娑摩吠陀》讚歌。阿底提（Aditi）作為吞噬者指稱死亡。阿底提也是神名，即眾太陽神（Āditya）的母親。

他心生願望：「我要舉行更大的祭祀。」於是，他勞累，修苦行。這樣，他勞累，發熱，名譽和精力出走。那些生命氣息就是名譽和精力。隨著生命氣息出走，他的身體膨脹。但思想依然留在身體中。——6

他心生願望：「讓我的這個身體適合用作祭品，這樣，我可以通過它獲得身體。」於是，這個身體變成馬，由於它膨脹（aśvat），適合用作祭品。這說明馬祭（aśvamedha）是具有膨脹性質的祭祀。任何人知道這樣，他也就真正知道馬祭。

他思忖道：「讓它任意漫遊。」一年後。他用它祭供自己。同時，他用其他牲畜祭供眾天神。因此，人們只要祭供生主，也就等於祭供眾天神。

生主（Prajāpati）是創造主。在這裡應該是指稱這位創造一切的死亡之神。

確實，這個發出光熱者（太陽）是馬祭。它的身體是年，這個火是祭火。這些世界是它的身體。這樣，有祭火和馬祭這兩者。然而，它們又是一位神，也就是死亡。任何人戰勝重覆的死亡，也就不再死亡。死亡成為他的身體。他成為眾天神中的一位天神。——7

「戰勝重覆的死亡」指擺脫生死輪迴。

第三梵書

生主的後裔有兩類：天神和阿修羅。天神相對年輕，阿修羅相對年長。他們為這些世界而爭鬥。眾天神說道：「讓我們在祭祀中用歌唱制服阿修羅。」——1

「歌唱」指歌唱《娑摩吠陀》讚歌。

他們對語言說：「請你為我們歌唱！」語言說道：「好吧！」便為他們歌唱。它將語言中的享受唱給眾天神，而將美妙可愛的說話留給自己。眾阿修羅明白：「依靠這位歌者，他們將制服我

們。」於是他們衝上前去，用罪惡刺穿它。這罪惡就是說話失當。這就是罪惡。——2

然後，他們對氣息說：「請你為我們歌唱！」氣息說道：「好吧！」接著便為他們歌唱。它將氣息中的享受唱給眾天神，而將美妙可愛的嗅聞留給自己。眾阿修羅明白：「依靠這位歌者，他們將制服我們。」於是他們衝上前去，用罪惡刺穿它。這罪惡就是嗅聞失當。這就是罪惡。——3

然後，他們對眼睛說：「請你為我們歌唱！」眼睛說道：「好吧！」接著便為他們歌唱。它將眼睛中的享受唱給眾天神，而將美妙可愛的觀看留給自己。眾阿修羅明白：「依靠這位歌者，他們將制服我們。」於是他們衝上前去，用罪惡刺穿它。這罪惡就是觀看失當。這就是罪惡。——4

然後，他們對耳朵說：「請你為我們歌唱！」耳朵說道：「好吧！」接著便為他們歌唱。它將耳朵中的享受唱給眾天神，而將美妙可愛的聽取留給自己。眾阿修羅明白：「依靠這位歌者，他們將制服我們。」於是他們衝上前去，用罪惡刺穿它。這罪惡就是聽取失當。這就是罪惡。——5

然後，他們對思想說：「請你為我們歌唱！」思想說道：「好吧！」接著便為他們歌唱。它將思想中的享受唱給眾天神，而將美妙可愛的思考留給自己。眾阿修羅明白：「依靠這位歌者，他們將制服我們。」於是，他們衝上前去，用罪惡刺穿它。這罪惡就是思考失當。這就是罪惡。——6

然後，他們對口中氣息說：「請你為我們歌唱！」口中氣息說道：「好吧！」便為他們歌唱。眾阿修羅明白：「依靠這位歌者，他們將制服我們。」於是，他們衝上前去，想要用罪惡刺穿它。然而，正像土塊打擊石頭，遭到粉碎，他們在所有方向遭到粉碎而毀滅。這樣，眾天神得勝，眾

阿修羅敗北。任何人知道這樣，他本人就會獲勝，而他的仇敵就會敗北。——7

以上這種覆沓式表達，在奧義書中經常運用，體現奧義書文體的口語特色。

他們說道：「這一位如此支持我們，他在哪裡？」「他在口中（ayam āsye）。」他就是阿亞希耶·安吉羅娑（Ayāsya Āṅgirasa），因為他是肢體（aṅga）的本質。——8

阿亞希耶·安吉羅娑是一位仙人。這裡，「口中氣息」被說成是這位仙人名字的詞源。

這位神名為杜爾（Dūr），因為他遠離（dūram）死亡。任何人知道這樣，死亡就會遠離他。——9

「這位神」指口中氣息。

確實，這位神粉碎了眾天神的罪惡，也就是粉碎了死亡。他將罪惡驅趕到四面八方的盡頭，安置在那裡。因此，不要前往邊陲，前往異族，以免遭遇罪惡和死亡。——10

從後面的描述可以看出，這裡所說的「眾天神」指語言、氣息、眼睛、耳朵和思想。

確實，這位神粉碎了眾天神的罪惡，也就是粉碎了死亡。然後，他帶他們超越死亡。——11

首先，他帶語言超越。一旦語言擺脫死亡，便成為火。火超越死亡後，燃燒。——12

然後，他帶氣息超越。一旦氣息擺脫死亡，便成為風。風超越死亡後，吹拂。——13

然後，他帶眼睛超越。一旦眼睛擺脫死亡，便成為太陽。太陽超越死亡後，發光。——14

然後，他帶耳朵超越。一旦耳朵擺脫死亡，便成為方位。方位同樣也超越死亡。——15

然後，他帶思想超越。一旦思想擺脫死亡，便成為月亮。月亮超越死亡後，閃耀。確實，任何

人知道這樣，這位神就會帶他超越死亡。——16

然後，他將食物唱給自己。因為他吃任何可吃的食物，而立足於這個世界。——17

眾天神說道：「你已將所有一切食物唱給自己。讓我們也分享這些食物吧！」「那麼，你們都來到我身邊吧！」「好吧！」於是，他們圍坐在他身邊。因此，凡由他吃下的食物，也都滿足眾天神。

任何人知道這樣，自己人都會前來依附他。他會成為自己人的供養者，首領，最高領導，成為吃食物者，君主。他是知道這樣的人，因此，如果在自己人中，有人想與他對抗，那麼，這個對抗者肯定不能供養依附者。然而，如果追隨他，那麼，這個追隨者想要供養依附者，也能供養依附者。——18

他就是阿亞希耶：安吉羅娑，因為他是肢體的本質，或者說，生命氣息是肢體的本質。因此，生命氣息無論離開哪個肢體，那個肢體就會枯萎，因為它確實是肢體的本質。——19

他就是毗訶波提（Bṛhaspati）。毗訶提（Bṛhatī）是語言。他是它的主人（pati）。因此，他是毗訶波提。——20

毗訶波提是天國祭司。毗訶提（Bṛhatī）是一種吠陀詩律。毗訶波提也可意譯為語主。

他就是波羅訶摩那波提（Brahmaṇaspati）。梵（brahman）是語言。他是它的主人（pati）。因此，他是波羅訶摩那波提。——21

「梵」（brahman）在奧義書中通常指稱至高存在或至高自我，即宇宙自我，但也用於指稱吠陀和婆羅門。在這裡是指吠陀，尤其是《夜柔吠陀》祈禱詩文。因此，婆羅訶摩那波提也可意譯為祈禱主。一般認為他就是毗訶波提。

他就是娑摩（sāman）。娑摩是語言。它是 sā 和 ama。這說明娑摩的娑摩性。或者，它既等同（sama）於蠓蟲，等同於蚊子，也等同於大象和三界，等同於所有這一切，因此，稱為娑摩。任何人知道娑摩是這樣，他就會與娑摩結合，與娑摩生活在同一世界。——22

娑摩指《娑摩吠陀》讚歌。Sā 是陰性代詞，指語言（vāc，陰性）。ama 指生命氣息（prāṇa，陽性）。

他也就是歌唱（udgītha）。生命氣息是 ud，因為所有這一切由生命氣息維持。語言是 gīthā（歌曲）。它是 ud 和 gīthā（歌曲），因此，稱為歌唱。——23

ud 是動詞或名詞前綴，含有向上或上方等意義。

對此，吉基達那子孫梵授在喝酒王時，說道：「如果阿亞希耶·安吉羅娑不是用這種方式，而是用別種方式歌唱，那麼，酒王可以讓我的頭落地，因為他肯定用語言和生命氣息在歌唱。」——24

「酒王」指祭神的蘇摩汁。

任何人知道娑摩的財富，他就會擁有財富。確實，娑摩的財富（sva）是音調（svara）。因此，擔任祭官的祭司希望自己的音調豐富，這樣，他可以依靠豐富的音調行使祭官職責。同樣，人們在祭祀中希望見到音調豐富的祭官，這樣，他們就能擁有財富。任何人知道這是娑摩的財富，他就會擁有財富。——25

任何人知道娑摩的優美音色（suvarṇa），他就會擁有金子（suvarṇa）。確實，音調是金子。任何人知道娑摩的這種優美音色，他就會擁有金子。——26

suvarṇa 可以讀為金子，也可以讀為優美音色（su-varṇa）。

任何人知道娑摩的根基，他就會有根基。確實，娑摩的根基是語言，因為生命氣息立足於語言而歌唱。但有些人認為根基是食物。——27

下面關於淨化的祈禱。確實，助理歌者祭司歌唱引子讚歌。而在他歌唱時，祭祀者應該低誦：

將我從不存在帶往存在！
將我從黑暗帶往光明！
將我從死亡帶往永生！

他說：「將我從不存在帶往存在！」這裡，不存在指死亡，存在指永生。這樣，說「將我從不存在帶往存在！」也就是說「讓我獲得永生！」

他說：「將我從黑暗帶往光明！」這裡，黑暗指死亡，光明指永生。這樣，說「將我從黑暗帶往光明！」也就是說「讓我獲得永生！」

他說：「將我從死亡帶往永生！」這裡，意義直白而不隱含。

然後，祭司可以歌唱其他讚歌，為自己求取食物。在歌唱這些讚歌時，他可以選擇自己願望中的恩惠。歌者祭司知道這樣，他就能通過歌唱為自己或為祭祀者實現任何願望。確實，這就是征

服世界。任何人知道娑摩是這樣，他就不會擔心失去世界。——28

在婆羅門教的重大祭祀儀式中，有四位祭官：誦者祭司、歌者祭司、行祭者祭司和監督者祭司。歌者祭司的職責是歌唱《娑摩吠陀》讚歌。讚歌分成幾部分，引子讚歌是其中之一。參閱《歌者奧義書》第二章。

第四梵書

確實，在太初，這個世界唯有自我。他的形狀似人。他觀察四周，發現除了自己，別無一物。他首先說出：「這是我。」從此，有了「我」這個名稱。因此，直到今天，一旦有人詢問，便先說「我是」，然後說別的名字。

在所有這一切出現之前（pūrva），他已經焚毀（uṣ）一切罪惡。因此，他成為原人（Puruṣa）。確實，任何人知道這樣，他就能焚燒想要優先於他的人。——1

他懼怕。因此，一個人孤獨時，會懼怕。然而，他又思忖道：「除我之外，空無一物，我有什麼可懼怕的？」於是，他的懼怕消失，因為沒有什麼可懼怕者。確實，有了第二者，才會出現懼怕。——2

但是，他不快樂。因此，一個人孤獨時，不快樂。他希望有第二者。於是，他變成像一對男女擁抱那樣。他將自己一分（pat）為二，從而出現丈夫（pati）和妻子（patnī）。因此，正像耶若伏吉耶所說，自己如同木片的一半。這樣，妻子占滿空間。他與她交合，由此產生人類。——3

耶若伏吉耶（Yājñavalkya）是一位著名的仙人。

她思忖道：「他自己生下我，怎麼能又與我交合？讓我躲藏起來吧！」她變成母牛，而他變成公牛，仍與她交合，由此產生群牛。她變成母馬，而他變成公馬。她變成母驢，而他變成公驢。他仍與她交合，由此產生單蹄獸。她變成母山羊，而他變成公山羊。她變成母綿羊，而他變成公綿羊。他仍與她交合，由此產生山羊和綿羊。這樣，他創造了包括螞蟻在內的一切成雙作對者。——4

他知道：「確實，我是創造，因為我創造了這一切。」任何人知道這樣，他就會處於這種創造中。——5

「處於這種創造中」，可以理解為成為創造者。

然後，就像這樣摩擦，他用雙手從嘴中，如同從子宮中，創造出火。這樣，這兩者的內部都沒有毛，因為子宮內部沒有毛。

這裡是模仿鑽木取火，即用雙手摩擦，如同用兩根木棍摩擦；從嘴中創造出火，如同用嘴吹旺摩擦產生的微火。「這兩者的內部」指手心和嘴中。鑽木取火也隱喻交媾，因此，這裡提及子宮。

人們說：「祭祀這位神！祭祀那位神！」其實，每一位神都是他的創造，因為他就是所有這些神。還有，從精液中，他創造出世上一切濕潤之物。這一切也就是蘇摩汁。或者，這世上一切就是食物和吃食物者。食物是蘇摩汁，吃食物者是火。

這是梵的至高創造。他創造了優秀的眾天神。他作為有死者，創造了那些不死者。因此，這是至高創造。任何人知道這樣，他就會處於這種至高創造中。——6

這裡的「他」指「自我」，但在具體描述中，又暗指婆羅門，參閱本篇 1.4.11。

那時，世上一切缺少區分，於是以名和色加以區分，說道：「這個有這個名，有這種色。」因此，直到今天，世上仍沿用名和色加以區分，說道：「這個有這個名，有這種色。」

「名」(nāma) 指名稱。「色」(rūpa) 指形態。

他進入一切，乃至指甲尖，就像剃刀藏在刀鞘中，火藏在火盆中。人們看不見他，因為呼吸的氣息，說話的語言，觀看的眼睛，聽取的耳朵，思考的思想，這些只是他的種種行為的名稱，並不是完整的他。如果一一沉思這些，並不能知道他，因為只具備其中之一，並不是完整的他。確實，應該沉思自我，因為所有這些都在自我中合一。自我是這一切的蹤跡，依靠他而知道這一切，正像人們依據足跡追蹤。任何人知道這樣，他就會獲得名聲和讚頌。——7

這自我是至高的內在者，比兒子可愛，比財富可愛，比任何一切可愛。如果有人說其他東西比自我可愛，別人就會告訴他說他將失去可愛者，結果也會這樣。

確實，應該崇拜自我為可愛者。任何人崇拜自我為可愛者，他就不會失去可愛者。——8

人們說：「人們認為依靠梵的知識，就能成為一切。那麼，這個梵是什麼，知道它就能成為一切？」——9

確實，在太初，這個世界唯有梵。它只知道自己：「我是梵。」因此，它成為這一切。眾天神中，凡覺悟者，便成為它。眾仙人也是如此。人類也是如此。確實，仙人瓦摩提婆看到它，進入它，說道：「我是摩奴，我是太陽！」因此，直到今天，任何人知道這樣，說道：「我是梵。」他也就成為這一切。甚至眾天神也不能阻止他變成這樣，因為他已變成他們的自我。

摩奴（Manu）是人類始祖。

如果有人崇拜其他的神，心想：「他是這一位，我是另一位。」那麼，他不是知者。人對於眾天神，就像牲畜對於人。正像眾多牲畜供養人，人人供養眾天神。即使一頭牲畜被奪走，人就會不愉快，何況眾多牲畜？因此，人若知道這樣，眾天神就會不愉快。——10

「崇拜其他的神」，意謂不崇拜自我。「他是這一位，我是另一位」，意謂他是梵，而我不是，即不認為梵是自我。這樣，他就不是知者。「人若知道這樣，眾天神就會不愉快」，意謂人若崇拜自我，就不會崇拜和祭供眾天神，眾天神就會不愉快。

確實，在太初，這個世界唯有梵。它是唯一者。作為唯一者，它不顯現。它創造出優秀的形態剎帝利性。剎帝利性是諸如因陀羅、伐樓那、月神、樓陀羅、雨神、閻摩、死神和自在天這些天神的天神性。沒有比剎帝利更高者。因此，在王祭中，婆羅門坐在剎帝利之下。榮譽歸於剎帝利性。然而，剎帝利性的子宮是梵。因此，即使國王處在最高地位，最終還是依附自己的子宮梵。他傷害梵，也就是傷害自己的子宮，猶如傷害比自己優秀者，就有罪。——11

這裡，將梵（Brahman）與婆羅門（Brāhmaṇa）相聯繫。梵在吠陀文獻中也指稱婆羅門。印度古代種姓制度形成於吠陀時代後期。四種主要種姓的排列次序是婆羅門、剎帝利、吠舍和首陀羅。婆羅門是祭司，掌管宗教；剎帝利是武士，掌管王權；吠舍是平民，從事農業、畜牧業、手工業和商業；首陀羅是低級種姓，從事各種勞役，充當前三種種姓的奴僕。

確實，它不顯現。它創造出吠舍性。他們是稱為群神的那些天神，諸如眾婆藪神、眾樓陀羅神、眾太陽神、眾毗奢神和眾摩錄多神。——12

確實，它不顯現。它創造出首陀羅性的普善神。普善神（Pūṣan）就是這大地，因為大地養育（puṣ）所有這一切。——13

以上按照人間的種姓制度，也將天神分出等級。

確實，它不顯現。它創造出優秀的形態正法。正法是剎帝利性中的剎帝利性。因此，沒有比正法更高者。弱者可以依靠正法抗衡強者，就像人們依靠國王。

確實，正法就是真理。因此，人們說他說正法，也就是說他說真理；說他說真理，也就是說他說正法。確實，這兩者是一回事。——14

這樣，有梵、剎帝利性、吠舍性和首陀羅性。梵在眾天神中成為火神，在人類中成為婆羅門。依靠剎帝利性，成為剎帝利。依靠吠舍性，成為吠舍。依靠首陀羅性，成為首陀羅。因此，人們嚮往眾天神中的火神世界，人類中的婆羅門世界，因為梵依靠這兩種形態。

如果一個人沒有看到自己的世界，而離開這個世界，那麼，這個未知者對他毫無用處，猶如未經誦讀的吠陀，或未經舉行的儀式。如果一個人不知道這樣，即使積下大量功德，最終也會消失。因此，應該崇拜自我為世界。確實，任何人崇拜自我為世界，他的功德就不會消失，因為從這自我中，他能創造出願望的一切。——15

「這個未知者」指自我。

這自我確實是一切眾生的世界。他供奉，他祭祀，由此，他成為眾天神的世界。他誦讀，由此，他成為眾仙人的世界。他祭供祖先，渴望生育後代，由此，他成為祖先的世界。他供給人們吃住，由此，他成為人類的世界。他供給牲畜草和水，由此，他成為牲畜的世界。他讓鳥獸乃至螞蟻生活在他家中，由此，他成為牠們的世界。任何人知道這樣，那麼，就像他希望自己的世界不受傷害，一切眾生希望他不受傷害。確實，人們知道這，並進行探索思考。——16

確實，在太初，這個世界唯有自我。他是唯一者。他心生願望：「我應該有妻子，然後我可以生育後代。我應該有財富，然後我可以舉行祭祀。」確實，願望就是這些。凡懷有願望者，所得不會超過這些。因此，直到今天，單身者懷有這樣的願望：「我應該有妻子，然後我可以生育後代。我應該有財富，然後我可以舉行祭祀。」只要其中有一項沒有達到，他就會認為不完整。然而，他的完整性在於：思想是他的自我。語言是他的妻子。生命氣息是他的後代。眼睛是他的人間財富，因為他用眼睛看見它。耳朵是他的神聖財富，因為他用耳朵聽見它。身體是他的祭祀，因為他用身體舉行祭祀。這樣，祭祀有五重性，牲畜有五重性，人有五重性，所有一切有五重性。任何人知道這樣，他就會獲得所有這一切。——17

「神聖財富」指吠陀經典。「五重性」難以確指。《泰帝利耶奧義書》1.7 中也提到各種五重性，並有具體所指，可參閱。

第五梵書

父親憑智慧和苦行創造七種食物，
一種屬於通用，兩種供給眾天神。
三種供給自己，一種供給牲畜，
呼吸者和不呼吸者全都依靠它。
始終不斷被吃，它們怎麼不耗盡？
知道不會耗盡，人們用嘴吃食物，
從而走向眾天神，生活充滿活力。
以上是偈頌。——1

這裡的「父親」指生主。

「父親憑智慧和苦行創造七種食物。」因為父親用智慧和苦行創造。「一種屬於通用。」這是世上一切生物都能吃的食物。崇拜這種食物，不能消除罪惡，因為它是混雜的食物。「兩種供給眾天神。」燃燒的食物和不燃燒的食物。因此，人們用燃燒和不燃燒的兩種食物祭供眾天神。而有些人說是新月祭和滿月祭。因此，祭祀不應該懷抱私欲。「一種供給牲畜。」這是奶水。因為最初，人和牲畜都靠奶水生活。因此，人們讓剛生下的嬰兒舔食酥油，或抱在懷中哺乳。人們也將剛生下的牛犢稱為「不吃草」。「呼吸者和不呼吸者都依靠它。」呼吸者和不呼吸者全都依靠奶水。有些人說：「只要用牛奶祭供一年，就能戰勝重複的死亡。」然而，不能認同這種說法。

因為一天祭供，就在這一天戰勝重覆的死亡。知道這樣，也就將所有食物奉獻眾天神。「始終不斷被吃，它們怎麼不耗盡？」確實，原人不會毀滅，他不斷產生食物。「知道不會耗盡。」原人不會毀滅，他通過不斷沉思和祭祀產生食物。如果他不這樣做，食物就會耗盡。「用嘴（pratīka）吃食物。」pratīka 指嘴（mukha），因此，用嘴吃食物。「走向眾天神，生活充滿活力。」這是讚頌。——2

這裡是對以上偈頌的解釋。Pratīka 含有多義，如外貌、面孔和嘴。「原人」（Puruṣa）在這裡指至高存在或至高自我。

「三種供給自己。」思想、語言和生命氣息，這三種是為自己創造的食物。人們會說：「我心不在焉，沒有看到。」或者會說：「我心不在焉，沒有聽到。」確實，人們依靠思想觀看，依靠思想聽取。欲望，意願，懷疑，信仰，不信仰，堅定，不堅定，羞愧，沉思，恐懼，這一切都是思想。因此，即使背部受到觸碰，也可以憑思想得知。無論什麼聲音，都是語言。因為語言是聲音的究竟，而不是別樣。元氣、下氣、行氣、上氣和中氣，這些都是生命氣息。確實，這自我由它們構成：由語言構成，由思想構成，由生命氣息構成。——3

這三者是三個世界：語言是這個世界，思想是中間世界，生命氣息是那個世界。——4

「三個世界」即地上世界、空中世界和天上世界。

這三者是三部吠陀：語言是《梨俱吠陀》，思想是《夜柔吠陀》，生命氣息是《娑摩吠陀》。——5

天神、祖先和人也是這三者：語言是天神，思想是祖先，生命氣息是人。——6

父親、母親和後代也是這三者：語言是父親，思想是母親，生命氣息是後代。——7

已知、將知和未知也是這三者：任何已知者表現為語言。語言是已知者。語言成為那樣，幫助他。——8

任何將知者表現為思想。思想是將知者。思想成為那樣，幫助他。——9

任何未知者表現為生命氣息。生命氣息是未知者。生命氣息成為那樣，幫助他。——10

大地是語言的身體。火表現為語言的光。因此，大地和火所及也是語言所及。——11

天空是思想的身體。太陽表現為思想的光。因此，天空和太陽所及也是思想所及。

它倆交合，產生生命氣息。生命氣息是因陀羅，無可匹敵。有第二者，才成為對手。任何人知道這樣，他就無可匹敵。——12

水是生命氣息的身體。月亮表現為生命氣息的光。因此，水和月亮所及也是生命氣息所及。

確實，所有這些都是同樣的，都無限。因此，任何人崇拜它們為有限者，則贏得有限的世界。而崇拜它們為無限者，則贏得無限的世界。——13

生主是年，含有十六分。他的十五分是夜晚，第十六分是固定者。隨著每個夜晚，他增減盈虧。而新月之夜，他與第十六分一起進入一切有生命者，然後在第二天早晨出生。因此，在那個夜晚，不能傷害任何有生命者的生命，哪怕是蜥蜴。這樣是向這位神表示敬意。——14

這裡將生主或年比擬為月亮。月亮含有十六分。隨著其中十五分的增減，月亮盈虧，而第十六分保持不變，永不消失。依靠它，月亮在新月之夜重新出現。

任何人知道這樣，那麼，他也就是年，也就是生主，含有十六分。他的十五分是財富，第十六分是自我。隨著財富，他增減盈虧。而這自我是輪轂，財富是輪輞。因此，即使一個人失去一切，他自己依然活著。人們說：「他只是失去輪輞。」——15

確實，有三個世界：凡人世界、祖先世界和天神世界。凡人世界依靠兒子贏得，而不依靠其他祭祀。祖先世界依靠祭祀。天神世界依靠知識。天神世界是最優秀的世界。因此，人們讚頌知識。——16

下面關於轉移。一個人想到自己即將離世，對兒子說道：「你是梵，你是祭祀，你是世界。」兒子應答道：「我是梵，我是祭祀，我是世界。」確實，所有一切誦讀總稱梵。所有一切祭祀總稱祭祀。所有一切世界總稱世界。確實，這是所有一切。「願他成為所有一切，從這裡保護我。」因此，人們將接受教誨的兒子稱為「贏得世界者」。

任何人知道這樣，他就會在離開這個世界時，教誨兒子。然後，他與那些生命氣息一起進入兒子。無論他做過什麼錯事，他的兒子都會為他解除。因此，得名「兒子」。父親依靠兒子立足這個世界。所以，這些神聖而永恆的生命氣息進入他。——17

「轉移」指父親去世時，將自己的責任轉移給兒子。putra（「兒子」）一詞在詞源上被解釋為pū（「贖罪」）和trā（「保護」），也就是為父親贖罪，保護父親。後來，順著這個思路，又被解釋為put（「地獄」）和tra（「救出」），也就是將父親救出地獄（參閱《摩奴法論》9.138）。但在奧義書時代，尚未出現明確的「地獄」觀念。

從大地和火，神聖的語言進入他。正是這種神聖的語言，人們依靠它，實現所說的一切。——18

從天空和太陽，神聖的生命氣息進入他。正是這種生命氣息，無論活動或不活動，都不受侵擾，不受傷害。——19

任何人知道這樣，他就成為一切眾生的自我。他就與這位神一樣。一切眾生像保護這位神那樣，保護知道這樣的人。無論眾生遭遇什麼憂傷，全由他們自己承受。唯有功德歸於他。確實，罪惡不會歸於眾天神。──20

下面探索誓願。生主創造了各種感官。這些感官被創造出來後，互相競爭。語言爭著：「我要說。」眼睛爭著：「我要看。」耳朵爭著：「我要聽。」其他感官也按照各自的功能參與競爭。死神化作疲倦，走近它們，走進它們。進入後，抑止它們。於是，語言疲倦，眼睛疲倦，耳朵疲倦。而唯有中間的氣息（prāṇa），死神不能進入它。這樣，它們認識到：「它是我們之中最優秀者。無論活動或不活動，它都不受侵擾，不受傷害。讓我們都變成它那樣。」於是，它們全都變成它那樣。因此，它們依照它，都被稱為prāṇa。

prāṇa一詞可以讀為氣息、呼吸或生命。

確實，任何人知道這樣，人們就會依照他，稱呼他所在的家族。若有人與知道這樣的人競爭，便會衰竭，由衰竭而死亡。以上關於自我。──21

「關於自我」和下面的「關於天神」是奧義書中的慣用語。大體說來，「關於自我」指關於人體，「關於天神」指關於宇宙。

下面關於天神。火爭著：「我要燃燒。」太陽爭著：「我要發熱。」月亮爭著：「我要照耀。」其他天神也按照各自的神性參與競爭。而眾天神中的風如同眾氣息中的中間氣息。因為其他天神都會休息，而風不休息。風是唯一不休息的天神。──22

有偈頌為證：

太陽從那裡升起，
又從那裡落下；
因為它從氣息中升起，又落下在氣息中。
眾天神制定此法，
今天明天都這樣。

因為他們至今都遵行以前的法則。

因此，應該遵行這唯一的誓願。應該吸氣和呼氣，祈求道：「但願罪惡和死神不要進入我！」如果有人遵行這個誓願，那就讓他實現這個誓願。由此，他會與那位神結合，與那位神生活在同一世界。——23

第六梵書

確實，這個世界有三重：名稱（「名」）、形態（「色」）和行動（「業」）。

其中，語言是那些名稱的讚歌（uktha），因為一切名稱出自（uttiṣṭhanti）語言。語言是它們的娑摩（sāman），因為語言等同（sama）於一切名稱。語言是它們的梵（brahman），因為語言

支撐（bibharti）一切名稱。——1

然後，眼睛是那些形態的讚歌，因為一切形態出自眼睛。眼睛是它們的娑摩，因為眼睛等同於一切形態。眼睛是它們的梵，因為眼睛支撐一切形態。——2

然後，身體是那些行動的讚歌，因為一切行動出自身體。身體是它們的娑摩，因為身體等同於一切行動。身體是它們的梵，因為身體支撐一切行動。

這是三者，也是唯一者自我。自我是唯一者，也是這三者。它是由真實掩蓋的永生者。確實，生命氣息是永生者，名稱和形態是真實。它倆掩蓋生命氣息。——3

第二章

第一梵書

伽吉耶族的德利波多·跋羅基學問淵博。他曾對迦尸王阿闍世說：「讓我為你講授梵。」阿闍世說道：「為你的這次講授，我們會支付一千頭牛。」人們奔走相告：「遮那迦！遮那迦！」——1

遮那迦是一位著名的國王。這裡以呼叫「遮那迦」表示對阿闍世王的讚美。

伽吉耶說道：「那是太陽中那個人，我崇拜他為梵。」阿闍世回答說：「你別與我討論他。我

只是崇拜他為一切眾生的至高者，首領，國王。若有人這樣崇拜，他就會成為一切眾生的至高者，首領，國王。」——2

伽吉耶說道：「那是月亮中那個人，我崇拜他為梵。」阿闍世回答說：「你別與我討論他。我只是崇拜他為身著白衣的、偉大的蘇摩王。若有人這樣崇拜，他就會天天壓榨出蘇摩汁，食物也永不斷絕。」——3

「蘇摩王」即月亮。「蘇摩汁」是一種具有興奮作用的飲料，也是祭神用酒。

伽吉耶說道：「那是閃電中那個人，我崇拜他為梵。」阿闍世回答說：「你別與我討論他。我只是崇拜他為光輝者。若有人這樣崇拜，他就會成為光輝者，他的後代也會成為光輝者。」——4

伽吉耶說道：「那是空中那個人，我崇拜他為梵。」阿闍世回答說：「你別與我討論他。我只是崇拜他為圓滿而不動者。若有人這樣崇拜，他就會擁有子孫和牲畜，他的子孫也不會離開這個世界。」——5

伽吉耶說道：「那是風中那個人，我崇拜他為梵。」阿闍世回答說：「你別與我討論他。我只是崇拜他為因陀羅·毗恭吒或不可戰勝的軍隊。若有人這樣崇拜，他就會成為勝利者，不可戰勝者，戰勝他人者。」——6

毗恭吒（Vaikuntha）是因陀羅的稱號，意謂不可攻擊者。

伽吉耶說道：「那是火中那個人，我崇拜他為梵。」阿闍世回答說：「你別與我討論他。我只

是崇拜他為不可抵禦者。若有人這樣崇拜，他就會成為不可抵禦者，他的後代也會成為不可抵禦者。」——7

伽吉耶說道：「那是水中那個人，我崇拜他為梵。」阿闍世回答說：「你別與我討論他。我只是崇拜他為相像者。若有人這樣崇拜，他就會接近相像者，不會接近不相像者，而且，他會生出相像者。」——8

伽吉耶說道：「那是鏡中那個人，我崇拜他為梵。」阿闍世回答說：「你別與我討論他。我只是崇拜他為明亮者。若有人這樣崇拜，他就會成為明亮者，而且，他會照亮所有他遇到的人。」——9

伽吉耶說道：「那是尾隨行走之人的回聲，我崇拜它為梵。」阿闍世回答說：「你別與我討論它。我只是崇拜它為生命。若有人這樣崇拜，他就會在這個世界上活夠壽命，生命氣息不會在時間到達前離開他。」——10

「時間」指死期。

伽吉耶說道：「那是方位中那個人，我崇拜他為梵。」阿闍世回答說：「你別與我討論他。我只是崇拜他為從不分離的第二者。若有人這樣崇拜，他就會有第二者，隨從們不會與他斷絕。」——11

「第二者」可理解為妻子或同伴。

伽吉耶說道：「那是影子構成的那個人，我崇拜他為梵。」阿闍世回答說：「你別與我討論他。我只是崇拜他為死亡。若有人這樣崇拜，他就會在這個世界上活夠壽命，死神不會在時間到達前

來到他。」——12

伽吉耶說道：「那是身體中那個人，我崇拜他為梵。」阿闍世回答說：「你別與我討論他。我只是崇拜他為有身體者。若有人這樣崇拜，他就會成為有身體者，他的後代也會成為有身體者。」然後，伽吉耶保持沉默。——13

阿闍世說道：「就這些嗎？」「就這些。」「憑這些無法知道。」於是，伽吉耶說：「讓我拜你為師吧！」——14

阿闍世回答說：「這確實是顛倒次序，婆羅門拜剎帝利為師，心想：『他將為我講授梵。』但是，我會讓你獲得知識。」於是，阿闍世握住他的手，起身。他倆來到一個睡著的人身邊。阿闍世用這些名稱招呼這個人：「身著白衣的、偉大的蘇摩王！」但這個人沒有起身。然後，阿闍世用手觸碰，喚醒了他。他頓時起身。——15

阿闍世說道：「這個人睡著時，由智力構成的那個人在哪兒？現在又從哪兒回來？」伽吉耶茫然不知。——16

阿闍世說道：「這個人睡著時，由智力構成的那個人依靠智力收回那些生命氣息，躺在心內空間中。一旦控制住那些生命氣息，那個人便可說是睡著。確實，氣息已被控制，語言已被控制，眼睛已被控制，耳朵已被控制，思想已被控制。——17

「那些生命氣息」，可以理解為那些感官。

「他在夢中漫遊，那兒是他的世界。確實，他成為偉大的國王，偉大的婆羅門。他上下漫遊。正像偉大的國王，帶著臣民，在自己的國土中隨意遊蕩，他帶著那些生命氣息在自己的身體中隨意遊蕩。——18

「然後，一旦進入沉睡，他就一無所知。有名為『利益』的七萬兩千條脈管從心中向外延伸，布滿心包。他通過這些脈管進入心包，躺在那裡。正像王子、偉大的國王或偉大的婆羅門，進入極樂境界後，躺下休息，他也是這樣躺下休息。——19

「正像蜘蛛沿著蛛絲向上移動，正像火花從火中向上飛濺，確實，一切氣息，一切世界，一切天神，一切眾生，都從這自我中出現。他的奧義是真實中的真實。確實，生命氣息是真實，而他是生命氣息中的真實。」——20

第二梵書

幼崽有居處，有覆蓋物，有木柱，有繩索。任何人知道這樣，他就能抵禦七個懷有敵意的堂兄弟。確實，這幼崽是中間氣息，它的這個（身體）是居處，這個（頭）是覆蓋物，氣息是木柱，食物是繩索。——1

這裡以豢養的「幼崽」比喻中間氣息。「七個懷有敵意的堂兄弟」喻指七個感官：雙眼、雙耳、雙鼻孔和嘴。稱它們懷有敵意，是認為它們阻礙認知內在自我。原文中沒有「身體」和「頭」這兩個詞，體現奧義書文體的口語特色。

有七個不滅者侍奉它。這些是眼中的血絲，樓陀羅通過它們與它結合。這些是眼中的水，雨神通過它們與它結合。這是眼中的瞳人，太陽通過它與它結合。這是眼中的眼黑，火神通過它與它結合。這是眼中的眼白，因陀羅通過它與它結合。大地通過下眼瞼毛與它結合。天空通過上眼瞼毛與它結合。任何人知道這樣，他的食物就不會斷絕。——2

「七個不滅者」也就是這裡所說的樓陀羅、雨神、太陽、火神、因陀羅、大地和天空。

有一首偈頌：

這個碗，口在下，底在上，
裡面盛放形態多樣的榮譽，
沿著碗邊，坐著七位仙人，
與梵交談的語言是第八位。

「這個碗，口在下，底在上。」這是頭，因為這個碗，口在下，底在上。「裡面盛放形態多樣的榮譽。」確實，那些氣息是盛放在裡面的形態多樣的榮譽。因此，說是那些氣息。「沿著碗邊，坐著七位仙人。」確實，那些氣息是那些仙人。因此，說是那些氣息。「與梵交談的語言是第八位。」因為作為第八位的語言與梵交談。——3

這首偈頌源自《阿達婆吠陀》10.8.9。「這個碗」原本喻指天空，這裡喻指頭。

這兩個（耳朵）是喬答摩和婆羅墮遮。這個是喬答摩，這個是婆羅墮遮。這兩個（眼睛）是眾友和闍摩陀耆尼。這個是眾友，這個是闍摩陀耆尼。這兩個（鼻孔）是極裕和迦葉波。這個是極裕，這個是迦葉波。這個舌頭是阿特利，因為通過舌頭吃食物。確實，阿特利（Atri）這個名字與吃（atti）相同。任何人知道這樣，他就會成為吃一切者，一切成為他的食物。——4

這裡提及上述七位仙人，並與頭部七個感官——雙耳、雙眼、雙鼻孔和舌頭相對應。原文中沒有「耳朵」、「眼睛」和「鼻孔」。「這個」和「這個」分別指左邊這個和右邊這個。這些都通過說話者的手勢表達。

第三梵書

確實，梵有兩種形態：有形和無形，有死和不死，固定和活動，sat 和 tya。——1

sat 和 tya 合為 satya（真實）。按照構詞法，satya 是 sat（存在）加上後綴 ya。《彌勒奧義書》6.3 中也提到有形和無形兩種梵，稱「有形者不真實（asatya），無形者真實（satya）」。《考斯多基奧義書》1.6 中將梵稱為真實（satya），其中「sat 是不同於眾天神和眾氣息者，而 tya 是眾天神和眾氣息」。

這有形者是不同於風和空間者。它有死，它固定，它是 sat。這有形、有死、固定的 sat 的本質是那個發熱者，因為它是 sat 的本質。——2

「空間」指天和地之間的空間。「發熱者」指太陽。

這無形者是風和空間，它不死，它活動，它是 tya。這無形、不死、活動的 tya 的本質是光輪中的那個人，因為他是 tya 的本質。以上關於天神。——3

「光輪」指太陽。

下面關於自我。這有形者是不同於生命氣息和自我內在空間者。它有死，它固定，它是 sat。這有形、有死、固定的 sat 的本質是眼睛，因為它是 sat 的本質。——4

這無形者是生命氣息和自我內在空間。它不死，它活動，它是 tya。這無形、不死、活動的 tya 的本質是右眼中的那個人，因為他是 tya 的本質。——5

這個原人的形態如同彩色衣，如同白羊絨，如同紅瓢蟲，如同火焰，如同白蓮花，如同突然的閃電。任何人知道這樣，他的光輝就會如同突然的閃電。

於是，有「不是這個，不是那個」這樣的教導。因為沒有比它更高者，只能稱說「不是」。因而，產生「真實中的真實」這個名稱。確實，生命氣息是真實，而他是生命氣息中的真實。——6

「原人」指自我或至高自我。「不是這個，不是那個」（neti neti，直譯為「不是，不是」）指對原人的否定式表達。參閱下面 3.9.25、4.2.4、4.4.22 和 4.5.15。

第四梵書

耶若伏吉耶說道：「梅怛麗依啊，我要脫離家居生活了。讓我為你和迦旃耶尼做好安排吧！」——1

梅怛麗依（Maitreyī）和迦旃耶尼（Kātyāyanī）是耶若伏吉耶的兩位妻子。按照婆羅門教，人生分為梵行期、家居期、林居期和遁世期四個生活階段。現在，耶若伏吉耶要脫離家庭生活，進入林中生活。

梅怛麗依說道：「尊者啊，如果這充滿財富的整個大地都屬於我，我會由此獲得永生嗎？」耶

若伏吉耶回答說：「不會。妳的生活會像富人的生活，但不可能指望依靠財富獲得永生。」——2

梅妲麗依說道：「如果依靠它，我不能獲得永生，那我要它有什麼用？尊者啊，請將你知道的告訴我！」——3

耶若伏吉耶回答說：「啊，妳確實可愛，說這可愛的話。來吧，坐下！我給妳解釋。但在我解釋時，妳要沉思！」——4

於是，他說道：「哦，確實，不是因為愛丈夫而丈夫可愛，是因為愛自我而丈夫可愛。哦，確實，不是因為愛妻子而妻子可愛，是因為愛自我而妻子可愛。哦，確實，不是因為愛兒子而兒子可愛，是因為愛自我而兒子可愛。哦，確實，不是因為愛財富而財富可愛，是因為愛自我而財富可愛。哦，確實，不是因為愛婆羅門性而婆羅門性可愛，是因為愛自我而婆羅門性可愛。哦，確實，不是因為愛剎帝利性而剎帝利性可愛，是因為愛自我而剎帝利性可愛。哦，確實，不是因為愛這些世界而這些世界可愛，是因為愛自我而這些世界可愛。哦，確實，不是因為愛這些天神而這些天神可愛，是因為愛自我而這些天神可愛。哦，確實，不是因為愛眾生而眾生可愛，是因為愛自我而眾生可愛。哦，確實，不是因為愛一切而一切可愛，是因為愛自我而一切可愛。哦，確實，應當觀看、諦聽、思考和沉思自我。梅妲麗依啊，確實，依靠觀看、諦聽、思考和理解自我，得知世界所有一切。——5

「若有人認為婆羅門性在自我之外的別處，婆羅門性就會拋棄他。若有人認為剎帝利性在自我之外的別處，剎帝利性就會拋棄他。若有人認為這些世界在自我之外的別處，這些世界就會拋棄他。若有人認為這些天神在自我之外的別處，這些天神就會拋棄他。若有人認為眾生在自我之外的別處，眾生就會拋棄他。若有人認為一切在自我之外的別處，一切就會拋棄他。這婆羅門性，這剎帝利性，這些世界，這些天神，這眾生，這一切全都是這自我。——6

「如同擊鼓，外現的聲音不能把握，而把握這鼓或擊鼓者，便能把握這聲音。——7

「如同吹螺號，外現的聲音不能把握，而把握這螺號或吹螺號者，便能把握這聲音。——8

「如同彈琵琶，外現的聲音不能把握，而把握這琵琶或彈琵琶者，便能把握這聲音。——9

「猶如濕柴置於火中，冒出煙霧，哦！同樣，從這偉大的存在的呼吸中產生《梨俱吠陀》、《夜柔吠陀》、《娑摩吠陀》、《阿達婆安吉羅》、史詩、往世書、知識、奧義書、偈頌、經文、注釋和注疏，以及一切眾生。——10

「偉大的存在」指至高自我，即梵。《阿達婆安吉羅》即《阿達婆吠陀》。往世書（Purāṇa）指各種神話傳說集。

「猶如大海是一切水的歸宿，同樣，皮膚是一切觸的歸宿，鼻孔是一切香的歸宿，舌頭是一切味的歸宿，眼睛是一切色的歸宿，耳朵是一切聲的歸宿，思想是一切意願的歸宿，心是一切知識的歸宿，雙手是一切行動的歸宿，生殖器是一切歡喜的歸宿，肛門是一切排泄物的歸宿，雙足是一切行走的歸宿，語言是一切吠陀的歸宿。——11

「猶如鹽塊投入水中，在水中溶化，再也不能拾起。然而，無論從哪兒取水品嘗，都有鹽味。哦！同樣，這偉大的存在無邊無沿，全然是意識的匯聚。它從那些存在物中出現，又隨同它們消失。

一旦去世，便無知覺。哦！我說了這些。」耶若伏吉耶說完這些。——12

「那些存在物」（bhūta）也可理解為五大元素：空、風、火、水和地。

梅姐麗依說道：「尊者啊，你說『一旦去世，便無知覺』，令我困惑。」他回答說：「哦，我不說令人困惑的話。我的話完全可以理解。——13

「只要彷彿有二重性，那麼，這個嗅另一個，這個看另一個，這個聽另一個，這個歡迎另一個，這個想念另一個，這個知道另一個。一旦一切都成為自我，那麼依靠什麼嗅誰？依靠什麼看誰？依靠什麼聽誰？依靠什麼歡迎誰？依靠什麼想念誰？依靠什麼知道誰？依靠它而知道這一切，而依靠什麼知道它？哦！依靠什麼知道這位知道者？」——14

第五梵書

這大地對一切眾生是蜜。一切眾生對這大地也是蜜。這大地中由光構成、由甘露構成的原人，以及與自我相關的身體中由光構成、由甘露構成的原人，確實就是這自我。這是甘露，這是梵，這是一切。——1

「甘露」（amṛta）是天神的飲料。Amṛta的原義是不死或永生。因此，「由光構成、由甘露構成的原人」也可譯為光輝的、永生的原人。

「與自我相關的」也就是與人體相關的。因此，這裡提到的前一個「原人」指宇宙中的原人，後一個「原人」指人體中的原人。而實際上都是「這自我」（至高自我），即囊括一切的、永恆不滅的梵。

這水對一切眾生是蜜。一切眾生對水也是蜜。這水中由光構成、由甘露構成的原人，以及與自我相關的精液中由光構成、由甘露構成的原人，確實就是這自我。這是甘露，這是梵，這是一切。——2

這火對一切眾生是蜜。一切眾生對火也是蜜。這火中由光構成、由甘露構成的原人，以及與自我相關的語言中由光構成、由甘露構成的原人，確實就是這自我。這是甘露，這是梵，這是一切。——3

這風對一切眾生是蜜。一切眾生對風也是蜜。這風中由光構成、由甘露構成的原人，以及與自我相關的氣息中由光構成、由甘露構成的原人，確實就是這自我。這是甘露，這是梵，這是一切。——4

這太陽對一切眾生是蜜。一切眾生對太陽也是蜜。這太陽中由光構成、由甘露構成的原人，以及與自我相關的眼睛中由光構成、由甘露構成的原人，確實就是這自我。這是甘露，這是梵，這是一切。——5

這些方位對一切眾生是蜜。一切眾生對這些方位也是蜜。這些方位中由光構成、由甘露構成的原人，以及與自我相關的耳朵和回音中由光構成、由甘露構成的原人，確實就是這自我。這是甘露，這是梵，這是一切。——6

這月亮對一切眾生是蜜。一切眾生對這月亮也是蜜。這月亮中由光構成、由甘露構成的原人，以及與自我相關的思想中由光構成、由甘露構成的原人，確實就是這自我。這是甘露，這是梵，這是一切。——7

這閃電對一切眾生是蜜。一切眾生對這閃電也是蜜。這閃電中由光構成、由甘露構成的原人，

以及與自我相關的精力中由光構成、由甘露構成的原人，確實就是這自我。這是甘露，這是梵，這是一切。——8

這雷對一切眾生是蜜。一切眾生對這雷也是蜜。這雷中由光構成、由甘露構成的原人，以及與自我相關的聲音和音調中由光構成、由甘露構成的原人，確實就是這自我。這是甘露，這是梵，這是一切。——9

這空間對一切眾生是蜜。一切眾生對這空間也是蜜。這空間中由光構成、由甘露構成的原人，以及與自我相關的心中空間中由光構成、由甘露構成的原人，確實就是這自我。這是甘露，這是梵，這是一切。——10

這正法對一切眾生是蜜。一切眾生對這正法也是蜜。這些正法中由光構成、由甘露構成的原人，以及與自我相關的恪守正法者中由光構成、由甘露構成的原人，確實就是這自我。這是甘露，這是梵，這是一切。——11

「正法」（dharma）指法則，諸如宇宙規律、社會律法和倫理規範。

這真理對一切眾生是蜜。一切眾生對這真理也是蜜。這真理中由光構成、由甘露構成的原人，以及與自我相關的恪守真理者中由光構成、由甘露構成的原人，確實就是這自我。這是甘露，這是梵，這是一切。——12

這人類對一切眾生是蜜。一切眾生對這人類也是蜜。這人類中由光構成、由甘露構成的原人，

以及與自我相關的人類中由光構成、由甘露構成的原人，確實就是這自我。這是甘露，這是梵，這是一切。——13

這自我對一切眾生是蜜。一切眾生對這自我也是蜜。這自我中由光構成、由甘露構成的原人，以及與自我相關的自我中由光構成、由甘露構成的原人，確實就是這自我。這是甘露，這是梵，這是一切。——14

這自我是一切眾生的主人，一切眾生的國王。正如那些輻條安置在輪轂和輪輞中，一切眾生、一切天神、一切世界、一切氣息和一切自我都安置在這自我中。——15

確實，這個「蜜說」是阿達婆家族的達提衍傳授給雙馬童的。有位仙人看到後，說道：

雙馬童啊，猶如雷聲宣告降雨，
我宣示你的驚人事跡：為求財富，
你採用馬頭置換術，讓阿達婆
子孫達提衍將「蜜說」傳給你倆。——16

這首頌詩見《梨俱吠陀》1.116.12。雙馬童（Aśvinau）是一對孿生兄弟神、天國神醫，嗜好飲蜜。傳說因陀羅將「蜜說」傳授給阿達婆子孫達提衍，並要求他嚴守祕密，若洩露出去，就要砍下他的頭。於是，雙馬童用馬頭置換達提衍的頭，讓他將「蜜說」傳授給他倆。因陀羅發現後，砍下了達提衍的馬頭。然後，雙馬童為達提衍安上原來的人頭。

確實，這個「蜜說」是阿達婆家族的達提衍傳授給雙馬童的。有位仙人看到後，說道：

雙馬童啊，你用馬頭置換阿達婆
子孫達提衍的頭，讓他兌現諾言，
又將他得自陀濕多的「蜜說」
傳給你倆，成為你倆掌握的奧祕。——17

這首頌詩見《梨俱吠陀》1.117.22。陀濕多（Tvaṣṭṛ）是天國工匠名，這裡指稱因陀羅。

確實，這個「蜜說」是阿達婆家族的達提衍傳授給雙馬童的。有位仙人看到後，說道：

他製造兩足的城堡，
他製造四足的城堡，
他變成鳥，飛入城堡，
他是原人，進入城堡。

這個原人是一切城堡中的居住者。他覆蓋一切，遍及一切。——18

「城堡」喻指身體。

確實，這個「蜜說」是阿達婆家族的達提衍傳授給雙馬童的。有位仙人看到後，說道：

各種各樣形象與他相像，
這些形象透露他的形象；
因陀羅駕馭一千匹馬，

憑幻術遊蕩，形態多樣。

他是這些馬，有數十萬，無計其數。他就是梵，無前無後，無內無外。這感知一切的自我就是梵。

以上是教誡。——19

這首頌詩見《梨俱吠陀》6.47.18。「馬」喻指感官。這裡的意思是梵寓於各種感官以及一切形象中。

第六梵書

下面是師承：寶迪摩希耶師承高波婆那。高波婆那師承另一位寶迪摩希耶。這位寶迪摩希耶師承另一位高波婆那。這位高波婆那師承考斯迦。考斯迦師承岡底尼耶。岡底尼耶師承香底利耶。香底利耶師承另一位考斯迦和喬答摩。喬答摩——1

這裡譯文中添加「這位」和「另一位」，以區別姓名相同的老師或學生。下面出現同樣情況，不再一一標出。

師承阿耆尼吠希耶。阿耆尼吠希耶師承香底利耶和阿那賓羅多。阿那賓羅多師承阿那賓羅多。阿那賓羅多師承喬答摩。喬答摩師承塞多婆和波羅那約基耶。塞多婆和波羅那約基耶師承婆羅墮遮和喬答摩。喬答摩師承婆羅墮遮。婆羅墮遮師承巴羅舍利耶。巴羅舍利耶師承貝遮瓦巴耶那。貝遮瓦巴耶那師承考斯迦耶尼。考斯迦耶尼——2

師承克利多考斯迦。克利多考斯迦師承巴羅舍利亞耶那。巴羅舍利亞耶那師承巴羅舍利耶。巴羅舍利耶師承賈杜迦爾尼耶。賈杜迦爾尼耶師承阿蘇羅耶那和耶斯迦。阿蘇羅耶那師承特雷婆尼。特雷婆尼師承奧波旃達尼。奧波旃達尼師承阿蘇利。阿蘇利師承婆羅墮遮。婆羅墮遮師承阿特雷耶。阿特雷耶師承曼迪。曼迪師承喬答摩。喬答摩師承婆蹉。婆蹉師承香底利耶。香底利耶師承蓋索利耶·迦比耶。蓋索利耶·迦比耶師承古摩羅訶利多。古摩羅訶利多師承伽羅婆。伽羅婆師承維陀爾毗岡底利耶。維陀爾毗岡底利耶師承婆蹉那波特·巴婆羅婆。婆蹉那波特·巴婆羅婆師承阿亞希·安吉羅娑。阿亞希耶·安吉羅娑師承阿菩提·特瓦希多羅。阿菩提·特瓦希多羅師承維希婆盧波·特瓦希多羅。維希婆盧波·特瓦希多羅師承雙馬童。雙馬童師承達提衍·阿達婆那。達提衍·阿達婆那師承摩利底瑜·波拉達溫沙那。摩利底瑜·波拉達溫沙那師承波羅達溫沙那。波羅達溫沙那師承埃迦爾希。埃迦爾希師承維波羅吉提。維波羅吉提師承毗耶希提。毗耶希提師承沙那盧。沙那盧師承沙那多那。沙那多那師承沙那伽。沙那伽師承至上者。至上者師承梵。梵是自生者。向梵致敬！——3

第三章

第一梵書

毗提訶國王遮那迦舉行祭祀，備有許多酬謝的禮物。俱盧族和般遮羅族的婆羅門聚在這裡。毗提訶國王遮那迦想要知道：「在這些婆羅門中，哪一位最有學問？」他圈了一千頭牛，每頭牛的牛角繫上十枚金幣。——1

他說道：「諸位尊敬的婆羅門啊，請你們之中最優秀的婆羅門取走這些牛吧！」那些婆羅門都不敢取走。於是，耶若伏吉耶吩咐自己的學生說：「娑摩希羅婆，好孩子，去取走那些牛！」他取走了那些牛。而那些婆羅門憤憤不平，議論道：「他怎麼敢說自己是我們之中最優秀的婆羅門？」——2

毗提訶國王遮那迦有一位名叫阿濕婆羅的誦者祭司，詢問他：「你確實認為自己是我們之中最優秀的婆羅門？」他回答說：「我們都向最優秀的婆羅門致敬，而實際上是渴望獲得牛。」於是，誦者祭司阿濕婆羅決心向他發問。——3

他說道：「耶若伏吉耶啊，世上這一切受死神束縛，受死神控制，祭祀者依靠什麼擺脫死神束縛？」「依靠誦者祭司、火和語言。誦者祭司就是語言。語言就是這火，這誦者祭司，這解脫，這最高解脫。」——4

誦者祭司（Hotṛ）以及下面提到的行祭者祭司（Adhvaryu）、歌者祭司（Udgātṛ）和梵祭司（Brahman，或稱監督者祭司）是婆羅門教重大祭祀儀式中的四位祭官。

他說道：「耶若伏吉耶啊，世上這一切受白半月和黑半月束縛，受白半月和黑半月控制，祭祀者依靠什麼擺脫白半月和黑半月束縛？」「依靠歌者祭司、風和生命氣息。歌者祭司就是生命氣息。生命氣息就是這風，這歌者祭司，這解脫，這最高解脫。」——5

他說道：「耶若伏吉耶啊，這空中彷彿無所依傍，祭祀者依靠什麼階梯登上天國世界？」「依靠梵祭司、思想和月亮。梵祭司就是思想。思想就是這月亮，這梵祭司，這解脫，這最高解脫。」以上關於解脫，下面關於成就。——6

他說道：「耶若伏吉耶啊，在今天這個祭祀中，誦者祭司使用多少梨俱頌詩？」「使用三首。」「哪三首？」「在祭祀前吟誦的，在祭祀中吟誦的，第三首是讚頌的。」「依靠它們，贏得什麼？」「任何具有生命氣息者。」——7

他說道：「耶若伏吉耶啊，在今天這個祭祀中，行祭者祭司供奉幾種祭品？」「三種。」「哪三種？」「供奉時燃燒的，供奉時發出聲響的，供奉時躺下的。」「依靠它們，贏得什麼？」「依靠供奉時燃燒的祭品，贏得天神世界。因為天神世界彷彿燃燒發光。依靠供奉時發出聲響的祭品，贏得祖先世界。因為祖先世界彷彿發出聲響。依靠供奉時躺下的祭品，贏得凡人世界。因為凡人世界彷彿在底下。」——8

他說道：「耶若伏吉耶啊，今天梵祭司坐在右邊，有幾位神靈保護這個祭祀？」「一位。」「哪一位？」「就是思想。確實，思想無限，一切天神無限。因此，依靠它，贏得無限的世界。」——9

他說道：「耶若伏吉耶啊，在今天這個祭祀中，歌者祭司歌唱幾首讚歌？」「三首。」「哪三首？」「在祭祀前歌唱的，在祭祀中歌唱的，第三首是讚頌的。」「它們與自我有什麼關係？」「在祭祀前歌唱的讚歌是元氣，在祭祀中歌唱的讚歌是下氣，讚頌的讚歌是行氣。」「依靠它們，贏得什麼？」「依靠在祭祀前歌唱的讚歌贏得地上世界。依靠祭祀中歌唱的讚歌贏得空中世界。依靠讚頌的讚歌贏得天上世界。」然後，誦者祭司阿濕婆羅沉默不語。——10

人的生命氣息分成五種：元氣、上氣、中氣、下氣和行氣。

第二梵書

然後，賈羅特迦羅婆·阿爾多薄伽向他發問。他說道：「耶若伏吉耶啊，有幾種捕捉者？有幾種超捕捉者？」「八種捕捉者，八種超捕捉者。」「哪八種捕捉者？哪八種超捕捉者？」——1

「元氣是捕捉者。它被超捕捉者下氣捕捉，因為人們依靠下氣嗅到香味。——2

「語言是捕捉者。它被超捕捉者名稱捕捉，因為人們依靠語言說出名稱。——3

「舌頭是捕捉者。它被超捕捉者滋味捕捉，因為人們依靠舌頭品嘗滋味。——4

「眼睛是捕捉者。它被超捕捉者形態捕捉，因為人們依靠眼睛看到形態。——5

「耳朵是捕捉者。它被超捕捉者聲音捕捉，因為人們依靠耳朵聽到聲音。——6

「思想是捕捉者。它被超捕捉者欲望捕捉，因為人們依靠思想產生欲望。——7

「雙手是捕捉者。它被超捕捉者行動捕捉，因為人們依靠雙手從事行動。」——8

「皮膚是捕捉者。它被超捕捉者接觸捕捉，因為人們依靠皮膚感受接觸。以上是八種捕捉者和八種超捕捉者。」——9

從以上描述可見，捕捉者和超捕捉者實際上是指感官和感官對象。只是第一種與後七種的描述不一致。若與後七種保持一致，應為「鼻子是捕捉者。它被超捕捉者香味捕捉，因為人們依靠鼻子嗅到香味。」

他說道：「耶若伏吉耶啊，世上這一切都是死亡的食物，有沒有哪位神靈以死亡為食物？」「死亡是火。它是水的食物。任何人知道這樣，他就能戰勝重覆的死亡。」——10

他說道：「耶若伏吉耶啊，一個人死後，那些氣息是否離開他？」耶若伏吉耶回答說：「不離開。它們聚集在那裡，因而他膨脹，他鼓脹。死人躺著鼓脹。」——11

他說道：「耶若伏吉耶啊，一個人死後，什麼離開他？」「名稱。確實，名稱無限，一切天神無限。任何人知道這樣，他就贏得無限的世界。」——12

他說道：「耶若伏吉耶啊，一個人死後，語言回歸火，氣息回歸風，眼睛回歸太陽，思想回歸月亮，耳朵回歸方位，身體回歸大地，自我回歸空，汗毛回歸草，頭髮回歸樹，血液和精液回歸水，此時，這個人在哪兒？」「阿爾多薄伽賢士啊，握住我的手！此事不能當眾說，讓我倆私下說。」

這樣，他倆離開現場，進行討論。他倆談論的唯獨是業，他倆稱頌的也唯獨是業：「確實，因善業而成為善人，因惡業而成為惡人。」然後，賈羅特迦羅婆·阿爾多薄伽沉默不語。——13

這裡的意思是人死後，業還存在，在輪迴轉生中起作用。

第三梵書

然後，菩吉優·羅希亞耶尼向他發問。他說道：「耶若伏吉耶啊，我們曾經在摩陀羅國遊學。一次，拜訪波登遮羅·迦比耶的家。他的女兒被一個健達縛附身。我們問他：『你是誰？』他回答說：『蘇滕婆·安吉羅娑。』我們在向他詢問世界的盡頭時，詢問繼絕王孫們在哪兒？耶若伏吉耶啊，我現在也詢問你：繼絕王孫們在哪兒？」——1

繼絕（Pariksit）是一位國王。據後來的史詩《摩訶婆羅多》中的描述，他是般度族留下的唯一根苗。

耶若伏吉耶回答說：「他（健達縛）肯定是告訴你們：他們前往舉行馬祭的人們去的地方。」「舉行馬祭的人們前往哪兒？」「這個世界的廣度為太陽神車三十二天的行程。圍繞它的大地兩倍於這個廣度。圍繞大地的大海又兩倍於大地的廣度。而空中有薄似剃刀鋒刃或蚊子羽翼的縫隙，因陀羅化為鳥，將他們送交風。風親自負載他們，將他們送往舉行馬祭的人們所去的地方。顯然，他（健達縛）是在讚頌風。因此，風既是個體，又是總體。任何人知道這樣，他就能戰勝重覆的死亡。」然後，菩吉優·羅希亞耶尼沉默不語。——2

「風既是個體，又是總體」可以理解為風既是每個個體生命中的氣息，又是宇宙中的大氣。

第四梵書

然後，烏舍斯多·賈揭羅衍那向他發問。他說道：「耶若伏吉耶啊，請你為我解釋直接顯現的梵，居於一切中的這個自我。」「居於一切中的這個自我就是你的自我。」「耶若伏吉耶啊，居於一切中的自我是哪一個？」「依靠元氣吸入者，它是居於一切中的你的自我。依靠下氣呼出者，它是居於一切中的你的自我。依靠行氣運行者，它是居於一切中的你的自我。依靠上氣上升者，它是居於一切中的你的自我。」——1

烏舍斯多·賈揭羅衍那說道：「你的這種解釋就像是說『這是牛，這是馬』。請你繼續為我解釋直接顯現的梵，居於一切中的這個自我。」「居於一切中的這個自我就是你的自我。」「耶若伏吉耶啊，居於一切中的自我是哪一個？」「你不能觀看觀看的觀看者。你不能聽取聽取的聽取者。你不能思考思考的思考者。你不能認知認知的認知者。居於一切中的這個自我就是你的自我，此外的一切都是痛苦。」然後，烏舍斯多·賈揭羅衍那沉默不語。——2

「觀看的觀看者」等等可以理解為自我是真正的觀看者、聽取者、思考者和認知者。

第五梵書

然後，迦忽羅·喬希多蓋耶向他發問。他說道：「耶若伏吉耶啊，請你為我解釋直接顯現的梵，居於一切中的這個自我。」「居於一切中的這個自我就是你的自我。」「耶若伏吉耶啊，居於一切中的自我是哪一個？」「它超越饑渴、憂愁、愚癡、衰老和死亡。確實，知道了這個自我，婆羅門也就拋棄對兒子的渴望，對財富的渴望，對世界的渴望，而奉行遊方僧的乞食生活。渴望兒子也就是渴望財富。渴望財富也就是渴望世界。兩者都是渴望。這樣，婆羅門拋棄學問，而保持孩童狀態。然後既拋棄學問，也拋棄孩童狀態，而成為牟尼。然後，既拋棄非牟尼性，也拋棄牟尼性，而成為婆羅門。」「婆羅門依靠什麼生活？」「他就這樣生活，此外的一切都是痛苦。」然後，迦忽羅．喬希多蓋耶沉默不語。——1

牟尼（muni）指苦行者。「非牟尼性」（amauna）和「牟尼性」（mauna）也可讀為「不保持沉默」和「保持沉默」。

第六梵書

然後，伽爾吉．婆遮揭那維向他發問。他說道：「世上這一切縱橫交織在水中，那麼，水縱橫交織在什麼中？」「在風中，伽爾吉！」

「風縱橫交織在什麼中？」「空中世界，伽爾吉！」

「空中世界縱橫交織在什麼中？」「健達縛世界，伽爾吉！」

「健達縛世界縱橫交織在什麼中？」「太陽世界，伽爾吉！」

「太陽世界縱橫交織在什麼中？」「月亮世界，伽爾吉！」

「月亮世界縱橫交織在什麼中？」「星星世界，伽爾吉！」

「星星世界縱橫交織在什麼中？」「天神世界，伽爾吉！」

「天神世界縱橫交織在什麼中?」「因陀羅世界,伽爾吉!」「因陀羅世界縱橫交織在什麼中?」「生主世界,伽爾吉!」「生主世界縱橫交織在什麼中?」「梵界,伽爾吉!」「梵界縱橫交織在什麼中?」對此,他回答說:「伽爾吉啊,你不要問過頭!不要讓你的頭落地!對不應該過度追問的神靈,你確實問過了頭。伽爾吉啊,你不要問過頭!」然後,伽爾吉沉默不語。——1

第七梵書

然後,烏達羅迦·阿盧尼向他發問。他說道:「耶若伏吉耶啊,我們曾經住在摩陀羅國,在波登遮羅·迦比耶家中學習祭祀。他的妻子被一個健達縛附身。我們問他:『你是誰?』他回答說:『迦般達·阿達婆那。』然後,他對波登遮羅·迦比耶和學習祭祀的人們說道:『迦比耶啊,有一種繩索,維繫這個世界、另一個世界和一切眾生,你知道嗎?』波登遮羅·迦比耶回答說:『尊者啊,我不知道。』他又對波登遮羅·迦比耶和學習祭祀的人們說道:『迦比耶啊,如果知道這種繩索和這位內在控制者,他就是知梵者,知世界者,知天神者,知吠陀者,知眾生者,知自我者,知一切者。』他對他們所說的,我都知道。因此,耶若伏吉耶啊,如果你不知道這種繩索和這位內在控制者，而取走這些給婆羅門的牛，你的頭會落地。」「喬答摩啊，我知道這種繩索和這位控制者。」「誰都可以說：『我知道，我知道。』你說說你知道什麼。」——1

他回答說：「喬答摩啊，這種繩索就是風。喬答摩啊，這個世界，另一個世界和一切眾生由這種繩索維繫。」「正是這樣，耶若伏吉耶啊！現在，你說說內在控制者。」——2

風在人體中是生命氣息。

「它在地中，而有別於地。地不知道它。地是它的身體。它就是你的自我，內在控制者，永生者。——3

「它在水中，而有別於水。水不知道它。水是它的身體。它就是你的自我，內在控制者，永生者。——4

「它在火中，而有別於火。火不知道它。火是它的身體。它就是你的自我，內在控制者，永生者。——5

「它在空中，而有別於空。空不知道它。空是它的身體。它就是你的自我，內在控制者，永生者。——6

「它在風中，而有別於風。風不知道它。風是它的身體。它就是你的自我。內在控制者，永生者。——7

「它在天中，而有別於天。天不知道它。天是它的身體。它就是你的自我，內在控制者，永生者。——8

「它在太陽中，而有別於太陽。太陽不知道它。太陽是它的身體。它就是你的自我，內在控制者，永生者。——9

「它在方位中，而有別於方位。方位不知道它。方位是它的身體。它就是你的自我，內在控制者，永生者。——10

「它在月亮和星星中，而有別於月亮和星星。月亮和星星不知道它。月亮和星星是它的身體。

它就是你的自我，內在控制者，永生者。——11

「它在空間中，而有別於空間。空間不知道它。空間是它的身體。它就是你的自我，內在控制者，永生者。——12

「它在黑暗中，而有別於黑暗。黑暗不知道它。黑暗是它的身體。它就是你的自我，內在控制者，永生者。——13

「它在光明中，而有別於光明。光明不知道它。光明是它的身體。它就是你的自我，內在控制者，永生者。以上關於天神。——14

「下面關於眾生。它在一切眾生中，而有別於一切眾生。一切眾生不知道它。一切眾生是它的身體。它就是你的自我，內在控制者，永生者。以上關於眾生。——15

「下面關於自我。它在氣息中，而有別於氣息。氣息不知道它。氣息是它的身體。它就是你的自我，內在控制者，永生者。——16

「它在語言中，而有別於語言。語言不知道它。語言是它的身體。它就是你的自我，內在控制者，永生者。——17

「它在眼睛中，而有別於眼睛。眼睛不知道它。眼睛是它的身體。它就是你的自我，內在控制者，永生者。——18

「它在耳朵中，而有別於耳朵。耳朵不知道它。耳朵是它的身體。它就是你的自我，內在控制者，

永生者。——19

「它在思想中，而有別於思想。思想不知道它。思想是它的身體。它就是你的自我，內在控制者，永生者。——20

「它在皮膚中，而有別於皮膚。皮膚不知道它。皮膚是它的身體。它就是你的自我，內在控制者，永生者。——21

「它在知覺中，而有別於知覺。知覺不知道它。知覺是它的身體。它就是你的自我，內在控制者，永生者。——22

「它在精液中，而有別於精液。精液不知道它。精液是它的身體。它就是你的自我，內在控制者，永生者。它是不可觀看的觀看者，不可聽取的聽取者，不可思考的思考者，不可認知的認知者。它就是你的自我，內在控制者，永生者。此外的一切都是痛苦。」然後，烏達羅迦．阿盧尼沉默不語。——23

第八梵書

然後，婆遮揭那維說道：「諸位婆羅門啊，我要問他兩個問題。如果他能為我解答這兩個問題，那麼，在關於梵的討論中，你們誰都不可能勝過他。」「妳問吧，伽爾吉！」——1

她說道：「耶若伏吉耶啊，就像迦尸國或毗提訶國的武士子弟挺身站著，挽弓上弦，手持兩支能穿透敵手的利箭，我也這樣挺身面對你，帶著這兩個問題。你為我解答這兩個問題吧！」「妳問吧，伽爾吉！」——2

她說道：「耶若伏吉耶啊，人們所說的天上者、地下者和天地之間者，以及過去者、現在者和未來者，它們都縱橫交織在什麼中？」——3

他回答說：「人們所說的天上者、地下者和天地之間者，以及過去者、現在者和未來者，它們都縱橫交織在空間中。」——4

她說道：「向你致敬！耶若伏吉耶啊，你為我解答了這個問題。現在，請接受另一個問題。」「妳問吧，伽爾吉！」——5

她說道：「耶若伏吉耶啊，人們所說的天上者、地下者和天地之間者，以及過去者、現在者和未來者，它們都縱橫交織在什麼中？」——6

他回答說：「人們所說的天上者、地下者和天地之間者，以及過去者、現在者和未來者，它們都縱橫交織在空間中。」「那麼，空間縱橫交織在什麼中？」——7

他回答說：「伽爾吉啊，婆羅門們所說的這個不滅者不粗，不細，不短，不長，不紅，不濕，無影，無暗，無風，無空間，無接觸，無味，無香，無眼，無耳，無語，無思想，無光熱，無氣息，無嘴，無量，無內，無外。它不吃任何東西。任何東西也不吃它。——8

「伽爾吉啊，那是遵照這個不滅者的命令，太陽和月亮分開獨立。伽爾吉啊，那是遵照這個不滅者的命令，天和地分開獨立。伽爾吉啊，那是遵照這個不滅者的命令，瞬間、片刻、白天、夜晚、半月、月、季和年分開獨立。伽爾吉啊，那是遵照這個不滅者的命令，河流從雪山流下，有些向東，有些向西。伽爾吉啊，那是遵照這個不滅者的命令，人們讚美布施者，天神依靠祭祀者，祖先依靠祭品。——9

「伽爾吉啊，如果不知道這個不滅者，在這世上供奉祭品，祭祀，修苦行，即使長達數千年，也會有盡頭。伽爾吉啊，如果不知道這個不滅者，而離開這個世界，他便是可憐的人。伽爾吉啊，如果知道這個不滅者，而離開這個世界，他便是婆羅門。——10

「伽爾吉啊，這個不滅者是不可觀看的觀看者，不可聽取的聽取者，不可思考的思考者，不可認知的認知者。伽爾吉啊，空間縱橫交織在這個不滅者中。」——11

她說道：「諸位尊敬的婆羅門啊，你們能向他表示致敬而脫身，就會覺得很幸運了。確實，在關於梵的討論中，你們誰都不可能勝過他。」然後，婆遮揭那維沉默不語。——12

第九梵書

然後，維陀揭達·夏迦利耶向他發問。他說道：「耶若伏吉耶啊，天神有多少？」他回答說：「依據讚頌一切天神的頌詩中的說法，有三百零三位，三千零三位。」

他說道：「唵！天神究竟有多少？耶若伏吉耶！」「三十三位。」

他說道：「唵！天神究竟有多少？耶若伏吉耶！」「六位。」

他說道：「唵！天神究竟有多少？耶若伏吉耶！」「三位。」

他說道：「唵！天神究竟有多少？耶若伏吉耶！」「兩位。」

他說道：「唵！天神究竟有多少？耶若伏吉耶！」「一位半。」

他說道：「唵！天神究竟有多少？耶若伏吉耶！」「一位。」

他說道：「唵！那麼，三百零三位，三千零三位，他們是誰？」——1

他回答說：「那些是他們展現的威儀，實際是三十三位天神。」「三十三位是誰？」「八位婆藪神，十一位樓陀羅神，十二位太陽神，還有因陀羅和生主，總共三十三位。」——2

「婆藪神有哪些？」「火、地、風、空、太陽、天、月亮和星星，這些是婆藪神。因為世界一切財富（vasu）都安置在他們之中，所以，他們稱為婆藪（Vasu）。」——3

「樓陀羅神有哪些？」「人中十種氣息，自我是第十一。一旦他們離開這個必死的身體，會使人們哭泣。因為他們使人們哭泣（rud），所以，他們稱為樓陀羅（Rudra）。」——4

人體的氣息通常分為五種。這裡所說的「十種氣息」指十種感官，即五種感覺器官（「五知根」）：眼、耳、鼻、舌和身，五種行動器官（「五作根」）：語言、雙手、雙足、肛門和生殖器。所說的「自我」指思想（「心」）。

「太陽神有哪些?」「一年的十二個月是那些太陽神。他們帶著世界這一切行進。因為他們帶著（ādā）世界這一切行進（yanti），所以，他們稱為太陽（Āditya）。」——5

「因陀羅是哪位?生主是哪位?」「雷是因陀羅，祭祀是生主。」「雷是什麼?」「雷杵。」「祭祀是什麼?」「牲畜。」——6

「雷杵」（aśani）是因陀羅的武器，也稱金剛杵（vajra）。「牲畜」指祭神的犧牲。

「六位天神是誰?」「火、地、風、空、太陽和天，總共六位。因為他們是世界這一切。」——7

「三位天神是誰?」「就是這三個世界。因為所有的天神在這三個世界中。」「兩位天神是誰?」「食物和氣息。」「一位半是誰?」「就是這吹拂的風。」——8

「三個世界」指天上世界、空中世界和地上世界，也就是上述「六位」中的天、空和地。

「人們會說，這吹拂的風看來只是一位，怎麼成了一位半?」「因為世界這一切依靠他增長（adhyardh），所以，他稱為一位半（adhyardha）。」「一位天神是誰?」「氣息。他是梵。人們稱他為『那個（tyad）』。」——9

前面第二章第三梵書中，將無形的梵稱為 tya，這裡將梵稱為 tyad（「那個」）。

「以地為居處，以火為世界，以思想為光，這位原人是一切自我的歸宿。若有人知道這樣，他便是真正的知者，耶若伏吉耶!」「我知道你說的這個原人，他是一切自我的歸宿。他就是在身體中的那個原人。請告訴我，夏迦利耶啊，他的神靈是誰?」他回答說：「永生。」——10

「以欲望為居處，以心為世界，以思想為光，這位原人是一切自我的歸宿。若有人知道這樣，他便是真正的知者，耶若伏吉耶！」「我知道你說的這位原人，他是一切自我的歸宿。他就是在欲望中的那位原人。請告訴我，夏迦利耶啊，他的神靈是誰？」他回答說：「婦女。」——11

「以形態為居處，以眼睛為世界，以思想為光，這位原人是一切自我的歸宿。若有人知道這樣，他便是真正的知者，耶若伏吉耶！」「我知道你說的這位原人，他是一切自我的歸宿。他就是在太陽中的那位原人。請告訴我，夏迦利耶啊，他的神靈是誰？」他回答說：「真實。」——12

「以空間為居處，以耳朵為世界，以思想為光，這位原人是一切自我的歸宿。若有人知道這樣，他便是真正的知者，耶若伏吉耶！」「我知道你說的這位原人，他是一切自我的歸宿。他就是在耳朵和回音中的那位原人。請告訴我，夏迦利耶啊，他的神靈是誰？」他回答說：「方位。」——13

「以黑暗為居處，以心為世界，以思想為光，這位原人是一切自我的歸宿。若有人知道這樣，他便是真正的知者，耶若伏吉耶！」「我知道你說的這位原人，他是一切自我的歸宿。他就是在影中的那位原人。請告訴我，夏迦利耶啊，他的神靈是誰？」他回答說：「死亡。」——14

「以形態為居處，以眼睛為世界，以思想為光，這位原人是一切自我的歸宿。若有人知道這樣，他便是真正的知者，耶若伏吉耶！」「我知道你說的這位原人，他是一切自我的歸宿。他就是在鏡中的那位原人。請告訴我，夏迦利耶啊，他的神靈是誰？」他回答說：「生命。」——15

「以水為居處，以心為世界，以思想為光，這位原人是一切自我的歸宿。若有人知道這樣，他便是真正的知者，耶若伏吉耶！」「我知道你說的這位原人，他是一切自我的歸宿。他就是在水中的那位原人。請告訴我，夏迦利耶啊，他的神靈是誰？」他回答說：「伐樓那。」——16

「以精液為居處，以心為世界，以思想為光，這位原人是一切自我的歸宿。若有人知道這樣，他便是真正的知者，耶若伏吉耶！」「我知道你說的這位原人，他是一切自我的歸宿。他就是在兒子中的那位原人。請告訴我，夏迦利耶啊，他的神靈是誰？」他回答說：「生主。」——17

耶若伏吉耶說道：「夏迦利耶啊，莫非這些婆羅門讓你充當熄滅炭火的工具？」——18

夏迦利耶回答說：「耶若伏吉耶啊，你知道的梵是什麼？由此你能與俱盧族和般遮羅族的這些婆羅門辯論。」「我知道各種方位及其天神和立足處。」「既然你知道各種方位及其天神和立足處，那麼，在東方是哪位天神？」「太陽神。」「太陽神立足於什麼？」「眼睛。」「眼睛立足於什麼？」「形態。因為人們依靠眼睛觀看形態。」「形態立足於什麼？」他回答說：「心。因為人們依靠心，認知形態。各種形態確實立足於心。」「正是這樣，耶若伏吉耶！」——19

「在南方是哪位天神？」「閻摩神。」「閻摩神立足於什麼？」「祭祀。」「祭祀立足於什麼？」「酬謝。」「酬謝立足於什麼？」「信仰。因為人們懷有信仰而酬謝。酬謝確實立足於信仰。」「信仰立足於什麼？」他回答說：「心。因為人們依靠心，懷有信仰。信仰確實立足於心。」「正是這樣，耶若伏吉耶！」——20

「酬謝」（dakṣiṇā）指祭祀者布施財物，作為對祭司的酬謝。

「在西方是哪位天神？」「伐樓那神。」「伐樓那神立足於什麼？」「水。」「水立足於什麼？」「精液。」「精液立足於什麼？」他回答說：「心。因此，生出與父親相像的兒子，人們會說彷彿是從心中滑出，彷彿是心中的創造。精液確實立足於心。」「正是這樣，耶若伏吉耶！」——21

「在北方是哪位天神？」「月亮神。」「月亮神立足於什麼？」「淨身儀式。」「淨身儀式立足於什麼？」「真實。因此，人們會對舉行淨身儀式的人說：『說真話！』淨身儀式確實立足於真實。」「真實立足於什麼？」他回答說：「心。因為人們依靠心，認知真實。真實確實立足於心。」「正是這樣，耶若伏吉耶！」——22

「在上方是哪位天神？」「火神。」「火神立足於什麼？」「語言。」「語言立足於什麼？」「心。」「心立足於什麼？」——23

耶若伏吉耶回答說：「你這個嚼舌者！難道你認為心不在我們之中，而在別處？如果心不在我們之中，而在別處，狗就會吃掉它，鳥就會叼啄它。」——24

「那麼，你和自我立足於什麼？」「元氣。」「元氣立足於什麼？」「下氣。」「下氣立足於什麼？」「行氣。」「行氣立足於什麼？」「上氣。」「上氣立足於什麼？」「中氣。對於自我，只能稱說『不是這個，不是那個』。不可把握，因為它不可把握。不可毀滅，因為它不可毀滅。不可接觸，因為它不可接觸。不受束縛，不受侵擾，不受傷害。前面說了八個居處、八個世界、八位神靈和八位原人。而有一位原人，他帶走和帶回那些原人，他超越他們。我要問你的是這位

與奧義相關的原人。如果你不能回答我，你的頭就會落地。」——25

夏迦利耶不知道這位原人。於是，他的頭落地。盜賊取走了他的屍骨，以為是別的什麼。——26

然後，他說道：「諸位尊敬的婆羅門啊，你們中有誰想發問，就向我發問吧！或者，你們全體向我發問吧！或者，你們中有誰願意，讓我向他發問。或者，我向你們全體發問。」然而，這些婆羅門都不敢這樣做。——27

於是，他用這些偈頌向他們發問：

人確實就像森林中的樹，
毛髮是樹葉，皮膚是樹皮。
皮膚會流血，樹皮會流汁，
人受傷流血，樹遭砍流汁。
肌肉是內皮，筋腱是纖維，
骨骼是木質，骨髓是樹脂。
樹遭砍伐後，根部發新芽，
而人死亡後，根部在哪兒？
別說有精液，那是活著時，
猶如樹未枯，種子已發芽。

樹被連根拔，也不發新芽，
何況人死亡，根部在哪兒？
生出者不能再生出，
有誰能讓他再生出？
梵是知識和歡喜，給予施捨者的
禮物，也是堅定的知梵者的歸宿。——28

第四章

第一梵書

毗提訶國王遮那迦入座後，耶若伏吉耶走上前來。遮那迦說道：「耶若伏吉耶啊，你為何而來？想要獲得牲畜，還是討論微妙的問題？」「兩者兼有，大王啊！」——1

「讓我聽聽別人對你說了什麼？」「吉特婆．謝利尼告訴我說：『語言是梵。』」

「謝利尼說語言是梵，就像一個人說自己有母親，有父親，有老師！因為不會說話的人會成為什麼？他有沒有告訴你它的居處和根基？」「他沒有告訴我。」

「這只是梵的一足，大王啊！」「那就請你告訴我們吧，耶若伏吉耶！」

「它的居處是語言，根基是空間。應該崇拜它為智慧。」「智慧的性質是什麼？耶若伏吉耶！」

他回答說：「就是語言，大王啊！人們依靠語言認知親友，大王啊！依靠語言認知《梨俱吠陀》、《夜柔吠陀》、《娑摩吠陀》、《阿達婆安吉羅》、史詩、往世書、知識、奧義書、偈頌、經文、注釋、注疏、祭祀、祭品、食物、飲料、這個世界、另一個世界和一切眾生，大王啊！語言確實是至高的梵，大王啊！若有人知道這樣崇拜它，語言就不會離開他，一切眾生都會親近他。他會成為天神，與眾天神為伍。」

毗提訶國王遮那迦說道：「我賜予你大象般的公牛和一千頭母牛。」耶若伏吉耶回答說：「我的父親認為沒有施教，不能受禮。」——2

「還是讓我聽聽別人對你說了什麼？」「烏登迦．肖爾跋衍那告訴我說：『生命氣息是梵。』」

「肖爾跋衍那說生命氣息是梵，就像一個人說自己有母親，有父親，有老師！因為沒有生命氣息的人會成為什麼？他有沒有告訴你它的居處和根基？」「他沒有告訴我。」

「這只是梵的一足，大王啊！」「那就請你告訴我們吧，耶若伏吉耶！」

「它的居處是生命氣息，根基是空間。應該崇拜它為可愛者。」「可愛者的性質是什麼？耶若伏吉耶！」

他回答說：「就是生命氣息，大王啊！正是熱愛生命氣息，人們為不適合舉行祭祀者舉行祭祀，接受不該接受的禮物，大王啊！也正是熱愛生命氣息，人們在哪兒都懼怕遭到殺戮，大王啊！生命氣息確實是至高的梵，大王啊！若有人知道這樣崇拜它，生命氣息就不會離開他，一切眾生都會親近他。他會成為天神，與天神為伍。」

毗提訶國王遮那迦說道：「我賜予你大象般的公牛和一千頭母牛。」耶若伏吉耶回答說：「我的父親認為沒有施教，不能受禮。」——3

「還是讓我聽聽別人對你說了什麼？」「跋爾古．婆爾希那告訴我說：『眼睛是梵。』」

「婆爾希那說眼睛是梵，就像一個人說自己有母親，有父親，有老師！因為沒有視覺的人會成為什麼？他有沒有告訴你它的居處和根基？」「他沒有告訴我。」

「這只是梵的一足，大王啊！」「那就請你告訴我們吧，耶若伏吉耶！」

「它的居處是眼睛，根基是空間。應該崇拜它為真實。」「真實的性質是什麼？耶若伏吉耶！」

他回答說：「就是眼睛，大王啊！一個人用眼睛觀看，人們問道：『你看見了嗎？』他回答說：『我看見了。』這就是真實，大王啊！眼睛確實是至高的梵，大王啊！若有人知道這樣崇拜它，眼睛就不會離開他，一切眾生都會親近他。他會成為天神，與眾天神為伍。」

毗提訶國王遮那迦說道：「我賜予你大象般的公牛和一千頭母牛。」耶若伏吉耶回答說：「我的父親認為沒有施教，不能受禮。」——4

「還是讓我聽聽別人對你說了什麼？」「伽爾陀毗維比多．婆羅墮遮告訴我說：『耳朵是梵。』」

「婆羅墮遮說耳朵是梵，就像一個人說自己有母親，有父親，有老師！因為沒有聽覺的人會成為什麼？他有沒有告訴你它的居處和根基？」「他沒有告訴我。」

「這只是梵的一足，大王啊！」「那就請你告訴我們吧，耶若伏吉耶！」

「它的居處是耳朵，根基是空間。應該崇拜它為無限。」「無限的性質是什麼？耶若伏吉耶！」

他回答說：「就是方位，大王啊！一個人無論朝哪個方向行走，都走不到那個方位的盡頭，大王啊！因為方位無限。方位也就是耳朵，大王啊！耳朵確實是至高的梵，大王啊！若有人知道這樣崇拜它，耳朵就不會離開他，一切眾生都會親近他。他會成為天神，與眾天神為伍。」

毗提訶國王遮那迦說道：「我賜予你大象般的公牛和一千頭母牛。」耶若伏吉耶回答說：「我的父親認為沒有施教，不能受禮。」——[5]

「還是讓我聽聽別人對你說了什麼？」「薩諦耶迦摩·賈巴羅告訴我說：『思想是梵。』」

「賈巴羅說思想是梵，就像一個人說自己有母親，有父親，有老師！因為沒有思想的人會成為什麼？他有沒有告訴你它的居處和根基？」「他沒有告訴我。」

「這只是梵的一足，大王啊！」「那就請你告訴我們吧，耶若伏吉耶！」

「它的居處是思想，根基是空間。應該崇拜它為歡喜。」「歡喜的性質是什麼？耶若伏吉耶！」

他回答說：「就是思想，大王啊！一個人依靠思想，接觸婦女，與她生下跟自己相像的兒子，大王啊！這就是歡喜。思想確實是至高的梵，大王啊！若有人知道這樣崇拜它，思想就不會離開他，一切眾生都會親近他。他會成為天神，與眾天神為伍。」

毗提訶國王遮那迦說道：「我賜予你大象般的公牛和一千頭母牛。」耶若伏吉耶回答說：「我的父親認為沒有施教，不能受禮。」——6

「還是讓我聽聽別人對你說了什麼？」「維陀揭達．夏迦利耶告訴我說：『心是梵。』」

「夏迦利耶說心是梵，就像一個人說自己有母親，有父親，有老師！因為沒有心的人會成為什麼？他有沒有告訴你它的居處和根基？」「他沒有告訴我。」

「這只是梵的一足，大王啊！」「那就請你告訴我們吧，耶若伏吉耶！」

「它的居處是心，根基是空間。應該崇拜它為穩固。」「穩固的性質是什麼？耶若伏吉耶！」

他回答說：「就是心，大王啊！因為心確實是一切眾生的居處，大王啊！心確實是一切眾生的根基，大王啊！因為一切眾生都立足於心，大王啊！心確實是至高的梵，大王啊！若有人知道這樣崇拜它，心就不會離開他，一切眾生都會親近他。他會成為天神，與眾天神為伍。」

毗提訶國王遮那迦說道：「我賜予你大象般的公牛和一千頭母牛。」耶若伏吉耶回答說：「我的父親認為沒有施教，不能受禮。」——7

以上提到「梵的一足」先後六次。《歌者奧義書》3.18中提到梵有四足：一組是語言、氣息、眼睛和耳朵，另一組是火、風、太陽和方位。《歌者奧義書》4.5-8中又提到另一組梵的四足：光明、無限、光輝和居處。《蛙氏奧義書》中也提到自我（即梵）有四足，所指又有不同。可互相參閱。

第二梵書

於是，毗提訶國王遮那迦從座位下來，走近他，說道：「向你致敬！耶若伏吉耶啊，請你教我吧！」

他回答說：「正如想要長途旅行的人備有車輛或船，大王啊，你本人已經備有那些奧義。你如此偉大而富有，學習吠陀，聽取奧義。你能否告訴我：一旦你離開這個世界，你會去哪裡？」

「尊者啊，我不知道我會去哪裡。」「那麼，我告訴你會去哪裡。」「尊者請說吧！」——1

「在右眼中這個人的真正名字是因達（Indha）。即使他是因達，人們卻使用隱稱，稱他為因陀羅（Indra）。因為眾天神彷彿喜愛隱稱，而厭棄顯稱。——2

因達（Indha）的詞義為點燃者。

「而在左眼中那個形狀似人者是他的妻子維羅遮。他倆的會合處在心中的空間。他倆的食物是心中的血塊。他倆的衣服是心中網狀的脈絡。他倆的通道是心中向上延伸的那條脈管。那些細似頭髮千分之一的、名為『利益』的脈管布滿心中。液汁通過它們流動。因此，與身體的自我相比，這個人彷彿享用更精細的食物。——3

維羅遮（Virāj）的詞義為光輝者。人醒著時，因陀羅和她在右眼和左眼中；人入睡時，他倆在心中會合。「身體的自我」指身體本身。「這個人」指因陀羅，或者說，指他和妻子維羅遮合成的「自我」。

「他的東方是東方氣息，南方是南方氣息，西方是西方氣息，北方是北方氣息，上方是上方氣息，下方是下方氣息，所有方位是所有氣息。

「而對於這個自我，只能稱說『不是這個，不是那個』。不可把握，因為它不可把握。不可毀滅，因為它不可毀滅。不可接觸，因為它不可接觸。不受束縛，不受侵擾，不受傷害。遮那迦啊，你確實達到了無畏。」

耶若伏吉耶說完這些，遮那迦說道：「願你也達到無畏，耶若伏吉耶！你教給我們無畏，尊者啊，向你致敬！這裡的毗提訶民眾和我聽候你吩咐！」——4

第三梵書

耶若伏吉耶前來拜訪毗提訶國王遮那迦，心裡想著：「我不準備說什麼。」然而，他倆以前在討論火祭時，耶若伏吉耶曾賜予毗提訶國王遮那迦恩惠。遮那迦選擇的恩惠是可以隨意提問，毗提訶也已允諾。因此，現在這位國王向他提問。——1

「耶若伏吉耶啊，人有什麼光？」他回答說：「陽光，大王啊！人們依靠陽光，坐下，行走，做事，返回。」「正是這樣，耶若伏吉耶！」——2

「太陽落下，耶若伏吉耶啊，人有什麼光？」「月光。人們依靠月光，坐下，行走，做事，返回。」

「正是這樣，耶若伏吉耶！」——3

「太陽落下，月亮落下，耶若伏吉耶啊，人有什麼光？」「火光。人們依靠火光，坐下，行走，做事，返回。」「正是這樣，耶若伏吉耶！」——4

「太陽落下，月亮落下，火熄滅，人有什麼光？」「語言之光。人們依靠語言之光，坐下，行走，做事，返回。因此，大王啊！即使伸手不見五指，只要前面有說話聲音，就能走到那裡。」「正是這樣，耶若伏吉耶！」——5

「太陽落下，月亮落下，火熄滅，寂靜無聲，人有什麼光？」「自我之光。人們依靠自我之光，坐下，行走，做事，返回。」——6

「自我是哪一位？」「他是生命氣息中由知覺構成的原人，是心中的光。他同樣地進入兩個世界，若有所思，若有所行。因為他入睡後，超越這個世界和各種死亡形態。——7

「兩個世界」指醒時的世界和沉睡的世界。「這個世界」指醒時的世界。

「這個原人出生後，有了身體，也就與罪惡相連。一旦死去出離，便擺脫那些罪惡。——8

「確實，這個原人有兩種境況：這個世界的境況和另一個世界的境況。居於兩者之中的第三種是睡夢的境況。處在這個居中的境況，他看到兩種境況：這個世界的境況和另一個世界境況。無論進入另一個世界的路口是什麼，一旦進入這個路口，就會看到罪惡和歡喜這兩者。他在這裡進入睡夢，攜帶著這個世界的所有一切材料，自己毀壞它，自己建設它，依靠自己的光輝和光芒做夢。這個原人在這裡成為自我啟明者。——9

「這裡，沒有車，沒有馬，沒有道路。於是，他創造車、馬和道路。這裡，沒有歡喜、快樂和高興。於是，他創造歡喜、快樂和高興。這裡，沒有池塘、蓮花池和水溪。於是，他創造池塘、蓮花池和水溪。因為他是創造者。——10

「有這些偈頌為證：

他用睡眠壓倒身體各個部分，
而自己不睡，觀看入睡的感官；
他攜帶著光，回到原來的境況，
這個金製的原人，唯一的天鵝。——11

他以氣息保護下面的巢窩，
而自己遊蕩在這巢窩之外；
他任意遨遊，這位永生者，
金製的原人，唯一的天鵝。——12

這位神在睡夢中上升下降，
創造出多種多樣的形象：
忽而像是與婦女尋歡作樂，
忽而像在笑，甚至遇見恐怖。——13

「人們看到他的遊樂場，而沒有看到他。因此，有些人說，不要喚醒沉睡的人，如果他不返回這個人，那就難以醫治了。而有些人說，他就在醒著時的地方，因為他在睡夢中看到的就是醒著時的那些景象。應該說，這個原人是睡夢中的自我啟明者。」

「我賜予尊者一千頭母牛！為了獲得解脫，請你給予更多的指教！」——14

「他在沉睡中遊樂，看到善行和惡行，又按原路返回原來的出發點，進入夢中。他在那裡看到的一切並不跟隨他，因為這個原人無所執著。」

「正是這樣，耶若伏吉耶！我賜予尊者一千頭母牛！為了獲得解脫，請你給予更多的指教！」——15

「他在夢中遊樂，看到善行和惡行，又按原路返回原來的出發點，進入醒覺。他在那裡看到的一切並不跟隨他，因為這個原人無所執著。」

「正是這樣，耶若伏吉耶！我賜予尊者一千頭母牛！為了獲得解脫，請你給予更多的指教！」——16

「他在醒覺中遊樂，看到善行和惡行，又按原路返回原來的出發點，進入夢中。——17

「猶如一條大魚在兩岸之間游動，忽而此岸，忽而彼岸，這個原人在睡夢和醒覺兩者之間遊蕩。——18

「猶如一頭兀鷹或禿鷲在空中盤旋，已經疲倦，收攏雙翼，衝向自己的巢窩，這個原人快速返回那裡入睡，沒有任何願望，不看到任何夢。——19

「他有那些名為『利益』的脈管，細似頭髮的千分之一，裡面充滿白色、藍色、褐色、黃色和紅色。在那裡，人們似乎殺害他，似乎戰勝他，一頭大象似乎追趕他，他似乎跌入一個洞穴。這些都是出於無知，想像自己在清醒時遇見的種種恐怖。然後，他彷彿認為『我是天神！我是國王！我是所有這一切！』這是他的最高世界。——20

「然後，他進入一種超越欲望、擺脫罪惡的無畏狀態。正如一個人在擁抱愛妻時，他不知道任何外在的或內在的東西，同樣，這個原人在擁抱由智慧構成的自我時，不知道任何外在的或內在的東西。在這種狀態，他的欲望已經實現。自我就是欲望，因而沒有欲望，也沒有煩惱。——21

「在這裡，父親不是父親，母親不是母親，世界不是世界，天神不是天神，吠陀不是吠陀。在這裡，盜賊不是盜賊，殺害胎兒者不是殺害胎兒者，旃陀羅不是旃陀羅，包格沙不是包格沙，沙門不是沙門，苦行者不是苦行者。善行不跟隨他，惡行也不跟隨他。因為此時他已超越一切心中煩惱。——22

旃陀羅（Caṇḍāla）和包格沙（Baulkasa）是四種姓之外的賤民。沙門（Śramaṇa）是出家人和苦行者。

「在這裡，他不觀看任何東西。雖然不觀看，他仍是觀看者。因為他不可毀滅，作為觀看者的觀看能力不會喪失。然而，沒有第二者，他不能觀看有別於自己的他者。——23

這裡描述處在沉睡而無夢的狀態。

「在這裡，他不嗅聞任何東西。雖然不嗅聞，他仍是嗅聞者。因為他不可毀滅，作為嗅聞者的嗅聞能力不會喪失。然而，沒有第二者，他不能嗅聞有別於自己的他者。——24

「在這裡，他不品嘗任何東西。雖然不品嘗，他仍是品嘗者。因為他不可毀滅，作為品嘗者的

品嘗能力不會喪失。然而，沒有第二者，他不能品嘗有別於自己的他者。——25

「在這裡，他不說任何話。雖然不說話，他仍是說話者。因為他不可毀滅，作為說話者的說話能力不會喪失。然而，沒有第二者，他不能與有別於自己的他者說話。——26

「在這裡，他不聽取任何東西。雖然不聽取，他仍是聽取者。因為他不可毀滅，作為聽取者的聽取能力不會喪失。然而，沒有第二者，他不能聽取有別於自己的他者。——27

「在這裡，他不思考任何東西。雖然不思考，他仍是思考者。因為他不可毀滅，作為思考者的思考能力不會喪失。然而，沒有第二者，他不能思考有別於自己的他者。——28

「在這裡，他不接觸任何東西。雖然不接觸，他仍是接觸者。因為他不可毀滅，作為接觸者的接觸能力不會喪失。然而，沒有第二者，他不能接觸有別於自己的他者。——29

「在這裡，他不認知任何東西。雖然不認知，他仍是認知者。因為他不可毀滅，作為認知者的認知能力不會喪失。然而，沒有第二者，他不能認知有別於自己的他者。——30

「只有彷彿存在他者的地方，此者可以觀看他者，此者可以嗅聞他者，此者可以品嘗他者，此者可以與他者說話，此者可以聽取他者，此者可以思考他者，此者可以接觸他者，此者可以認知他者。——31

「他成為大海，唯一者，沒有二重性的觀看者。這是梵界，大王啊！」耶若伏吉耶這樣教導他，繼續說道：「這是他的最高歸宿。這是他的最高成就。這是他的最高世界。這是他的最高歡喜。

正是依靠這種歡喜的一小部分，其他眾生過著他們的生活。——32

「在人間，獲得成功而富裕，成為人中之主，享盡人間一切榮華富貴，這是人間的最高歡喜。然而，一百個人間的歡喜相當於一個贏得祖先世界的祖先們的歡喜。而一百個贏得祖先世界的祖先們的歡喜相當於一個健達縛世界的歡喜。而一百個健達縛世界的歡喜相當於一個依靠祭祀獲得神性的業報天神的歡喜。而一百個業報天神們的歡喜相當於一個天生天神的歡喜，或相當於一個精通吠陀、行為正直而不受欲望傷害者的歡喜。而一百個天生天神的歡喜相當於一個生主世界的歡喜，或相當於一個精通吠陀、行為正直而不受欲望傷害者的歡喜。而一百個生主世界的歡喜相當於一個梵界的歡喜，或相當於一個精通吠陀、行為正直而不受欲望傷害者的歡喜。確實，這是最高歡喜，這是梵界，大王啊！」耶若伏吉耶說了這些。

其中，天神分為「業報天神」和「天生天神」，前者指依靠善業造就的天神，後者指天生的天神。

「我賜予尊者一千頭母牛！為了獲得解脫，請你給予我更多的指教！」

此時，耶若伏吉耶產生恐懼，心想：「這位聰明的國王要掏走我的一切祕密。」——33

「他在夢中遊樂，看到善行和惡行，又按原路返回原來的出發點，進入醒覺。——34

「猶如載重的車輛嘎吱嘎吱前進，同樣，這身體自我負載智慧自我，呼哧呼哧前進，直至吐盡最後一口氣。——35

「他或因年老，或因疾病，走向衰弱。猶如芒果、無花果或畢缽羅果擺脫束縛，同樣，這個原

人擺脫那些肢體，按原路返回原來的出發點，進入生命氣息。——36

畢缽羅即菩提樹。「進入生命氣息」指獲得新的生命。

「猶如衛兵、官吏、御者和村長們備好食物、飲料和住處，恭候國王駕臨，說道：『他來了！他到了！』同樣，一切眾生恭候知此者，說道：『梵來了！梵到了！』」——37

「知此者」指知自我者。

「猶如衛兵、官吏、御者和村長們聚集在行將去世的國王周圍，同樣，在命終時，一切氣息聚集在自我周圍，直到他吐盡最後一口氣。」——38

第四梵書

「此刻，這個自我變得衰弱，彷彿昏迷。那些氣息聚集在他周圍。他收回那些光，進入心中。眼中的那個原人轉身離去，他已不能感知形態。——1

「人們說：『他正在變成一，他不觀看。』人們說：『他正在變成一，他不嗅聞。』人們說：『他正在變成一，他不品嘗。』人們說：『他正在變成一，他不說話。』人們說：『他正在變成一，他不聽取。』人們說：『他正在變成一，他不思考。』人們說：『他正在變成一，他不接觸。』人們說：『他正在變成一，他不認知。』他的心尖變得明亮。憑藉那種光亮，這個自我離去，通過眼睛、頭頂或身體其他部分。他離去，生命也跟隨他離去。生命離去，一切氣息也跟隨生命離去。他與意識結合。一切有意識者跟隨他離去。他的知識、業行和以前的智慧都附隨他。——2

這裡描述人去世時的情狀。「他正在變成一」，可理解為與自我合一。

「猶如毛蟲爬到一片草葉的盡頭，為了走下一步，將自己緊縮成一團，同樣，這個自我擺脫這個身體，驅除無知，為了走下一步，將自己緊縮成一團。——3

「猶如刺繡女取來織物，繡出更新更美的圖案，同樣，這個自我擺脫這個身體，驅除無知，獲取更新更美的形象：或為祖先，或為健達縛，或為天神，或為生主，或為梵，或為其他眾生的形象。——4

這裡描述人死後轉生。

「這個自我就是梵，由意識構成，由思想構成，由氣息構成，由視覺構成，由聽覺構成，由地構成，由水構成，由風構成，由空構成，由光構成，由無光構成，由欲構成，由無欲構成，由怒構成，由無怒構成，由法構成，由非法構成，由一切構成。因此人們說：『由這構成，由那構成。』一個人變成什麼，按照他的所作所為。行善者變成善人，作惡者變成惡人。因善行變成有德之人，因惡行變成有罪之人。人們說：『人確實由欲構成。』按照欲望，形成意願。按照意願，從事行動。按照行動，獲得業果。——5

「有偈頌為證：

執著者帶著業果前往思想執著處，
直到耗盡在這世積累的任何業果，
又從那個世界回到這個世界作業。

「這是有欲者，下面是無欲者。他沒有欲望，擺脫欲望，欲望已經實現，自我就是欲望。他的那些生命氣息不離開。他就是梵，也走向梵。——6

「有偈頌為證：

一旦摒棄盤踞心中的所有欲望，
凡人達到永恆，就在這裡獲得梵。

「猶如蛻下的蛇皮扔在蟻垤上，死氣沉沉，躺在那裡，同樣，這個身體倒在那裡。然而，這個無身體者是不死的生命氣息，也就是梵，也就是光。」

毗提訶國王遮那迦說道：「我賜予尊者一千頭母牛！」——7

「有這些偈頌為證：

這條微妙而悠遠的古道，
已經接觸到我，被我發現；
知梵的智者們獲得解脫，
沿著它，從這裡上達天國。——8

人們說這條路依靠梵發現，
裡面有白色、藍色、褐色、
黃色和紅色，那些知梵者、
行善者和光輝者由此前行。——9

那些崇尚無知的人，
陷入蔽目的黑暗；
那些熱衷知識的人，
陷入更深的黑暗。——10

那些名為無喜的世界，
籠罩著蔽目的黑暗，
那些無知又無覺的人，
死後全都前往那裡。——11

如果一個人知道自我，
知道自己就是這自我，
還會有何願望和欲求，
為了這個身體而煩惱？——12

任何人若是發現和覺悟到
這個進入身體深淵的自我，
他便是創造一切的創世者，
世界屬於他，世界就是他。——13

我們在這世就已知道它，
如果不知道，則危害巨大；
知道它的人們獲得永生，
其他的人們則承受痛苦。——14

如果清晰地看到它，
這個自我，這位神，
過去和未來的主宰，
也就不會躲避它。——15

年攜帶著每一天，
在它面前不停運轉；
眾神崇拜它為光中
之光，永恆的生命。——16

五種以五計數的群體，
還有空間，置於它之中；
我確認這自我，我知道
永生的梵，而獲得永生。——17

「五種以五計數的群體」，究竟是哪些，說法不一，難以確指。實際上，可以理解為世界萬物。

如果知道它是氣息的氣息，
眼睛的眼睛，耳朵的耳朵，
思想的思想，那麼，也就是
認識了這古老而至高的梵。——18

唯有依靠思想看到它，
在這裡沒有什麼不同；
若在這裡看似不同，
他從死亡走向死亡。——19

應該看到它是唯一者，
不可測量，恆定不變；
這自我沒有汙垢，不生，
超越空間，偉大，堅定。——20

聰明的婆羅門認識它後，
他就應該學會運用智慧，
不要在言辭上費盡心思，
因為那樣只是勞累語言。——21

「這個不生而偉大的自我，在生命氣息中，由意識構成。它躺在心中的空間，控制一切，主宰一切，成為一切之主。它不因善業而變大，也不因惡業而變小。它是一切的支配者。它是眾生的統治者。它是眾生的保護者。它是堤壩，維持這個世界不破裂。婆羅門通過吟誦吠陀、祭祀、布施、苦行和齋戒知道它。確實，知道了它，就成為牟尼。確實，出家人嚮往它的世界，而出家修行。

「古時候，有些人知道了它，就不再渴望子嗣，心想：『我們有了這個自我，這個世界，何必還要子嗣？』他們拋棄對兒子的渴望，對財富的渴望，對世界的渴望，而奉行遊方僧的乞食生活。渴望兒子，也就是渴望財富。渴望財富，也就是渴望世界。兩者都是渴望。

「對於自我，只能稱說『不是這個，不是那個』。不可把握，因為它不可把握。不可毀滅，因為它不可毀滅。不可接觸，因為它不可接觸。不受束縛，不受侵擾，不受傷害。

「『我做了惡事』或『我做了善事』，這兩者都不能越過它，而它越過這兩者。無論做事或不做事，都不會燒灼它。——22

「有梨俱頌詩為證：

知梵者永恆的偉大性，
不因業而變大或變小；
知道了它的這種性質，
就不會受到惡業汙染。

「因此，知道了這樣，就會平靜，隨和，冷靜，寬容，沉靜。他在自身中看到自我，視一切為自我。罪惡不能越過他，而他越過一切罪惡。罪惡不能燒灼他，而他燒灼一切罪惡。他擺脫罪惡，擺脫汙垢，擺脫疑惑，成為婆羅門。這是梵界，大王啊！你已經獲得它。」耶若伏吉耶說完這些。

「我將毗提訶國民眾連同我自己都賜予尊者，作為你的奴僕。」——23

這個不生而偉大的自我是吃食物者，賜予財富者。任何人知道這樣，他就會獲得財富。——24

這個不生而偉大的自我不老，不死，永恆，無畏，就是梵。確實，無畏就是梵。任何人知道這樣，他就會成為無畏的梵。——25

第五梵書

耶若伏吉耶有兩位妻子：梅怛麗依和迦旃耶尼。她倆之中，梅怛麗依是女梵論者，而迦旃耶尼只懂得婦道。這時，耶若伏吉耶準備脫離家居生活。——1

這第五梵書與第二章第四梵書內容相同，而文本稍有差異。

耶若伏吉耶說道：「梅姐麗依啊，我要脫離家居生活了。讓我為妳和迦旃耶尼做好安排吧！」——2

梅姐麗依說道：「尊者啊，如果這充滿財富的整個大地都屬於我，我會由此獲得永生嗎？」耶若伏吉耶回答說：「不會。妳的生活會像富人的生活，但不可能指望依靠財富獲得永生。」——3

梅姐麗依說道：「如果依靠它，我不能獲得永生，那我要它有什麼用？尊者啊，請將你知道的告訴我！」——4

耶若伏吉耶說道：「妳確實可愛。妳這樣說，更添可愛。好吧，我為妳解釋。但在我解釋時，妳要沉思！」——5

於是，他說道：「哦，確實，不是因為愛丈夫而丈夫可愛，是因為愛自我而丈夫可愛。哦，確實，不是因為愛妻子而妻子可愛，是因為愛自我而妻子可愛。哦，確實，不是因為愛兒子而兒子可愛，是因為愛自我而兒子可愛。哦，確實，不是因為愛財富而財富可愛，是因為愛自我而財富可愛。哦，確實，不是因為愛牲畜而牲畜可愛，是因為愛自我而牲畜可愛。哦，確實，不是因為愛婆羅門性而婆羅門性可愛，是因為愛自我而婆羅門性可愛。哦，確實，不是因為愛剎帝利性而剎帝利性可愛，是因為愛自我而剎帝利性可愛。哦，確實，不是因為愛這些世界而這些世界可愛，是因為愛自我而這些世界可愛。哦，確實，不是因為愛這些天神而這些天神可愛，是因為愛自我而這些天神可愛。哦，確實，不是因為愛這些吠陀而這些吠陀可愛，是因為愛自我而這些吠陀可愛。哦，確實，不是因為愛眾生而眾生可愛，是因為愛自我而眾生可愛。哦，確實，不是因為愛一切而一切可愛，是因為愛自我而一切可愛。哦，確實，應當觀看、諦聽、思考和沉思自我。梅妲麗依啊，確實，依靠觀看、諦聽、思考和沉思自我，得知世界所有一切。——6

「若有人認為婆羅門性在自我之外的別處，婆羅門性就會拋棄他。若有人認為剎帝利性在自我之外的別處，剎帝利性就會拋棄他。若有人認為這些世界在自我之外的別處，這些世界就會拋棄他。若有人認為這些天神在自我之外的別處，這些天神就會拋棄他。若有人認為這些吠陀在自我之外的別處，這些吠陀就會拋棄他。若有人認為眾生在自我之外的別處，眾生就會拋棄他。若有人認為一切在自我之外的別處，一切就會拋棄他。這婆羅門性，這剎帝利性，這些世界，這些天神，這些吠陀，這眾生，這一切，全都是這自我。——7

「如同擊鼓，外現的聲音不能把握，而把握這鼓或擊鼓者，便能把握這聲音。——8

「如同吹螺號，外現的聲音不能把握，而把握這螺號或吹螺號者，便能把握這聲音。——9

「如同彈琵琶，外現的聲音不能把握，而把握這琵琶或彈琵琶者，便能把握這聲音。——10

「猶如濕柴置於火中，冒出煙霧，哦！同樣，從這偉大的存在的呼吸中產生《梨俱吠陀》、《夜柔吠陀》、《娑摩吠陀》、《阿達婆安吉羅》、史詩、往世書、知識、奧義書、偈頌、經文、注釋、注疏、祭祀、祭品、食物、飲料、這個世界、另一個世界和一切眾生。確實，從它的呼吸中產生這一切。——11

「猶如大海是一切水的歸宿，同樣，皮膚是一切觸的歸宿，鼻孔是一切香的歸宿，舌頭是一切味的歸宿，眼睛是一切色的歸宿，耳朵是一切聲的歸宿，思想是一切意願的歸宿，心是一切知識的歸宿，雙手是一切行動的歸宿，生殖器是一切歡喜的歸宿，肛門是一切排泄物的歸宿，雙足是一切行走的歸宿，語言是一切吠陀的歸宿。——12

「猶如鹽塊無內無外，完全是味的總匯，哦！同樣，這自我無內無外，完全是意識的總匯。它從那些存在物中出現，又隨同它們消失。一旦去世，便無知覺。哦！我說了這些。」耶若伏吉耶說完這些。——13

梅怛麗依說道：「尊者啊，你令我困惑至極。我確實不能理解這個。」他回答說：「哦，我不說令人困惑的話。哦，這個自我不會毀滅，具有不可毀滅性。——14

「只要彷彿有二重性，那麼，這個嗅另一個，這個看另一個，這個聽另一個，這個歡迎另一個，這個想念另一個，這個知道另一個。一旦一切都成為自我，那麼，依靠什麼嗅誰？依靠什麼看誰？依靠什麼聽誰？依靠什麼歡迎誰？依靠什麼想念誰？依靠什麼知道誰？依靠它而知道這一切，而依靠什麼知道它？對於自我，只能稱說：『不是這個，不是那個』。不可把握，因為它不可把握。不可毀滅，因為它不可毀滅。不可接觸，因為它不可接觸。不受束縛，不受侵擾，不受傷害。哦，依靠什麼知道這位知道者？這就是我提供給妳的教導，梅怛麗依啊！哦，這就是永生。」說完，耶若伏吉耶離家出走。——15

第六梵書

下面是師承：寶迪摩希耶師承高波婆那。高波婆那師承寶迪摩希耶。寶迪摩希耶師承高波婆那。高波婆那師承考斯迦。考斯迦師承香底利耶。香底利耶師承考斯迦和喬答摩。喬答摩——[1]師承阿耆尼吠希那。阿耆尼吠希那師承伽爾吉耶。伽爾吉耶師承伽爾吉耶。伽爾吉耶師承喬答摩。喬答摩師承塞多婆。塞多婆師承巴羅舍利亞耶那。巴羅舍利亞耶那師承伽爾吉亞耶那。伽爾吉亞耶那師承烏達羅迦耶那。烏達羅迦耶那師承賈巴羅耶那。賈巴羅耶那師承摩提衍迪那耶那。摩提衍迪那耶那師承肖迦羅耶那。肖迦羅耶那師承迦夏耶那。迦夏耶那師承沙耶迦耶那。沙耶迦耶那師承考斯迦耶尼。考斯迦耶尼——[2]

師承克利多考斯迦。克利多考斯迦師承巴羅舍利耶那。巴羅舍利耶那師承巴羅舍利耶。巴羅舍利耶師承賈杜迦爾尼耶。賈杜迦爾尼耶師承阿蘇羅耶那和耶斯迦。阿蘇羅耶那師承特雷婆尼。特雷婆尼師承奧波旃達尼。奧波旃達尼師承阿蘇利。阿蘇利師承婆羅墮遮。婆羅墮遮師承阿特雷耶。阿特雷耶師承曼迪。曼迪師承喬答摩。喬答摩師承喬答摩。喬答摩師承婆蹉。婆蹉師承香底利耶。香底利耶師承蓋索利耶・迦比耶。蓋索利耶・迦比耶師承古摩羅・訶利多。古摩羅・訶利多師承伽羅婆。伽羅婆師承維陀爾毗岡底利耶。維陀爾毗岡底利耶師承婆蹉那波特・巴婆羅婆。婆蹉那波特・巴婆羅婆師承波亭・肖跋羅。波亭・肖跋羅師承阿亞希耶・安吉羅娑。阿亞希耶・安吉羅娑師承阿菩提．特瓦希多羅。阿菩提．特瓦希多羅師承維希婆盧波．特瓦希多羅。維希婆盧波．特瓦希多羅師承雙馬童。雙馬童師承達提衍．阿達婆那。達提衍．阿達婆那師承阿達凡．代婆。阿達凡．代婆師承摩利底瑜．波拉達溫沙那。摩利底瑜．波拉達溫沙那師承波羅達溫沙那師承埃迦爾希。埃迦爾希師承維波羅吉提。維波羅吉提師承毗耶希提。毗耶希提師承沙那盧。沙那盧師承沙那多那。沙那多那師承沙那伽。沙那伽師承至上者。至上者師承梵。梵是自生者。向梵致敬！——3

第五章

第一梵書

那裡圓滿，這裡圓滿，
從圓滿走向圓滿；
從圓滿中取出圓滿，
它依然保持圓滿。

「唵！梵是空，古老的空。空中有風。」高羅維亞耶尼之子這樣說。

這是吠陀。婆羅門都知道，通過它知道應知者。——1

第二梵書

生主的三支後裔天神、凡人和阿修羅曾經作為梵行者，住在父親生主那裡。梵行期滿後，天神們說道：「請您給我們指示。」於是，生主對他們說了一個音節：「Da。」然後，問道：「你們理解嗎？」他們回答說：「我們理解。您對我們說：『你們要自制（dāmyata）！』」生主說道：「唵！你們已經理解。」——1

「梵行者」指學生。按照婆羅門教，人生的第一階段是梵行期，即拜師求學。

然後，凡人們對生主說道：「請您給我們指示。」生主對他們說了一個音節：「Da。」然後，問道：「你們理解嗎？」他們回答說：「我們理解。您對我們說：『你們要施捨（datta）！』」生主說道：「唵！你們已經理解。」——2

然後，阿修羅們對生主說道：「請您給我們指示。」生主對他們說了一個音節：「Da。」然後，問道：「你們理解嗎？」他們回答說：「我們理解。您對我們說：『你們要仁慈（dayadhvam）！』」生主說道：「唵！你們已經理解。」——3

作為天國之聲的雷鳴回響著：「Da！Da！Da！」也就是「你們要自制！你們要施捨！你們

要仁慈！」因此，應該學會這三者：自制、施捨和仁慈。——4

第三梵書

心就是這位生主。它是梵。它是一切。心（hṛdayam）由三個音節組成。Hṛ是一個音節。知道這樣，自己人和其他人都會為他帶來（abhiharanti）禮物。da是一個音節。知道這樣，自己人和其他人都會給（dadati）他禮物。yam是一個音節。知道這樣，他就會走向（eti）天國世界。——1

第四梵書

它就是自身，就是那，就是真實。知道這個最早產生的、偉大而奇妙的梵是真實，他就戰勝這些世界。知道這個最早產生的、偉大而奇妙的梵是真實，他怎麼會被戰勝？因為梵是真實。——1

第五梵書

確實，在太初，只有水。這些水創造真實。真實是梵。梵創造生主。生主創造眾天神。確實，眾天神崇拜真實。真實（satyam）由三個音節組成。sa是一個音節。ti是一個音節。yam是一個音節。

第一個和末一個音節構成真實，中間一個音節是不真實。不真實的兩邊被真實夾住，而變成真實。任何人知道這樣，不真實就不會傷害他。——1

真實就是那個太陽。在太陽光輪中的這個原人和在右眼中的這個原人互相依存。這個通過光線依附那個，那個通過氣息依附這個。人即將去世時，看到那個光輪清澈，那些光線不再降臨他。

在那個光輪中的這個原人，bhūḥ（「地」）是他的頭。一個頭，也就是一個音節。bhuvaḥ（「空」）是他的雙臂。雙臂，也就是兩個音節（bhu-vaḥ）。svaḥ（「天」）是他的雙足。雙足，也就是兩個音節（su-aḥ）。他的奧義是ahan（「每天」）。任何人知道這樣，他就會消滅（hanti）和擺脫（jahāti）罪惡。——2

在右眼中的這個原人，bhuḥ（「地」）是他的頭。一個頭，也就是一個音節。bhuvaḥ（「空」）是他的雙臂。雙臂，也就是兩個音節。svaḥ（「天」）是他的雙足。雙足，也就是兩個音節。他的奧義是aham（「我」）。任何人知道這樣，他就會消滅（hanti）和擺脫（jahāti）罪惡。——3

第六梵書

這個原人由思想構成，以光為真實，居於內心中，如同米粒或麥粒。他是一切的主宰，一切的君主，統治無論是什麼的所有這一切。——1

第七梵書

人們說：「閃電是梵。」由於撕裂（vidāna），它是閃電（vidyut）。任何人知道這樣，它就為他撕裂（vidyati）罪惡。閃電確實是梵。——1

第八梵書

應該崇拜語言為母牛。它有四個乳房：svāhā（「娑婆訶」）、vaṣaṭ（「婆娑」）、hanta（「亨多」）和 svadhā（「娑婆陀」）。天神依靠 svāhā 和 vaṣaṭ 兩個乳房生活。凡人依靠 hanta 生活。祖先依靠 svadhā 生活。它的公牛是氣息。牛犢是思想。——1

這裡描述四個感嘆詞。svāhā 和 vaṣaṭ 是用於祭神的感嘆詞，svadhā 是用於祭祖的感嘆詞，hanta 是日常使用的感嘆詞。

第九梵書

這個名為一切人的火在人體中，消化吃下的食物。捂住雙耳，能聽到它的聲音。而在去世時，則聽不到它的聲音。——1

第十梵書

確實，人一旦離開這個世界，他進入風。風為他敞開車輪般的孔穴。通過這個孔穴，他上升，到達太陽。太陽為他敞開蘭跋羅鼓般的孔穴。通過這個孔穴，他上升，到達月亮。月亮為他敞開冬杜毗鼓般的孔穴。通過這個孔穴，他上升，到達沒有煩惱、沒有霜雪的世界。在這裡，他居於永恆的歲月。——1

蘭跋羅（lambara）和冬杜毗（dundubhi）均為鼓名。

第十一梵書

確實，承受病痛折磨是最高苦行。知道這樣，他就會贏得最高世界。確實，將死人抬往森林是最高苦行。知道這樣，他就會贏得最高世界。確實，將死人安置火上是最高苦行。知道這樣，他就會贏得最高世界。——1

第十二梵書

一些人說：「食物是梵。」不是這樣，因為缺了生命，食物就會腐爛。一些人說：「生命就是梵。」

不是這樣，因為缺了食物，生命就會枯竭。只有這兩位神靈合二為一，才達到最高狀態。波羅特利陀為此詢問父親：「我怎麼能對知道這樣的人行善或作惡？」父親擺手說道：「波羅特利陀啊，不要這樣說！有誰將這兩者合二為一，而達到最高狀態？」然後，他這樣說：「這是 vi。確實，食物是 vi，因為一切眾生進入（viṣṭāni）食物中。這是 ram。確實，生命是 ram，因為一切眾生樂（ramante）在生命中。任何人知道這樣，一切眾生就會進入他，樂在他之中。」——1

vi 和 ram 合成動詞 viram（停止、住口）。這可能是父親擺手表示的意思：「住口，不要這樣說！」而他又用這個詞來解析一切眾生的性質。

第十三梵書

讚歌（uktha）。確實，生命氣息就是讚歌，因為生命氣息撐起（utthāpayati）所有這一切。任何人知道這樣，他就會生出通曉讚歌的兒子；就會與讚歌結合，贏得讚歌的世界。——1

夜柔（yajus）。確實，生命氣息就是夜柔，因為一切眾生與生命氣息結合（yujyante）。任何人知道這樣，一切眾生就會與他結合，使他成為優越者；他就會與夜柔結合，贏得夜柔世界。——2

娑摩（sāman）。確實，生命氣息就是娑摩，因為一切眾生與生命氣息結合（samyañci）。任何人知道這樣，一切眾生就會與他結合，使他成為優越者；他就會與娑摩結合，贏得娑摩世界。——3

剎帝利性（kṣatra）。確實，生命氣息就是剎帝利性，因為生命氣息確實就是剎帝利性。因為生命氣息保護（trāyate）人免遭傷害（kṣaṇitu）。任何人知道這樣，他就會獲得無須他人保護（atra）的剎帝利性，就會與剎帝利性結合，贏得剎帝利性的世界。——4

第十四梵書

大地（bhū-mi）、空中（an-ta-ri-kṣa）和天空（dy-au）共有八個音節。確實，八個音節是構成伽耶特利詩律的一個詩行。因此，它的詩行也包含那些。任何人知道它的詩行這樣，他就獲得這三界中所有一切。——1

伽耶特利是《梨俱吠陀》的一種詩律，每一首由三行組成，每行八個音節。「三界」指地上世界、空中世界和天上世界。

梨俱（ṛ-caḥ）、夜柔（ya-jūṁ-ṣi）和娑摩（sā-mā-ni）共有八個音節。確實，八個音節構成伽耶特利詩律的一個詩行。因此，它的詩行也包含那些。任何人知道它的詩行這樣，他就獲得這三吠陀具有的一切。——2

梨俱（ṛc）、夜柔（yajus）和娑摩（sāman）在這裡使用的是複數形式，故而總共八個音節。

元氣（prā-ṇa）、下氣（a-pā-na）和行氣（vy-ā-na）共有八個音節。確實，八個音節構成伽耶特利詩律的一個詩行。因此，它的詩行也包含那些。任何人知道它的詩行這樣，他就獲得這生命具有的一切。

它顯現的第四行就是那個在塵埃之上閃耀光輝者。確實，這就是第四行。稱為「顯現的詩行」，因為它彷彿可見。稱為「在塵埃之上」，因為它確實在一切塵埃之上閃耀光輝。任何人知道這個詩行這樣，他的財富和榮譽就會閃耀。——3

「在塵埃之上閃耀光輝者」指太陽。《梨俱吠陀》詩律大多由四行（或稱四個音步）組成，因而這裡想像伽耶特利詩律還有第四行。

伽耶特利詩律立足於這個在塵埃之上顯現的第四行。而這第四行立足於真實。真實就是眼睛，因為真實確實就是眼睛。如果兩個人發生爭論，一個人說「我看到」，另一個人說「我聽到」，那麼，我們肯定會信任那個說「我看到」的人。

而真實又立足於力量。生命氣息就是力量。這樣，真實立足於生命氣息。因此，人們說力量比真實更強大。正是這樣，伽耶特利詩律立足於自我。它保護自己的家族。生命氣息就是家族。它保護那些生命氣息。正是因為它保護（tatre）家族（gaya），得名伽耶特利（Gāyatrī）。人們吟誦的伽耶特利詩律也是這樣。無論為誰吟誦，都會保護那個人的生命氣息。——4

一些人將沙維特利詩律作為阿奴濕圖樸詩律吟誦，說道：「語言是阿奴濕圖樸，我們就按照這種語言吟誦。」不應該這樣做，而應該將沙維特利詩律作為伽耶特利詩律吟誦。確實，即使有人知道這樣，而獲得很多禮物，也不能與伽耶特利詩律中的任何一個詩行相比。——5

阿奴濕圖樸（Anuṣṭubh）詩律由四行組成，每行八個音節。這種詩律後來也用於統稱每行八個音節的詩律，無論詩中含有多少行。

如果有人獲得充滿一切的這三界，他也只是獲得它的第一行。如果有人獲得這三吠陀具有的一切，他也只是獲得它的第二行。如果有人獲得這生命具有的一切，他也只是獲得它的第三行。而它顯現的第四行就是那個在塵埃之上閃耀光輝者，任何人都不能獲得。確實，從哪兒能獲得這樣的禮物？——6

這是對它的禮讚：「伽耶特利啊！你有一足，兩足，三足，四足。你沒有足，因為你不行走。向你顯現在塵埃之上的第四足致敬！」

如果憎恨某人，可以這樣說：「別讓這個人獲得這個！」或者，「別讓這個人的願望實現！」對於這樣的禮讚者，那個人的願望也就不能實現。或者，可以這樣說：「願我獲得這個。」——7

毗提訶國王遮那迦曾對菩迪羅．阿濕婆多羅希維說：「嗨，你說自己通曉伽耶特利，怎麼會變成一頭負重的象？」他回答：「大王啊，我不知道它的嘴。」確實，火是它的嘴。無論投入火中多少燃料，它都會將它們全部焚燒。任何人知道這樣，即使犯有很多罪愆，他也會將它們全部焚燒，獲得純潔、清淨、不老和永生。——8

第十五梵書

真理的面容覆蓋著金盤，普善啊！
我遵奉真理，請你揭開它，讓我看到。——1

普善（Pūṣan，詞義為養育者）是太陽神之一。

普善！唯一的仙人！控制者！太陽！
生主之子！請放出光芒，聚合光輝！
我看到了你的極其美好的形象，
那個，其中那個原人，我就是他。——2

「太陽中的那個原人」指至高自我。「我就是他」，指個體自我與至高自我合一。

風永不停息，永不滅寂，
而身體最終化為灰燼，
唵！心啊！請記住這事！
心啊！記住！記住這事！——3

「風」指維持生命的氣息。這裡譯為「心」的 kratu 一詞是個多義詞，含有祭祀、智力、決心和意志等意義。

火啊！帶我們遵循正道，走向繁榮，
天神啊！你知道我們的一切行為；
請你為我們驅散陰險的罪惡吧，
我們會獻給你至高無上的讚歌。——4

這首頌詩見《梨俱吠陀》1.189.1。

第六章

第一梵書

知道最偉大者和最優秀者，他就會成為最偉大者和最優秀者。氣息確實是最偉大者和最優秀者。知道這樣，他就會成為自己人中，或者他願意，也成為其他人中最偉大者和最優秀者。——1

知道最富有者，他就會成為最富有者。語言確實是最富有者。知道這樣，他就會成為自己人中，或者他願意，也成為其他人中最富有者。——2

知道根基，他就能立足於平坦之地和崎嶇之地。眼睛確實是根基。因為人依靠眼睛，立足於平坦之地和崎嶇之地。知道這樣，他就能立足於平坦之地和崎嶇之地。——3

知道成功，他懷有的願望就會成功。耳朵確實是成功（sampat）。因為所有的吠陀都匯集（abhisampat）耳朵。知道這樣，他懷有的願望就會成功。——4

知道居處，他就會成為自己人和其他人的居處。思想確實是居處。知道這樣，他就會成為自己人和其他人的居處。——5

知道生殖，他的後代和牲畜就會繁衍。精液確實是生殖。知道這樣，他的後代和牲畜就會繁衍。——6

曾經，眾氣息爭論誰更優秀，來到梵那裡，說道：「我們之中誰更優秀？」梵回答說：「誰離開後，這個身體的狀況就變得最差，那麼，它就在你們之中最優秀。」——7

「眾氣息」指上述六種生命因素：氣息、語言、眼睛、耳朵、思想和精液。

於是，語言離開。它外出一年後回來，問道：「沒有我，你們生活得怎樣？」它們回答說：「就像啞巴，不說話，但仍用氣息呼吸，用眼睛觀看，用耳朵聽取，用思想思考，用精液生殖。」這樣，語言進入身體。——8

然後，眼睛離開。它外出一年後回來，問道：「沒有我，你們生活得怎樣？」它們回答說：「就像瞎子，看不見，但仍用氣息呼吸，用語言說話，用耳朵聽取，用思想思考，用精液生殖。」這樣，眼睛進入身體。——9

然後，耳朵離開。它外出一年後回來，問道：「沒有我，你們生活得怎樣？」它們回答說：「就像聾子，聽不見，但仍用氣息呼吸，用語言說話，用眼睛觀看，用思想思考，用精液生殖。」這樣，耳朵進入身體。——10

然後，思想離開。它外出一年後回來，問道：「沒有我，你們生活得怎樣？」它們回答說：「就像傻子，不思考，但仍用氣息呼吸，用語言說話，用眼睛觀看，用耳朵聽取，用精液生殖。」這樣，思想進入身體。——11

然後，精液離開。它外出一年後回來，問道：「沒有我，你們生活得怎樣？」它們回答說：「就像閹人，不能用精液生殖，但仍用氣息呼吸，用語言說話，用眼睛觀看，用耳朵聽取，用思想思考。」這樣，精液進入身體。——12

然後，氣息準備離開。如同一匹高大的信度駿馬拽起那些拴馬樁，它拽起其他那些氣息。於是，它們說道：「尊者啊，別離開！離開了你，我們無法生活。」「那麼，你們要向我進貢。」「好吧！」——13

於是，語言說道：「就像我是最富有者那樣，你是最富有者。」眼睛說道：「就像我是根基那樣，你是根基。」耳朵說道：「就像我是成功那樣，你是成功。」思想說道：「就像我是居處那樣，你是居處。」精液說道：「就像我是生殖那樣，你是生殖。」

氣息問道：「我的食物是什麼？衣服是什麼？」「這裡的所有一切，乃至狗、昆蟲、蠕蟲和飛鳥，都是你的食物。水是你的衣服。」

若有人知道氣息（ana）的食物（anna）這樣，那麼，對他來說，沒有什麼可食者不是食物，沒有什麼接受的可食者不是食物。因此，精通吠陀的智者們在吃前和吃後，啜水漱口，認為這樣能使氣息（ana）不裸露（anagna）。——14

「氣息」一詞前面都使用prāṇa，這裡使用ana，為了讓它與「食物」和「不裸露」產生聯繫。飯前飯後啜水漱口，也就是用水覆蓋氣息，讓它獲得衣服而不裸露。

第二梵書

阿盧尼之子希婆多蓋杜來到般遮羅族的集會上。他走近受人侍奉的波羅婆訶那．遮婆利。遮婆利看到他，便說道：「孩子啊！」他回答說：「先生！」「你的父親教你嗎？」他回答說：「是的。」──1

「你知道人們死後怎樣分別前往各處嗎？」他回答說：「不知道。」

「你知道他們又怎樣返回這個世界嗎？」他回答說：「不知道。」

「你知道那個世界怎麼會不充滿，即使人們一再前往那裡？」他回答說：「不知道。」

「你知道在哪次供奉祭品時，水會使用人的語言，起身說話？」他回答說：「不知道。」

「你知道怎樣抵達天神之路或祖先之路，或者說，做了什麼，能抵達天神之路或祖先之路？因為我們曾聽仙人說：

『我聽說凡人的兩條路：
祖先之路和天神之路；
所有一切依靠這兩條路，
在天地父母之間活動。』」

他回答說：「對所有這些，我一無所知。」──2

於是，遮婆利邀請他住下。而這孩子不理會這個邀請，迅速離去。他回到父親那裡，說道：「確實，您以前說我受過教育。」「怎麼啦？聰明的孩子！」「那個剎帝利問了我五個問題，我一個也回答不出。」「哪些問題？」「這些問題。」他學說了一遍。——3

父親說道：「你應該了解我。我已經將我所知道的一切都教給你了。來吧，讓我倆去住在那裡，作為梵行者。」「你就自己去吧！」

「作為梵行者」指充當學生。

於是，喬答摩來到波羅婆訶那·遮婆利那裡。遮婆利請他入座，又吩咐為他端上水，依禮向他表示歡迎。然後，對他說道：「我們賜給尊者喬答摩一個恩惠。」——4

喬答摩是阿盧尼的族姓。

他回答說：「你已許諾賜給我恩惠，那就告訴我你對我的兒子所說的那些話吧！」——5

遮婆利說道：「這是天神選擇的恩惠，喬答摩啊！你就選擇凡人的恩惠吧！」——6

他回答說：「眾所周知，我擁有大量的金子、牛、馬、女僕、毛毯和衣服。您不要不捨得給予我更豐富的無限者和無邊者。」「那麼，你就按照常規表達願望，喬答摩啊！」「我拜你為師。」確實，自古以來，用這樣的方式拜師求學。於是，他作為學生住下。——7

遮婆利說：「正像你的祖輩那樣，喬答摩啊，你別怪罪我們。這種知識在此之前，從未出現在婆羅門中，而我會將它傳授給你。因為你既然已經這樣說了，誰還能拒絕你？——8

遮婆利是剎帝利種姓，阿盧尼是婆羅門種姓。

「確實，喬答摩啊，那個世界是火。確實，太陽是它的燃料。那些光線是煙。白晝是火焰。方位是火炭。中間方位是火花。眾天神向這個火中祭供信仰。從信仰這個祭品中，產生蘇摩王。——9

「蘇摩王」指月亮。

「確實，喬答摩啊，雨神是火。確實，年是它的燃料。雲是煙。閃電是火焰。雷是火炭。雷聲是火花。眾天神向這個火中祭供蘇摩王。從蘇摩王這個祭品中，產生雨。——10

「確實，喬答摩啊，這個世界是火。確實，大地是它的燃料。火是煙。夜晚是火焰。月亮是火炭。星星是火花。眾天神向這個火中祭供雨。從雨這個祭品中，產生食物。——11

「確實，喬答摩啊，人是火。確實，張嘴是它的燃料。氣息是煙。語言是火焰。眼睛是火炭。耳朵是火花。眾天神向這個火中祭供食物。從食物這個祭品中，產生精液。——12

「確實，喬答摩啊，女人是火。確實，陰戶是她的燃料。陰毛是煙。子宮是火焰。進入她是火炭。興奮是火花。眾天神向這個火中祭供精液。從精液這個祭品中，產生人。他活夠壽命，到時候死去。——13

這裡回答了前面提到的「在哪次供奉祭品時，水（『精液』）會使用人的語言，起身說話」的問題。

「然後，人們帶他到火那兒。他的火也就成為火。燃料是燃料。煙是煙。火焰是火焰。火炭是火炭。火花是火花。眾天神向這個火中祭供人。從人這個祭品中，產生膚色光亮的人。——14

「帶他到火那兒」，也就是為他舉行火葬。

「知道這樣，在森林中崇拜信仰和真理，他們便進入火焰。從火焰進入白晝。從白晝進入白半月。

從白半月進入太陽北行的六個月。從這六個月進入天神世界。從天神世界進入太陽。從太陽進入閃電。由思想構成的原人來到閃電那裡，將它們帶往梵界。他們在梵界長久居住，不再返回。——15

「那些依靠祭祀、布施和苦行贏得世界的人，他們便進入煙。從煙進入黑夜。從黑夜進入黑半月。從黑半月進入太陽南行的六個月。從這六個月進入祖先世界。從祖先世界進入月亮。到達月亮，他們變成食物。在那裡，如同對蘇摩王說：『你增長吧！你虧損吧！』眾天神享用他們。過後，他們返回空中。從空進入風。從風進入雨。從雨進入大地。到達大地，他們變成食物。他們又被祭供於人的火，然後，在女人的火中出生。這樣，他們不斷準備進入這些世界，循環不已。

這裡也回答了前面提到「那個世界怎麼會不充滿」的問題，因為除了那些知梵者擺脫輪迴，不再返回外，其他的人都來而復去。

「然而，那些不知道這兩條路的人，他們變成蛆蟲、飛蟲和嚙噬類動物。」——16

第三梵書

如果一個人想要變得偉大，他應該守戒十二天，在太陽北行期間的白半月中，選擇一個吉日，將各種藥草和果子放入優曇木製的杯盤中，灑掃和塗抹周圍，安置祭火，鋪設聖草，按照規則備好酥油，在陽性星宿下，攪拌混合飲料，然後，向火中澆灌酥油：

「攪拌混合飲料」，指將各種藥草和果子搗碎，攪拌成混合飲料。

在你之中，橫堵著許多天神，
火神啊，他們扼殺人的願望；
我讓他們分享祭品，心滿意足，
他們也就會讓我滿足一切願望。
娑婆訶！

橫堵著的那位天神，
說道：「我安排一切！」
我向你祭供酥油，
如同傾瀉的急流！
娑婆訶！——1

向火中澆灌酥油，念誦道：「獻給最偉大者，娑婆訶！獻給最優秀者，娑婆訶！」將剩餘的酥油澆入混合飲料。這是獻給氣息，娑婆訶！

向火中澆灌酥油，念誦道：「獻給最富有者，娑婆訶！」將剩餘的酥油澆入混合飲料。這是獻給語言，娑婆訶！

向火中澆灌酥油，念誦道：「獻給根基，娑婆訶！」將剩餘的酥油澆入混合飲料。這是獻給眼睛，娑婆訶！

向火中澆灌酥油，念誦道：「獻給成功，娑婆訶！」將剩餘的酥油澆入混合飲料。這是獻給耳朵，娑婆訶！

向火中澆灌酥油，念誦道：「獻給居處，娑婆訶！」將剩餘的酥油澆入混合飲料。這是獻給思想，娑婆訶！

向火中澆灌酥油，念誦道：「獻給生殖，娑婆訶！」將剩餘的飲料澆入混合飲料。這是獻給精液，娑婆訶！

這樣，每次向火中澆灌酥油，將剩餘的酥油澆入混合飲料。——2

向火中澆灌酥油，念誦道：「獻給火，娑婆訶！」將剩餘的酥油澆入混合飲料。

向火中澆灌酥油，念誦道：「獻給蘇摩汁，娑婆訶！」將剩餘的酥油澆入混合飲料。

向火中澆灌酥油，念誦道：「獻給地，娑婆訶！」將剩餘的酥油澆入混合飲料。

向火中澆灌酥油，念誦道：「獻給空，娑婆訶！」將剩餘的酥油澆入混合飲料。

向火中澆灌酥油，念誦道：「獻給天，娑婆訶！」將剩餘的酥油澆入混合飲料。

向火中澆灌酥油，念誦道：「獻給地、空和天，娑婆訶！」將剩餘的酥油澆入混合飲料。

向火中澆灌酥油，念誦道：「獻給婆羅門性，娑婆訶！」將剩餘的酥油澆入混合飲料。

向火中澆灌酥油，念誦道：「獻給剎帝利性，娑婆訶！」將剩餘的酥油澆入混合飲料。

向火中澆灌酥油，念誦道：「獻給過去，娑婆訶！」將剩餘的酥油澆入混合飲料。

向火中澆灌酥油，念誦道：「獻給未來，娑婆訶！」將剩餘的酥油澆入混合飲料。
向火中澆灌酥油，念誦道：「獻給宇宙，娑婆訶！」將剩餘的酥油澆入混合飲料。
向火中澆灌酥油，念誦道：「獻給一切，娑婆訶！」將剩餘的酥油澆入混合飲料。
向火中澆灌酥油，念誦道：「獻給生主，娑婆訶！」將剩餘的酥油澆入混合飲料。——3

然後，接觸混合飲料，說道：「你是活動者。你是燃燒者。你是圓滿者。你是堅定者。你是唯一的歸宿。你製造哼聲。你發出哼聲。你是歌唱。你歌唱。你召喚。你應答。你是雲中閃電。你遍及一切。你統治一切。你是食物。你是光。你是終結。你是總匯。」——4

「哼聲」（him）指誦唱娑摩讚歌開始時的發聲。

然後，舉起混合飲料，說道：「你知道一切。我們也知道你的偉大。因為他是國王，主宰者，統治者，願他讓我成為國王，主宰者，統治者！」——5

然後，啜飲混合飲料，念誦道：

優秀的沙維特利神——
風帶給正直者甜蜜，
河流也帶給他甜蜜，
願藥草給我們甜蜜！
地，娑婆訶！

我們沉思他的光輝——
願夜晚和早晨甜蜜，
願大地的塵埃甜蜜，
願天父給我們甜蜜！
空，娑婆訶！

他激發我們的智慧——
願樹木給我們甜蜜，
願太陽給我們甜蜜，
願母牛給我們甜蜜！
天，娑婆訶！

以上每首中的第一行，合成一節頌詩，見《梨俱吠陀》3.62.10。每首的中間三行各自為一節頌詩，見《梨俱吠陀》1.90.6-8。

念誦完畢「沙維特利」頌詩和「甜蜜」頌詩後，說道：「願我成為所有這一切，地、空和天，娑婆訶！」最後，喝下混合飲料，洗手，在火的後方躺下，頭朝東方。第二天早晨，敬拜太陽，說道：「你是四面八方中唯一的白蓮花。願我成為人間唯一的白蓮花。」然後，他回來，坐在火的後方，默誦師承。——6

烏達羅迦．阿盧尼將這些告訴自己的學生婆遮薩奈耶．耶若伏吉耶後，說道：「即使有人將這

潑灑在枯樹樁上，也會長出枝葉。」——7

婆遮薩奈耶．耶若伏吉耶將這些告訴自己的學生摩杜迦．般吉耶後，說道：「即使有人將這潑灑在枯樹樁上，也會長出枝葉。」——8

摩杜迦．般吉耶將這些告訴自己的學生朱羅．跋伽維提後，說道：「即使有人將這潑灑在枯樹樁上，也會長出枝葉。」——9

朱羅．跋伽維提將這些告訴自己的學生遮那迦．阿耶斯杜那後，說道：「即使有人將這潑灑在枯樹樁上，也會長出枝葉。」——10

遮那迦．阿耶斯杜那將這些告訴自己的學生薩諦耶迦摩．賈巴羅後，說道：「即使有人將這潑灑在枯樹樁上，也會長出枝葉。」——11

薩諦耶迦摩．賈巴羅將這些告訴自己的學生們後，說道：「即使將這潑灑在枯樹樁上，也會長出枝葉。」——12

不能將這些傳授給非兒子或非弟子。

強調父子和師生之間祕密傳承，也見《歌者奧義書》3.11.5、《白騾奧義書》6.22和《彌勒奧義書》6.29。

有四種優曇木製祭祀用品：優曇木勺、優曇木盆、優曇木柴和一對優曇木攪棒。有十種栽培的穀物：稻米、大麥、芝麻、蠶豆、玉米、芥子、小麥、扁豆、豌豆和莢豆。將這些穀物搗碎後，和上凝乳、蜜和酥油，向祭火供奉酥油祭品。——13

確實，萬物的精華是大地。大地的精華是水。水的精華是植物。植物的精華是花。花的精華是果實。果實的精華是人。人的精華是精液。——1

生主思忖道：「哦，讓我為它設計一個安身處吧！」他創造了女人。創造出女人後，他俯身侍奉她。因此，人們應該俯身侍奉女人。他伸展自己前面的石杵，用它使這個女人懷孕。——2

「為它設計」，指為精液設計。「石杵」指用於壓榨蘇摩汁的石杵，這裡用作隱喻。

她的陰戶是祭壇，陰毛是祭草，表皮是壓榨蘇摩汁之處，兩片陰唇是中間點燃的火。確實，知道這樣，與女人交媾，他獲得的世界如同舉行婆遮貝耶祭祀者獲得的世界。他能獲取女人的功德。而不知道這樣，與女人交媾，則女人獲取他的功德。——3

「知道這樣」，指知道交媾的祭祀意義。

確實，烏達羅迦．阿盧尼知道這樣而說過。確實，那迦．莫德伽利耶知道這樣而說過。確實，古羅摩．訶利多知道這樣而說過。他們說：「許多出身婆羅門的人不知道這樣，與女人交媾，耗盡精力和功德，離開這個世界。」

人無論在睡眠中或在醒著時，泄出或多或少精液，——4

他應該接觸它，念誦道：

今天，我的精液流入大地，流入
植物，或流入水中，我都要取回，
讓精力、威力和光輝都回歸我，
讓火和祭壇恢復原來的位置！

然後，用無名指和拇指沾取精液，抹在胸脯或雙眉中間。——5

如果在水中看到自己，他應該念誦道：「讓我保持光輝、精力、名聲、財富和功德！」

確實，女人換掉髒衣後，尤其漂亮。因此，應該上前招呼換掉髒衣而光彩熠熠的女人。——6

如果她不應承，就應該賄賂她。如果她仍然不應承，就應該用棍棒或手掌擊打她，制服她，說道：「我用精力和光輝取走妳的光輝。」這樣，她就失去光輝。——7

如果她應承，那就應該說：「我用精力和光輝增加妳的光輝。」這樣，他倆充滿光輝。——8

如果想要獲得她的愛，就應該進入她，用嘴親她的嘴，撫摩她的陰戶，默誦道：

妳出自我的每個肢體，
出自心，是肢體的精華，
讓我懷中的這個女人
迷狂，彷彿中了毒箭！——9

如果不想讓她懷孕，就應該進入她，用嘴親她的嘴，先呼氣，後吸氣，說道：「我用精力和精

液從妳那裡取回精液。」這樣，她就失去精液。——10

如果想讓她懷孕，就應該進入她，用嘴親她的嘴，先吸氣，後呼氣，說道：「我用精力和精液將精液安放在妳那裡。」這樣，她就會懷孕。——11

如果憎恨妻子的情夫，應該將火安置在一個土坯容器中，逆向鋪排蘆葦，逆向將酥油澆在蘆葦尖上，用它們祭供火，念誦道：

你祭供我的火，我取走你的元氣和下氣，某某！
你祭供我的火，我取走你的兒子和牲畜，某某！
你祭供我的火，我取走你的祭祀和功德，某某！
你祭供我的火，我取走你的希望和期待，某某！

凡遭到具有這種知識的婆羅門詛咒，任何人都會耗盡精力和功德，離開這個世界。因此，不要勾引具有這種知識的博學婆羅門的妻子。因為他具有這種知識，不可匹敵。——12

如果妻子來月經，她三天內不能用銅製容器飲水，不能換洗衣服。低級種姓男女不能接近她。三夜過後，沐浴，舂米做飯。——13

如果想生一個白皮膚的兒子，能吟誦一部吠陀，並活夠壽命，那麼，應該用牛奶煮飯。拌上酥油，夫妻倆吃下，就會生出這樣的兒子。——14

如果想生一個黃色或褐色皮膚的兒子，能吟誦兩部吠陀，並活夠壽命，那麼，應該用凝乳煮飯。

拌上酥油，夫妻倆吃下，就會生出這樣的兒子。——15

如果想生一個黑皮膚和紅眼睛的兒子，能吟誦三部吠陀，並活夠壽命，那麼，應該用水煮飯。拌上酥油，夫妻倆吃下，就會生出這樣的兒子。——16

如果想生一個女兒，聰明博學，並活夠壽命，那麼，應該用芝麻煮飯。拌上酥油，夫妻倆吃下，就會生出這樣的女兒。——17

如果想生一個兒子，聰明博學，備受讚頌，出席集會，言辭動人，通曉所有吠陀，並活夠壽命，那麼，應該用肉煮飯。拌上酥油，夫妻倆吃下，就會生出這樣的兒子。這肉是小公牛或大公牛的肉。——18

到了早晨，以煮牛奶粥的方式備好酥油。然後，用牛奶粥祭供火，說道：「獻給火，娑婆訶！獻給阿努摩蒂，娑婆訶！獻給沙維特利，娑婆訶！獻給創造真實者，娑婆訶！」祭供完畢，吃剩下的牛奶粥。自己先吃，然後給妻子吃。洗手後，用水灌滿水罐，向妻子灑水三次，念誦道：

阿努摩蒂（Anumuti）是恩惠女神。沙維特利（Savitr）是太陽神。

毗舍婆蘇，起身吧！
去找別的漂亮女子，
這裡是妻子和丈夫。——19

這首頌詩源自《梨俱吠陀》10.85.22。毗舍婆蘇（Viśvavasu）是一位健達縛。

然後，他擁抱妻子，念誦道：

我是ama，妳是sā，
妳是sā，我是ama，
我是娑摩，妳是梨俱，
我是天空，妳是大地。

《歌者奧義書》中提到「大地是sā，火是ama」（1.6.1）、「語言是sā，氣息是ama」（1.7.1）等等，同時提到「娑摩被安置在梨俱中」。

來吧！讓我倆一起開始，
安放精液，生一個兒子。——20

然後，他分開她的雙腿，說道：「分開吧，天和地。」他進入她，用嘴親她的嘴，順著頭髮撫摩她三次，念誦道：

讓毗濕奴建造子宮，
讓天國工匠設計形象，
讓生主為妳播撒種子，
讓創造主安放胎兒。
安放胎兒，希尼婆利啊！
安放胎兒，大辮天女啊！
你倆佩戴著蓮花花冠，

雙馬童啊，安放胎兒吧！
那是雙馬童用金製
引火木鑽出的火，
我們祈求妳的胎兒
在第十個月出生。——21

以上三首頌詩源自《梨俱吠陀》10.18.1-3。

如同大地懷有火，
如同天空懷有雨，
如同方位懷有風，
我為妳安放胎兒。——22

即將分娩時，向她灑水，念誦道：

如同風兒在周圍，
吹動這座蓮花池，
願妳的胎兒躁動，
與胎衣一起生下！
因陀羅的畜舍

裝有護欄和門閂，
因陀羅啊，讓胎兒
與胎衣一起生下！——23

這兩首頌詩源自《梨俱吠陀》5.78.7-8。

胎兒生下後，點燃祭火，將嬰兒抱在懷中，在銅杯中混合凝乳和酥油，一勺勺供奉祭火，念誦道：

願我依靠他，家族千倍繁榮增長！
願他擁有子孫和牲畜，綿延不絕！
娑婆訶！
我將我的氣息和思想祭供他！
娑婆訶！
如果我的祭祀存在過量或不足，
請睿智的火神調適，讓祭祀圓滿！
娑婆訶！——24

然後，貼近嬰兒的右耳，說三次：「語言，語言！」調和凝乳、蜜和酥油，用金匙餵嬰兒，而金匙不伸進嘴裡，念誦道：「我為你安放地，我為你安放空，我為你安放天。我將地、天、空和所有一切安放在你之中。」——25

然後，給嬰兒取名：「你是吠陀。」這成為他的祕密名字。——26

依據《摩奴法論》2.30，嬰兒正式取名在十天或十二天之後。

然後，將嬰兒交給母親，讓她哺乳，念誦道：

妳的胸脯令人喜悅，永不
枯竭，蘊藏珍寶，充滿財富，
慷慨布施，養育一切優秀者，
娑羅私婆蒂啊，請讓他吸吮！——27

這首頌詩見《梨俱吠陀》1.164.49。娑羅私婆蒂（Sarasvatī）是語言女神。

然後，向嬰兒的母親念誦道：

妳是伊拉，出自密多羅伐樓那，
女英雄啊，妳已生出一位英雄；
妳使我們成為英雄的父親，
願妳成為眾多英雄的母親！

伊拉（Ilā）是女神名。

人們對這嬰兒說道：「啊，你超過你的父親！啊，你超過你的祖父！」啊，生為具有這種知識的婆羅門的兒子，必定獲得至福，享有財富、名譽和梵的光輝。——28

第五梵書

下面是師承：寶迪摩希耶之子師承迦旃耶尼之子。迦旃耶尼之子師承喬答彌之子。喬答彌之子師承婆羅墮吉之子。婆羅墮吉之子師承巴羅舍利之子。巴羅舍利之子師承奧波斯婆斯蒂之子。奧波斯婆斯蒂之子師承巴羅舍利之子。巴羅舍利之子師承迦旃耶尼之子。迦旃耶尼之子師承考斯吉之子。考斯吉之子師承阿蘭毗之子和維亞克羅波蒂之子。維亞克羅波蒂之子師承甘維之子和迦比之子。迦比之子——[1]

師承阿特雷依之子。阿特雷依之子師承喬答彌之子。喬答彌之子師承婆羅墮吉之子。婆羅墮吉之子師承巴羅舍利之子。巴羅舍利之子師承婆訖之子。婆訖之子師承巴羅舍利之子。巴羅舍利之子師承婆爾迦盧尼之子。婆爾迦盧尼之子師承阿爾多跋吉之子。阿爾多跋吉之子師承肖恩吉之子。肖恩吉之子師承商訖利蒂之子。商訖利蒂之子師承阿蘭巴耶尼之子。阿蘭巴耶尼之子師承阿蘭毗之子。阿蘭毗之子師承賈衍蒂之子。賈衍蒂之子師承曼杜迦耶尼之子。曼杜迦耶尼之子師承曼杜吉之子。曼杜吉之子師承香底利之子。香底利之子師承羅提多利之子。羅提多利之子師承跋盧吉之子。跋盧吉之子師承格朗吉基的兩個兒子。格朗吉基的兩個兒子師承維陀跋利蒂之子。維陀跋利蒂之子師承迦爾舍蓋依之子。迦爾舍蓋依之子師承波羅吉那約吉之子。波羅吉那約吉之子師承商吉維之子。商吉維之子師承波羅希尼之子。婆羅希尼之子阿蘇利婆辛師承阿蘇羅耶那。阿蘇羅

耶那師承阿蘇利。阿蘇利——2

師承耶若伏吉耶。耶若伏吉耶師承烏達羅迦。烏達羅迦師承阿盧那。阿盧那師承烏波吠希。烏波吠希師承古希利。古希利師承婆遮希羅婆斯。婆遮希羅婆斯師承吉赫瓦文特·巴迪約伽。吉赫瓦文特·巴迪約伽師承阿希多·瓦爾舍伽那。阿希多·瓦爾舍伽那師承訶利多·迦葉波。訶利多·迦葉波師承希爾波·迦葉波。希爾波·迦葉波師承迦葉波·奈達盧維。迦葉波·奈達盧維師承婆遮。婆遮師承安毗尼。安毗尼師承阿迪提耶（太陽神）。這些師承自阿迪提耶（太陽神）的「白夜柔」已由瓦遮薩奈耶·耶若伏吉耶宣示。——3

《夜柔吠陀》分為「白夜柔」和「黑夜柔」兩種。

直至商吉維之子，傳承相同。商吉維之子師承曼杜迦耶尼。曼杜迦耶尼師承曼陀維耶。曼陀維耶師承高蹉。高蹉師承摩希提。摩希提師承瓦摩迦剎耶那。瓦摩迦剎耶那師承香底利耶。香底利耶師承婆蹉。婆蹉師承古希利。古希利師承耶若婆遮斯·羅賈斯丹巴耶那。耶若婆遮斯·羅賈斯丹巴耶那師承杜羅·迦婆塞耶。杜羅·迦婆塞耶師承生主。生主師承梵。梵是自生者。向梵致敬！——4

歌者奧義書

第一章

一

應該崇拜歌唱為唵這個音節，因為隨著唵，開始歌唱。現在對此加以說明。——1

在吠陀中，《梨俱吠陀》用於吟誦，《娑摩吠陀》用於歌唱。唵（Om）是吟誦或歌唱吠陀頌詩時，開頭使用的感嘆詞。

這裡的「崇拜」（upās）一詞兼有尊敬、敬拜和沉思之意。

萬物的精華是地。地的精華是水。水的精華是植物。植物的精華是人。人的精華是語言。語言的精華是梨俱。梨俱的精華是娑摩。娑摩的精華是歌唱。——2

參閱《大森林奧義書》6.4.1。這裡譯為「精華」的rasa一詞，原義為汁液，引申為味、精華或本質。

這歌唱是精華中的精華，至高者，究竟者，第八者。——3

上述各種精華從地數起，歌唱為第八。

什麼是梨俱？什麼是娑摩？什麼是歌唱？這是人們思索的問題。——4

語言是梨俱，氣息是娑摩。唵這個音節是歌唱。這裡成雙配對，語言和氣息，梨俱和娑摩。——5

它們在唵這個音節中配對結合。一旦配對結合，兩者便互相滿足欲望。——6

知道這樣，崇拜歌唱為這個音節，他肯定成為願望滿足者。——7

確實，這個音節意味允許。因為某人允許某事，就會說：「唵！」允許也就意味成功。知道這樣，崇拜歌唱為這個音節，他肯定成為願望成功者。——8

依靠它，三種知識運作。隨著唵，開始召喚。隨著唵，開始讚頌。隨著唵，開始歌唱。這表示對這個崇高偉大和蘊涵精華的音節的崇敬。——9

「依靠它」指依靠唵這個音節。「三種知識」指三種吠陀。在祭祀儀式中，誦者祭司（Hotṛ）吟誦《梨俱吠陀》，召喚天神；行祭者祭司（Adhvaryu）吟誦《夜柔吠陀》，執行祭祀；歌者祭司（Udgātṛ）歌唱《娑摩吠陀》，供奉祭品。他們的吟誦和歌唱都以唵起首。

知道這樣和不知道這樣的兩種人都依靠它運作。但有知識和無知識兩者不同。憑藉知識、信仰和奧義運作，才更有力量。這是對這個音節的說明。——10

二

天神和阿修羅互相爭鬥，雙方都是生主的後代。天神掌握歌唱，心想：「依靠這個，我們會戰勝他們。」——1

參閱《大森林奧義書》1.3.1。

他們崇拜歌唱為鼻中氣息。而阿修羅用罪惡侵襲它。結果，人們嗅到香，也嗅到臭。因為它已受到罪惡侵襲。——2

然後，他們崇拜歌唱為語言。而阿修羅用罪惡侵襲它。結果，人們說真話，也說假話。因為它已受到罪惡侵襲。——3

然後，他們崇拜歌唱為眼睛。而阿修羅用罪惡侵襲它。結果，人們看到值得看的，也看到不值得看的。因為它已受到罪惡侵襲。——4

然後，他們崇拜歌唱為耳朵。而阿修羅用罪惡侵襲它。結果，人們聽到值得聽的，也聽到不值得聽的。因為它已受到罪惡侵襲。——5

然後，他們崇拜歌唱為思想。而阿修羅用罪惡侵襲它。結果，人們想念應該想念者，也想念不應該想念者。因為它已受到罪惡侵襲。——6

然後，他們崇拜歌唱為口中氣息。而阿修羅打擊它，結果他們自己粉碎，如同打擊堅硬的石頭，自己粉碎。——7

如同打擊堅硬的石頭，想要加罪和打擊知道這樣的人，自己粉碎。他是堅硬的石頭。——8

「知道這樣的人」即上述知道唵這個音節的人。

依靠它，不知道香和臭，因為它不受罪惡傷害。依靠它，吃和喝，從而保護其他氣息。最終不再發現它，人便去世。確實，人最終張著口。——9

「它」指口中氣息，即元氣。氣息分成五種，其他四種是下氣、中氣、上氣和行氣。

安吉羅崇拜歌唱為口中氣息。人們認為它就是安吉羅（Aṅgiras），因為它是肢體（aṅga）的精

華（rasa）。——10

安吉羅是拜火祭司。這裡將「安吉羅」這個名稱解讀為「肢體的精華」。

毗訶波提崇拜歌唱為口中氣息。人們認為它就是毗訶波提（Bṛhaspati），因為語言偉大（bṛhat），它是語言之主（pati）。——11

毗訶波提是天國祭司。這裡將「毗訶波提」這個名字解讀為「語言之主」。

阿亞希耶崇拜歌唱為口中氣息。人們認為它就是阿亞希耶（Ayāsya），因為它從口（āsya）中呼出（ayate）。——12

阿亞希耶是仙人。這裡將「阿亞希耶」這個名字解讀為「從口中呼出」。

缽迦·達爾毗耶知道它。他成為飄忽林中人們的歌者。他為他們歌唱願望。——13

「歌者」即歌者祭司。

任何人知道這樣，崇拜歌唱為這個音節，他就成為實現願望的歌者。以上是關於自我。——14

「關於自我」和下面的「關於天神」參閱《大森林奧義書》1.5.21 注釋。

三

下面是關於天神。應該崇拜歌唱為這個發熱者。它升起，為眾生歌唱。它升起，驅除黑暗和恐懼。

確實，知道這樣，他就成為黑暗和恐懼的驅除者。——1

「發熱者」指太陽。

這個和那個相同。這個溫暖，那個也溫暖。人們稱這個為音，稱那個為音、回音。因此，應該崇拜歌唱為這個和那個。——2

「這個」指口中氣息，「那個」指太陽。這是口語特徵，借助手勢。這裡，「音」（svara）一詞中含有「光」（svar）這個詞，因此，口中氣息有光（熱），太陽有光和反光。

然後，應該崇拜歌唱為行氣。吸氣者是元氣。呼氣者是下氣。這樣，元氣和下氣的結合是行氣。行氣是語言。因此，說話時不吸氣，也不呼氣。——3

語言是梨俱。因此，吟誦梨俱，不吸氣，也不呼氣。梨俱是娑摩。因此，歌唱娑摩時，不吸氣，也不呼氣。——4

還有，那些需要用力的行為，如摩擦取火、賽跑、挽開硬弓、行動時，不吸氣，也不呼氣。因此，應該崇拜歌唱為行氣。——5

然後，應該崇拜歌唱（udgītha）為 ud、gī 和 tha 這些音節。ud 是氣息，因為人們依靠氣息站立（uttiṣṭhati）。gī 是語言，因為人們稱語言為 gir。tha 是食物，因為一切依靠食物存在（sthita）。——6

ud 是「站立」（uttiṣṭhati）的動詞前綴。「語言」（gir）的複數體格是 gīḥ，「存在」（sthita，或譯確立）的動詞詞根中含有 tha。

ud是天空，gī是空中，tha是大地。ud是太陽，gī是風，tha是火。ud是《娑摩吠陀》，gī是《夜柔吠陀》，tha是《梨俱吠陀》。知道這樣，崇拜歌唱為ud、gī和tha這些音節，語言就為他產生牛奶，因為語言是牛奶。他就成為有食物者，吃食物者。——7

然後，願望確實成功。應該崇拜這些庇護所。應該追求娑摩，用娑摩讚頌。——8

應該追求梨俱，頌詩存在它們之中。應該追求仙人，頌詩由他們創作。應該追求天神，讚頌天神。——9

應該追求詩律，按照詩律讚頌。應該追求頌詩格式，按照頌詩格式讚頌。——10

應該追求方位，讚頌方位。——11

最後，應該追求自我，讚頌自我，專心沉思願望。他的願望會迅速成功。懷有願望者應該讚頌，懷有願望者應該讚頌。——12

「懷有願望者應該讚頌」重覆一次，以示強調。

四

應該崇拜歌唱為唵這個音節。因為隨著唵，開始歌唱。現在，對此加以說明。——1

眾天神懼怕死亡，進入三種知識。他們用詩律覆蓋自己。因為用它們覆蓋（chad），這些詩律名為詩律（chandas）。——2

「三種知識」指三種吠陀。

死亡看到他們在梨俱中，在娑摩中，在夜柔中，就像人們看到魚在水中。他們知道後，躍出，進入音中。這樣，人們吟誦完畢梨俱，發出唵音。吟誦完畢娑摩和夜柔，也是這樣。這個音就是這個音節，永恆，無畏。眾天神進入它，也就永恆，無畏。——3

「他們知道」指眾天神發現死亡看到他們。於是，他們躍出梨俱、娑摩和夜柔，進入唵音中。

任何人知道這樣，發出這個音節，進入這個音節，這個永恆和無畏的音，進入後，便達到永恆，如同永恆的眾天神。——4

五

確實，歌唱是唵音，唵音是歌唱。歌唱是那個太陽，是唵音，因為太陽行進，回響唵音。——1

考斯多基對兒子說：「我只歌唱太陽，因此，我只有你這個兒子。你要轉向這些光芒，這樣就會有很多兒子。」以上是關於天神。——2

下面是關於自我。應該崇拜歌唱為口中氣息。因為口中氣息運行，回響唵音。——3

考斯多基對兒子說：「我只歌唱口中氣息，因此，我只有你這個兒子。你要歌唱多種氣息，心想：『我會有很多兒子。』」——4

確實，歌唱是唵音，唵音是歌唱。從誦者祭司座位那裡，唱錯之處得到糾正，得到糾正。——5

「得到糾正」重複一次，以示強調。

這大地是梨俱。火是娑摩。娑摩被安置在梨俱中。因此，人們歌唱安置在梨俱中的娑摩。大地是sā，火是ama，合成為娑摩（sāman）。——1

《娑摩吠陀》中的頌詩大多取自《梨俱吠陀》。

空中是梨俱。風是娑摩。娑摩被安置在梨俱中。因此，人們歌唱安置在梨俱中的娑摩。空中是sā，風是ama，合成為娑摩（sāman）。——2

天空是梨俱。太陽是娑摩。娑摩被安置在梨俱中。因此，人們歌唱安置在梨俱中的娑摩。天空是sā，太陽是ama，合成為娑摩（sāman）。——3

星星是梨俱。月亮是娑摩。娑摩被安置在梨俱中。因此，人們歌唱安置在梨俱中的娑摩。星星是sā，月亮是ama，合成為娑摩（sāmann）。——4

然後，太陽的白光是梨俱，太陽中深黑的藏青色是娑摩。娑摩被安置在梨俱中。因此，人們歌唱安置在梨俱中的娑摩。——5

然後，太陽的白光是sā，深黑的藏青色是ama，合成為娑摩（sāman）。然後，看到太陽中這個金人，金鬚金髮，直至指甲尖，全身為金。——6

他的眼睛宛如紅蓮花。他的名字是向上（ud），因為他超越（udita）一切罪惡。確實，任何人

知道這樣，他就超越一切罪惡。——7

他的歌曲是梨俱和娑摩。因此，他是歌唱，他是歌者，因為他歌唱歌曲。他統治太陽之上的那些世界和眾天神的願望。以上是關於天神。——8

七

下面是關於自我。語言是梨俱。氣息是娑摩。娑摩被安置在梨俱中。因此，人們歌唱安置在梨俱中的娑摩。語言是 sā，氣息是 ama，合成為娑摩（sāman）。——1

眼睛是梨俱。自我是娑摩。娑摩被安置在梨俱中。因此，人們歌唱安置在梨俱中的娑摩。眼睛是 sā，自我是 ama，合成為娑摩（sāman）。——2

耳朵是梨俱。思想是娑摩。娑摩被安置在梨俱中。因此，人們歌唱安置在梨俱中的娑摩。耳朵是 sā，思想是 ama，合成為娑摩（sāman）。——3

然後，眼睛的白光是梨俱，眼睛中深黑的藏青色是娑摩。娑摩被安置在梨俱中，因此，人們歌唱安置在梨俱中的娑摩。然後，眼睛的白光是 sā，深黑的藏青色是 ama，合成為娑摩（sāman）。——4

然後，看到眼睛中的這個人。他是梨俱。他是娑摩。他是吟誦。他是夜柔。他是梵。他的形象就是那個人的形象。他的兩種歌曲就是那個人的兩種歌曲。他的名字就是那個人的名字。——5

這裡的「梨」可以讀作頌詩或讚詞。「那個人」指太陽中的那個人。

他統治眼睛底下的這些世界和凡人的願望。彈奏琵琶歌唱的人們歌唱他。因此，他們獲得財富。——6

知道這樣，歌唱娑摩時，歌唱這兩個人。通過歌唱那個人，他獲得太陽之上那些世界和眾天神的願望。——7

通過歌唱這個人，他獲得眼睛底下的這些世界和凡人的願望。因此，知道這樣，歌者也就會這樣說：——8

「你有什麼願望，要我為你歌唱？」因為他確實通過歌唱實現願望。正是知道這樣，他歌唱娑摩，歌唱娑摩。——9

「歌唱娑摩」重覆一次，以示強調。

八

有三位精通歌唱者。他們是希羅迦·夏羅婆迪耶、遮吉多耶那·達爾毗耶和波羅婆訶那·遮婆利。他們說道：「我們都精通歌唱，讓我們一起討論歌唱。」——1

「好吧！」他們聚攏坐下。波羅婆訶那·遮婆利說道：「你們兩位先生先說。我聽你們兩位婆羅門討論。」——2

波羅婆訶那·遮婆利稱他們兩位為婆羅門，說明他本人是剎帝利。參見下面5.3.5。

希羅迦·夏羅婆迪耶對遮吉多耶那·達爾毗耶說道：「那我就問你了。」後者回答說：「問吧！」——3

「什麼是娑摩的根源？」回答說：「音。」「什麼是音的根源？」回答說：「氣息。」「什麼是氣息的根源？」回答說：「食物。」「什麼是食物的根源？」回答說：「水。」——4

「什麼是水的根源？」回答說：「那個世界。」「什麼是那個世界的根源？」回答說：「不可能超出天國世界。我們將娑摩安置在天國世界，因為娑摩在天國歌唱。」——5

希羅迦．夏羅婆迪耶對遮吉多耶那．達爾毗耶說道：「達爾毗耶啊，你的娑摩實在沒有根基。如果有人說：『你的頭會落地。』那麼，你的頭確實會落地。」——6

印度古代有辯論雙方以斷頭賭咒的說法。這裡意謂夏羅婆迪耶認為達爾毗耶回答錯誤。

「那麼，請先生您告訴我。」回答說：「請聽吧！」「什麼是那個世界的根源？」回答說：「這個世界。」「什麼是這個世界的根源？」回答說：「不可能有超出這個世界的根源。我們將娑摩安置在這個世界，作為根基，因為娑摩在這個根基中歌唱。」——7

波羅婆訶那．遮婆利對他說道：「夏羅婆迪耶啊，你的娑摩實在有限。如果有人說：『你的頭會落地。』那麼，你的頭確實會落地。」「那麼，請先生您告訴我。」回答說：「請聽吧！」——8

九

「什麼是這個世界的根源？」回答說：「空。所有這些事物產生於空，又回歸空。空優先於這

一切。空是最後歸宿。——1

「空」指（ākāśa）空間。

「這歌唱最廣闊。它無限。知道這樣，崇拜歌唱為最廣闊者，他就會成為最廣闊者，贏得最廣闊的世界。」——2

阿迪登凡・紹那迦將這個告訴烏陀羅・香底利耶後，說道：「如果你的後代知道這歌唱，他們將在這個世界享有最廣闊的生活。——3

「在另一個世界，同樣如此。」知道這樣，並崇拜它，就會在這個世界享有最廣闊的生活，同樣也在另一個世界，另一個世界。——4

「另一個世界」重覆一次，以示強調。

十

俱盧族遭遇蝗災，貧窮的烏舍斯提・賈格羅耶那和妻子阿蒂吉生活在象主村中。——1

他向一個正在吃飯的象主乞食。象主說：「除了我面前的這些，沒有別的了。」——2

他回答說：「那就給我一些吧！」象主給了他一些，說道：「這裡還有水。」他回答說：「這樣，我就會喝剩水。」——3

「那麼，這些米飯難道不是剩食嗎？」他回答說：「倘若我不吃這些，就無法活命。而喝水可

以隨我方便。」——4

他吃完後，將剩下的一些帶給妻子。而妻子此前已乞得食物。於是，她收下藏好。——5

第二天早晨，他起身，說道：「哎！要是我能吃點食物，就能出去掙點錢財。國王準備舉行祭祀。他或許會選擇我主持一切儀式。」——6

妻子對他說：「夫君啊，還有這些米飯。」他吃完後，前往那裡，祭祀已經開始。——7

他坐在那些歌者身邊，他們正要歌唱。然後，他對引子歌者說道：——8

「引子歌者啊，如果你歌唱引子讚歌而不知道與它關聯的天神，你的頭會落地。」——9

「引子歌者」和下面提到的「應答歌者」都是歌者祭司的助手。

他也這樣對歌者說：「歌者啊，如果你歌唱讚歌而不知道與它關聯的天神，你的頭會落地。」——10

同樣，他也對應答歌者說：「應答歌者啊，如果歌唱應答讚歌而不知道與它關聯的天神，你的頭會落地。」這樣，他們停頓下來，默默坐著。——11

十一

然後，祭主說道：「我想知道先生是哪位？」他回答說：「我是烏舍斯提・賈格羅耶那。」——1

祭主說道：「我本想找你主持一切儀式，但沒有找到你，就選擇了別人。——2

「現在就請先生為我主持一切儀式。」「好吧！就讓他們按照我的指點歌唱吧！而給他們多少錢財，同樣也要給我。」祭主說道：「好吧！」——3

然後，引子歌者走近他，說道：「先生剛才對我說：『引子歌者啊，如果你歌唱引子讚歌而不知道與它關聯的天神，你的頭會落地。』那是哪位天神？」——4

他回答說：「氣息。一切眾生都進入氣息，出自氣息。這位是與引子讚歌關聯的天神。如果你歌唱引子讚歌而不知道這位天神，就如同我說的那樣，你的頭會落地。」——5

然後，歌者走向他，說道：「先生剛才對我說：『歌者啊，如果你歌唱讚歌而不知道與它關聯的天神，你的頭會落地。』那是哪位天神？」——6

他回答說：「太陽。一切眾生都歌唱升起的太陽。這位是與讚歌關聯的天神。如果你歌唱讚歌而不知道這位天神，就如同我說的那樣，你的頭會落地。」——7

然後，應答歌者走向他，說道：「先生剛才對我說：『應答歌者啊，如果你歌唱應答讚歌而不知道與它關聯的天神，你的頭就會落地。』那是哪位天神？」——8

他回答說：「食物。一切眾生都依靠食物活命。這位是與應答讚歌關聯的天神。如果你歌唱讚歌而不知道這位天神，就如同我說的那樣，你的頭會落地。」——9

十二

下面是關於狗的歌唱。缽迦・達爾毗耶，又名伽羅娑・彌勒，出門遊學。——1

一條白狗出現在他前面。其他的狗圍在這條狗身邊，說道：「先生，請為我們歌唱食物吧！我們確實餓了，想吃。」——2

這條白狗對他們說道：「明天早晨，你們到我這裡來吧！」缽迦・達爾毗耶，又名伽羅娑・彌勒守候在那裡。——3

就像祭司們準備歌唱跋希濕波婆摩那讚歌，它們互相銜接前行，然後一起坐下，發出哼（him）聲。——4

「跋希濕波婆摩那」是一種蘇摩祭讚歌。

他們歌唱道：「唵！讓我們吃！唵！讓我們喝！唵！天神伐樓那、生主和沙維特利，帶食物來！食物之主，帶食物來！帶來！帶來！唵！」——5

十三

這個世界是音節 hā-u。風是音節 hā-i。月亮是音節 atha。自我是音節 iha。火是音節 ī。——1

太陽是音節 ū。召喚是音節 e。眾毗耆神是音節 au-ho-i。生主是音節 him。氣息是 svara（「音」）。

食物是yā。語言是virāṭ（「光輝」）。——2

第十三個感嘆詞是hum，經常出現，不可言說。——3

以上講述了十二個音節，都是娑摩唱詞中的感嘆詞。前十二個音節的象徵意義都有說明，而這個音節的象徵意義不可言說。因而，這是第十三個感嘆詞或稱第十三個音節。

知道娑摩的奧義這樣，也就知道奧義。語言為他產生牛奶，因為語言是牛奶。他成為有食物者，吃食物者。——4

第二章

一

唵！確實，崇拜全部娑摩為善。確實，人們將善說成是娑摩，將不善說成不是娑摩。——1

人們還這樣說。人們說「帶著娑摩走近他」，也就是說「懷著善意走近他」。人們說「不帶著娑摩走近他」，也就是說「不懷善意走近他」。——2

人們還這樣說。人們說「啊，我們有娑摩！」也就是遇到好事而說「啊，好事！」人們說「啊，我們沒有娑摩！」也就是遇到壞事而說「啊，壞事！」——3

知道這樣，崇拜娑摩為善，種種善法就會迅速走近他，趨向他。——4

二

應該崇拜娑摩為這些世界上的五種物。音節哼（him）是大地。引子讚歌是火。讚歌是空中。應答讚歌是太陽。結尾讚歌是天空。這些是由下而上。——1

然後，由上而下。音節哼是天空。引子讚歌是太陽。讚歌是空中。應答讚歌是火。結尾讚歌是大地。——2

知道這樣，崇拜娑摩為這些世界上的五種物，這些由下而上和由上而下的世界就會屬於他。——3

三

應該崇拜娑摩為雨中的五種物。音節哼是風起。引子讚歌是雲湧。讚歌是下雨。應答讚歌是電閃雷鳴。——1

結尾讚歌是雨停。知道這樣，崇拜娑摩為雨中的五種物，雨就會為他降下，或他讓雨降下。——2

四

應該崇拜娑摩為所有水中的五種物。音節哼是雲湧。引子讚歌是下雨。讚歌是水流向東。應答讚歌是水流向西。結尾讚歌是大海。——1

知道這樣，崇拜娑摩為所有水中的五種物，他就不會溺水身亡，而會擁有充足水源。——2

五

應該崇拜娑摩為季節中的五種物。音節哼是春季。引子讚歌是夏季。讚歌是雨季。應答讚歌是秋季。結尾讚歌是冬季。——1

知道這樣，崇拜娑摩為季節中的五種物，這些季節就會屬於他，讓他充分享有季節。——2

六

應該崇拜娑摩為動物中的五種物。音節哼是山羊。引子讚歌是綿羊。讚歌是牛。應答讚歌是馬。結尾讚歌是人。——1

知道這樣，崇拜娑摩為動物中的五種物，這些動物就會屬於他，讓他充分擁有動物。——2

七

應該崇拜娑摩為生命中最廣闊的五種物。音節哼是呼吸。引子讚歌是語言。讚歌是眼睛。應答讚歌是耳朵。結尾讚歌是思想。這些是最廣闊者。——1

知道這樣，崇拜娑摩為生命中最廣闊的五種物，這些最廣闊者就會屬於他，讓他贏得最廣闊的世界。以上是五種物。——2

八

然後，七種物。應該崇拜娑摩為語言中的七種物。音節哼是語言中的hum。引子讚歌是pra。起首讚歌是ā。——1

音節哼（him）是象聲詞，模擬牛或其他動物的低鳴聲。音節hum（吽）也是象聲詞，模擬牛或其他動物的鳴聲。這些象聲詞都已在《娑摩吠陀》讚歌中獲得神聖化。

讚歌是ud。應答讚歌是prati。尾聲讚歌是upa。結尾讚歌是ni。——2

以上pra、ā、ud、prati、upa和ni分別是相應讚歌名稱的詞頭。

知道這樣，崇拜娑摩為語言中的七種物，語言為他產生牛奶，因為語言產生牛奶。他成為有食物者，吃食物者。——3

然後，確實應該崇拜娑摩為太陽的七種物。太陽永遠同樣（sama），因而是娑摩（sāman）。人人都說：「太陽對著我。」太陽對所有人都同樣，因而是娑摩。——1

應該知道一切眾生與這七種物相關。音節哼是太陽升起之前。動物與它相關。因此，它們發出哼聲。它們分享娑摩中的音節哼。——2

然後，引子讚歌（prastāva）是太陽升起。人與它相關。因此，他們渴望讚美（prastuti），渴望歌頌（praśaṃsā）。他們分享娑摩中的引子讚歌。——3

「引子讚歌」與「讚美」和「歌頌」發音近似。

然後，起首讚歌（ādi）是擠奶之時。飛鳥與它相關。因此，它們把握（ādā）自己，無所依傍，自由翱翔空中。它們分享娑摩中的起首讚歌。——4

然後，讚歌是中午。天神與它相關。因此，他們成為生主後裔中的優秀者。他們分享娑摩中的讚歌。——5

然後，應答讚歌（pratihāra）是午後。胎兒與它相關。因此，他們能保住（pratihṛta），不流產。他們分享娑摩中的讚歌。——6

然後，尾聲讚歌（upadrava）是黃昏。野獸與它相關。因此，它們看到人，就跑進（upadravanti）樹叢洞穴中。它們分享娑摩中的尾聲讚歌。——7

然後，結尾讚歌（nidhana）是太陽落下。祖先與它相關。因此，人們安葬（nidadhati）祖先。他們分享娑摩中的結尾讚歌。確實，人們崇拜娑摩為太陽的這七種物。——8

十

然後，確實應該崇拜娑摩為符合它自己計量標準的、超越死亡的七種物。音節哼是三個音節（him、kā 和 ra）。引子讚歌是三個音節（pra、stā 和 va）。這是相同。——1

起首讚歌是兩個音節（ā 和 di）。應答讚歌是四個音節（pra、ti、hā 和 ra）。增一減一，這是相同。——2

四個音節減去一個，兩個音節增加一個，也就相同。

讚歌是三個音節（ud、gī 和 tha）。尾聲讚歌是四個音節（u、pa、dra 和 va）。三個和三個相同。留下一個，成為三個音節。這是相同。——3

四個音節留下一個，成為三個音節。

結尾讚歌是三個音節（ni、dha 和 na）。這是相同。這樣，總共二十二個音節。——4

憑藉二十一個音節，到達太陽。太陽就是第二十一個音節。憑藉二十二個音節，贏得超越太陽的天界。那是天穹，無憂之地。——5

十二月、五季（春、夏、雨、秋和冬）和三界（大地、空中和天空）為二十，太陽為第二十一。

知道這樣，崇拜娑摩為符合它自己計量標準的、超越死亡的七種物，他就會贏得太陽的勝利，甚至贏得比太陽的勝利更大的勝利。——6

「贏得太陽的勝利」指到達太陽。「贏得比太陽的勝利更大的勝利」指到達比太陽更高的天界。

十一

音節哼是思想。引子讚歌是語言。讚歌是眼睛。應答讚歌是耳朵。結尾讚歌是氣息。伽耶特羅娑摩交織在這些氣息中。——1

知道伽耶特羅娑摩交織在這些氣息中，他就會充滿生命活力，活夠歲數，長命，成為擁有子孫和牲畜的大人物，有名的大人物，思想偉大。這是誓願。——2

十二

音節哼是鑽木。引子讚歌是冒煙。讚歌是燃燒。應答讚歌是成炭。結尾讚歌是成灰和熄滅。羅檀多羅娑摩交織在火中。——1

知道羅檀多羅娑摩交織在火中，他就會充滿梵的光輝，成為吃食物者，活夠歲數，長命。他會成為擁有子孫和牲畜的大人物，有名的大人物。他不會對著火啜水和吐水。這是誓願。——2

「梵的光輝」可讀為吠陀的光輝。

十三

音節哼是招呼。引子讚歌是告知。讚歌是與女人一起躺下。應答讚歌是俯伏在女人身上。結尾讚歌是到達時間和到達彼岸。婆摩提維耶娑摩交織在合歡中。——1

知道婆摩提維耶娑摩交織在合歡中，他就會懂得合歡，通過一次次合歡，生殖繁衍。他會活夠歲數，長命，成為擁有子孫和牲畜的大人物，有名的大人物。他不會厭棄任何女人。這是誓願。——2

十四

音節哼是太陽露出。引子讚歌是太陽升起。讚歌是中午。應答讚歌是下午。結尾讚歌是太陽落下。毗訶陀娑摩交織在太陽中。——1

知道毗訶陀娑摩交織在太陽中，他就會充滿光輝，成為吃食物者，活夠歲數，長命。他會成為擁有子孫和牲畜的大人物，有名的大人物。他不會埋怨灼熱的太陽。這是誓願。——2

十五

音節哼是霧起，引子讚歌是雲湧。讚歌是下雨。應答讚歌是電閃雷鳴。結尾讚歌是雨停。維盧

波娑摩交織在雨中。——1

知道維盧波娑摩交織在雨中，他就會擁有各種各樣形體的牲畜，活夠歲數，長命。他會成為擁有子孫和牲畜的大人物，有名的大人物。他不會埋怨下雨。這是誓願。——2

十六

音節哼是春季。引子讚歌是夏季。讚歌是雨季。應答讚歌是秋季。結尾讚歌是冬季。維羅闍娑摩交織在這些季節中。——1

知道維羅闍娑摩交織在這些季節中，他就會光彩熠熠，擁有子孫、牲畜和梵的光輝。他會活夠歲數，長命。他會成為擁有子孫和牲畜的大人物，有名的大人物。他不會埋怨這些季節。這是誓願。——2

十七

音節哼是大地。引子讚歌是空中。讚歌是天空。應答讚歌是方位。結尾讚歌是大海。舍格婆利娑摩交織在這些世界中。——1

知道舍格婆利娑摩交織在這些世界中，他就會擁有世界，活夠歲數，長命，成為擁有子孫和牲畜的大人物，有名的大人物。他不會埋怨這些世界。這是誓願。——2

十八

音節哼是山羊。引子讚歌是綿羊。讚歌是牛。應答讚歌是馬。結尾讚歌是人。雷婆提娑摩交織在這些動物中。——1

知道雷婆提娑摩交織在這些動物中，他就會擁有動物，活夠歲數，長命，成為擁有子孫和牲畜的大人物，有名的大人物。他不會埋怨這些動物。這是誓願。——2

十九

音節哼是毛髮。引子讚歌是皮膚。讚歌是肉。應答讚歌是骨。結尾讚歌是骨髓。耶若耶尼耶娑摩交織在這些肢體中。——1

知道耶若耶尼耶娑摩交織在這些肢體中，他就會肢體健全，沒有缺陷，活夠歲數，長命，成為擁有子孫和牲畜的大人物，有名的大人物。他會整年不吃骨髓。這是誓願。或者，他會永遠不吃骨髓。——2

二十

音節哼是火。引子讚歌是風。讚歌是太陽。應答讚歌是星星。結尾讚歌是月亮。羅闍那娑摩交織在眾天神中。——1

知道羅闍那娑摩交織在眾天神中，他就會進入這些天神的世界，與他們平等相處，團結一致。他會活夠歲數，長命，成為擁有子孫和牲畜的大人物，有名的大人物。他不會埋怨婆羅門。這是誓願。——2

二十一

音節哼是三種知識。引子讚歌是三個世界。讚歌是火、風和太陽。應答讚歌是星星、飛鳥和光芒。結尾讚歌是蛇、健達縛和祖先。這個娑摩交織在一切之中。——1

知道這個娑摩交織在一切之中，他就會成為一切。——2

有偈頌為證：

沒有比這些三組五種物

還要更好和更高的事物；——3

「三組」指上述三種知識（即三部吠陀）和三個世界（即天空、空中和大地）等等。

知道這些，也就知道一切，

所有方位都會向他獻禮。

應該崇拜這個娑摩為「我是一切」。這是誓願，這是誓願。——4

「這是誓願」重覆一次，以示強調。

二十二

我選擇歌唱聲如同牛鳴的娑摩，也就是屬於火神的讚歌。聲音不清晰屬於生主。聲音清晰屬於月亮。聲音柔軟而細膩屬於風。聲音細膩而有力屬於因陀羅。聲音如同麻鷸屬於毗訶波提。聲音混濁屬於樓陀羅。應該運用所有這些，而避免樓陀羅的那種。——1

應該在歌唱時，心想：「我要歌唱，為眾天神求得永恆。」應該在讚頌時，專心致志，沉思：「我要歌唱，為祖先求得供品，為人們求得希望，為牲畜求得草和水，為祭祀者求得天國世界，為自己求得食物。」——2

所有的元音是因陀羅的化身。所有的摩擦音是生主的化身。所有的輔音是死神的化身。如果有人指責他的元音，他可以告訴那個人：「我已皈依因陀羅，他會回答你。」——3

摩擦音指噝音和 h。

如果有人指責他的摩擦音，他可以告訴那個人：「我已皈依生主，他會粉碎你。」如果有人指責他的輔音，他可以告訴那個人：「我已皈依死神，他會焚燒你。」——4

所有的元音發聲應該響亮有力，心想：「我要給予因陀羅以力量。」所有的摩擦音發聲應該展開，

不要吞掉或丟失，心想：「我要將自己獻給生主。」所有的輔音發聲應該細微而不併吞，心想：「我要擺脫死神。」——5

二十三

有三種正法分支。祭祀、誦習吠陀和布施，這是第一種。苦行是第二種。梵行者住在老師家中，始終控制自我，這是第三種。他們獲得功德世界。立足於梵者達到永恆。——1

生主加熱這些世界。從加熱的這些世界中，流出三種知識。他又加熱這三種知識。從加熱的這三種知識中，流出這些音節：bhūḥ（地）、buvaḥ（空）和svaḥ（天）。——2

「加熱」可以引申理解為孵熱。「三種知識」指三部吠陀。

他又加熱這些音節。從加熱的這些音節中，流出音節唵。正像一針貫串所有樹葉，音節唵貫串所有語言。音節唵是所有這一切，音節唵是所有這一切！——3

「音節唵是所有這一切」重覆一次，以示強調。

二十四

梵論者們說，早晨的祭品屬於眾婆藪神，中午的祭品屬於眾樓陀羅神，第三時間（黃昏）的祭

品屬於眾太陽神和眾毗奢神。——1

眾婆藪神（Vasu）是一組神，共八位。眾樓陀羅神（Rudra）是一組神，共十一位。眾太陽神（Āditya）是一組神，共十二位。眾毗奢神（Viśvadeva）是一組神，共十位。

那麼，祭祀者的世界在哪兒？若是他不知道，他怎樣舉行祭祀？因此，應該讓他知道，然後舉行祭祀。——2

在早晨祈禱開始前，坐在家主祭火後面，面朝北，歌唱獻給婆藪神的娑摩：——3

家主祭火位於祭壇西邊。

請打開這個世界之門，讓我們

看到你，吽！以求得統治權。——4

然後，投放祭品，說道：「向住在大地、住在世界的火神致敬！請讓我這個祭祀者獲得世界。我將前往祭祀者的世界。——5

「那裡是祭祀者命終之後前往的地方，娑婆訶！請打開門栓！」說完，起身。眾婆藪神賜予他早晨的祭品。——6

「娑婆訶」（svāhā）是祈禱中的感嘆用詞。

在中午祭供開始前，坐在阿耆尼達利耶祭火後面，面朝北，歌唱獻給樓陀羅神的娑摩：——7

阿耆尼達利耶祭火位於祭壇北邊。

請打開這個世界之門，讓我們
看到你，吽！以求得廣大統治權。——8

然後，投放祭品，說道：「向住在空中、住在世界的風神致敬！請讓我這個祭祀者獲得世界。我將前往祭祀者的世界。——9

「那裡是祭祀者命終之後前往的地方，娑婆訶！請打開門栓！」說完，起身。眾樓陀羅神賜予他中午的祭品。——10

在第三時間（黃昏）祭供開始前，坐在阿訶婆尼耶祭火後面，面朝北，歌唱獻給太陽神和毗耆神的娑摩：——11

阿訶婆尼耶祭火位於祭壇東邊。

請打開這個世界之門，讓我們
看到你，吽！以求獲得統治權。——12

這是獻給太陽神的。下面是獻給婆藪神的：

請打開這個世界之門，讓我們
看到你，吽！求取所有統治權。——13

然後，投放祭品，說道：「向住在天上、住在世界的眾太陽神和眾婆藪神致敬！讓我這個祭祀者獲得世界。——14

「我將前往祭祀者的世界。那裡是祭祀者命終之後前往的地方，娑婆訶！請打開門栓！」說完，起身。——15

眾太陽神和眾婆藪神賜予他第三時間（黃昏）的祭品。知道這樣，知道這樣，他就通曉祭祀。——16

「知道這樣」重覆一次，以示強調。

第三章

一

唵！那個太陽是天神的蜂蜜。天空是橫梁。空中是蜂巢。那些光珠是蜂卵。

「橫梁」指蜂巢懸掛處。——1

太陽東邊的那些光芒是東邊的那些蜜房。梨俱是釀蜜的蜜蜂，《梨俱吠陀》是花，那些水是甘露。——2

「梨俱」指《梨俱吠陀》中的頌詩。「那些水」指祭祀用水。「甘露」指花的蜜汁。

正是這些梨俱加熱《梨俱吠陀》。從加熱的《梨俱吠陀》中產生精華，諸如名聲、光輝、感官、勇氣和食物。——3

「感官」（indriya）也可讀為活力或精力。

這些精華流出，流向太陽。正是它們形成太陽的紅色。——4

二

然後，太陽南邊的那些光芒是南邊的那些蜜房。夜柔是釀蜜的蜜蜂，《夜柔吠陀》是花，那些水是甘露。——1

正是這些夜柔加熱《夜柔吠陀》。從加熱的《夜柔吠陀》中產生精華，諸如名聲、光輝、感官、勇氣和食物。——2

「夜柔」指《夜柔吠陀》中的禱詞。

這些精華流出，流向太陽。正是它們形成太陽的白色。——3

三

然後，太陽西邊的那些光芒是西邊的那些蜜房。娑摩是釀蜜的蜜蜂，《娑摩吠陀》是花，那些水是甘露。——1

正是這些娑摩加熱《娑摩吠陀》。從加熱的《娑摩吠陀》中產生精華，諸如名聲、光輝、感官、

勇氣和食物。——2

「娑摩」指《娑摩吠陀》中的讚歌。

這些精華流出，流向太陽。正是它們形成太陽的黑色。——3

四

然後，太陽北邊的那些光芒是北邊的那些蜜房。阿達婆和安吉羅是釀蜜的蜜蜂，史詩和往世書是花，那些水是甘露。——1

「阿達婆和安吉羅」指《阿達婆吠陀》中的咒語和頌詩。史詩（Itihāsa）主要是歷史傳說。往世書（Purāza）主要是神話傳說。

正是這些阿達婆和安吉羅加熱了史詩和往世書。從加熱的史詩和往世書中產生精華，諸如名聲、光輝、感官、勇氣和食物。——2

這些精華流出，流向太陽。正是它們形成太陽的深黑色。——3

五

然後，太陽上方的那些光芒是上方的那些蜜房。祕密教誨是釀蜜的蜜蜂，梵是花，那些水是甘露。——1

「祕密教誨」指奧義。

正是這些祕密教誨加熱梵。從加熱的梵中產生精華，諸如名聲、光輝、感官、勇氣和食物。——2

這些精華流出，流向太陽。正是它們形成太陽中彷彿顫動之物。——3

確實，它們是精華中的精華。因為那些吠陀是精華，而它們是那些吠陀中的精華。確實，它們是甘露中的甘露。因為那些吠陀是甘露，而它們是那些吠陀中的甘露。——4

六

眾婆藪神依靠第一種甘露生存，以火為嘴。確實，這些天神不吃，不喝。他們看到這種甘露，便滿足。——1

「第一種甘露」指《梨俱吠陀》。

他們進入這種色，又從這種色中出現。——2

知道這種甘露，他就會成為一位婆藪神，以火為嘴。看到這種甘露，便滿足。他就會進入這種色，又從這種色中出現。——3

太陽從東邊升起，在西邊落下，他會管轄和統領眾婆藪神。——4

七

然後，眾樓陀羅神依靠第二種甘露生存，以因陀羅為嘴。確實，這些天神不吃，不喝。他們看到這種甘露，便滿足。——1

「第二種甘露」指《夜柔吠陀》。

他們進入這種色，又從這種色中出現。——2

知道這種甘露，他就會成為一位樓陀羅神，以因陀羅為嘴。看到這種甘露，便滿足。他就會進入這種色，又從這種色中出現。——3

太陽從南邊升起，在北邊落下，雙倍於從東邊升起，在西邊落下，他會管轄和統領眾樓陀羅神。——4

八

然後，眾太陽神依靠第三種甘露生存，以伐樓那為嘴。確實，這些天神不吃，不喝。他們看到這種甘露，便滿足。——1

「第三種甘露」指《娑摩吠陀》。

他們進入這種色，又從這種色中出現。——2

知道這種甘露，他就會成為一位太陽神，以伐樓那為嘴。看到這種甘露，便滿足。他就會進入

這種色，又從這種色中出現。——3

太陽從西邊升起，在東邊落下，雙倍於從南邊升起，在北邊落下，他會管轄和統領眾太陽神。——4

九

然後，眾摩錄多神依靠第四種甘露生存，以蘇摩為嘴。確實，這些天神不吃，不喝。他們看到這種甘露，便滿足。——1

「第四種甘露」指《阿達婆吠陀》。摩錄多（Marut）是一群風神。蘇摩（Soma）是酒神。

他們進入這種色，又從這種色中出現。——2

知道這種甘露，他就會成為一位摩錄多神，以蘇摩為嘴。看到這種甘露，便滿足。他就會進入這種色，又從這種色中出現。——3

太陽從北邊升起，在南邊落下，雙倍於從西邊升起，在東邊落下，他會管轄和統領眾摩錄多神。——4

十

然後，眾沙提耶神依靠第五種甘露生存，以梵為嘴。確實，這些天神不吃，不喝。他們看到這種甘露，便滿足。——1

「第五種甘露」指奧義。沙提耶（Sadhya）是一群天神。

他們進入這種色，又從這種色中出現。——2

知道這種甘露，他就會成為一位沙提耶神，以梵為嘴。看到這種甘露，便滿足。他就會進入這種色，又從這種色中出現。——3

太陽從上邊升起，在下邊落下，雙倍於從北邊升起，在南邊落下，他會管轄和統領眾沙提耶神。——4

十一

然後，太陽從上方升起後，便不再升起，也不再落下，獨自停留在中間。有偈頌為證：——1

就在那裡，太陽不再升起，也不再落下，
諸神啊，憑這真理，讓我與梵永不分離。——2

知道這樣的梵的奧義，對於他，太陽不再升起，不再落下；對於他，永遠是白天。——3

梵天將它傳給生主，生主傳給摩奴。摩奴傳給後代。父親將梵傳給長子烏達羅迦·阿盧尼。——4

梵天（Brahman，陽性）是創造神。摩奴（Manu）是人類始祖。

確實，父親應該將梵傳給長子或入室弟子。——5

不能傳給任何別人，即使他賜予大海環繞、充滿財富的大地。要知道它高於這一切，高於這一切。——6

「高於這一切」重覆一次，以示強調。

十二

確實，伽耶特利就是存在的所有這一切。伽耶特利（Gāyatrī）是語言。語言歌唱（gāyati）和保護（trāyate）存在的這一切。——1

伽耶特利是一種吠陀詩律。

確實，伽耶特利就是大地。因為存在的這一切立足於它，不超出它。——2

確實，這大地就是人的身體。因為這些生命氣息立足於它，不超出它。——3

確實，人的身體就是人體內的心。因為這些生命氣息立足於它，不超出它。——4

伽耶特利有四足六種物。有梨俱頌詩為證：——5

他的偉大甚至勝過原人，
他的一足是存在的一切，
他的三足在永恆的天上。——6

「四足」指伽耶特利詩律有四行。而它實際上只有三行，每行八個音節。關於「四足」或「四行」的說法，參閱《大森林奧義書》5.14。「六種物」即上述一切存在、語言、大地、身體、心和生命氣息。「原人」指化為世界的原始巨人。

確實，這梵是人體之外的空。確實，它是人體之外的空。——7

確實，它是人體之內的空。確實，它是人體之內的空。——8

確實，它是心中的空，它圓滿，不動。知道這樣，他就會獲得圓滿、不動的幸福。——9

十三

確實，心中有五條通向天神的管道。向東的管道是元氣。它是眼睛。它是太陽。應該崇拜它為光輝和食物。知道這樣，他就會享有光輝和食物。——1

然後，向南的管道是行氣。它是耳朵。它是月亮。應該崇拜它為吉祥和名聲。知道這樣，他就會享有吉祥和名聲。——2

然後，向西的管道是下氣。它是語言。它是火。應該崇拜它為梵的光輝和食物。知道這樣，他就會享有梵的光輝和食物。——3

然後，向北的管道是中氣。它是思想。它是雨雲。應該崇拜它為榮譽和優美。知道這樣，他就會享有榮譽和優美。——4

然後，向上的管道是上氣。它是風。它是空。應該崇拜它為莊嚴和偉大。知道這樣，他就會享有莊嚴和偉大。——5

確實，這五個梵人是天國世界的門衛。知道這五個梵人是天國世界的門衛，英雄就會降生在他

的家族。知道這五個梵人是天國世界的門衛，他就會進入天國世界。——6

然後，在這之上，閃耀著天上之光，高於那些至高無上的世界中的所有一切。確實，它也就是人體之內的光。——7

接觸這個身體，感受到體溫，他也就看到它。捂住雙耳，彷彿聽到響聲，彷彿是喧囂聲，彷彿是火焰燃燒聲，他也就聽到它。應該崇拜這種看到和聽到的光。知道這樣，知道這樣，他就會容貌美觀，名聲卓著。——8

參閱《大森林奧義書》5.9.1。「知道這樣」重覆一次，以示強調。

十四

確實，梵是所有這一切，出生、解體和呼吸都出自它。應該內心平靜，崇拜它。確實，人由意欲構成。人在死後成為什麼，按照人在這個世界的意欲。因此，應該具有意欲。——1

由思想構成，以氣息為身體，以光為形貌，以真理為意念，以空為自我，包含一切行動，一切願望，一切香，一切味，涵蓋這一切，不說話，不旁騖。——2

這是我內心的自我，小於米粒，小於麥粒，小於芥子，小於黍粒，小於黍籽。這是我內心的自我，大於地，大於空，大於天，大於這些世界。——3

包含一切行動，一切願望，一切香，一切味，涵蓋這一切，不說話，不旁騖。這是我內心的自我。

它是梵。死後離開這裡，我將進入它。信仰它，就不再有疑惑。香底利耶，香底利耶這樣說。——4

「香底利耶」重覆一次，以示強調。香底利耶是仙人名。

十五

空間為容量，大地為底部，
方位為角落，天空為頂口，
這寶庫不會朽壞，貯藏財富，
世界的所有一切都依靠它。——1

它的東側名為祭勺。它的南側名為征服。它的西側名為王權。他的北側名為富裕。它們的幼兒是風。知道這四個方位的幼兒是風，他就不會為兒子哭泣。我知道這四個方位的幼兒是風，但願我不會為兒子哭泣。——2

「不會為兒子哭泣」意謂不會為兒子夭折而哭泣。

我和這個、這個、這個，求不朽的寶庫庇護！
我和這個、這個、這個，求生命的氣息庇護！
我和這個、這個、這個，求 bhūḥ（地）庇護！
我和這個、這個、這個，求 bhuvah（空）庇護！

我和這個、這個、這個，求 svaḥ（天）庇護！——3

「這個」指祈求者的兒子名字，重覆三次。

我說我求生命的氣息庇護。確實，生命的氣息就是存在的所有這一切。因此，我求它庇護。——4

我說我求 bhūḥ 庇護，我是說我求地庇護，求空庇護，求天庇護。——5

我說我求 bhuvaḥ 庇護，我是說我求火庇護，求風庇護，求太陽庇護。——6

我說我求 svaḥ 庇護，我是說我求《梨俱吠陀》庇護，求《夜柔吠陀》庇護，求《娑摩吠陀》保護。——7

bhūḥ、bhuvaḥ 和 svaḥ 的本義是地、空和天。這裡將它們的含義又引申擴大。

十六

確實，人就是祭祀。他最初的二十四年是早晨祭品。伽耶特利詩律有二十四個音節。伽耶特利頌詩就是早晨祭品。眾婆藪神與它相關。眾氣息就是眾婆藪神（Vasu），因為他們使這一切安居（vāsayanti）。——1

如果在生命的這個時期，遭遇任何病痛，他可以這樣說：「眾氣息啊！眾婆藪神啊！讓我的早晨祭品延續至中午祭品。但願我，也就是祭祀，不要毀滅在眾氣息和眾婆藪神中。」然後，他就會恢復，安然無恙。——2

然後，接著的四十四年是他的中午祭品。特利濕圖樸詩律有四十四個音節。特利濕圖樸頌詩就是中午祭品。眾樓陀羅神與它相關。眾氣息就是眾樓陀羅神（Rudra），因為他們使這一切哭泣（rodayanti）。——3

如果在生命的這個時期，遭遇任何病痛，他可以這樣說：「眾氣息啊！眾樓陀羅神啊！讓我的中午祭品延續至第三時間（黃昏）祭品。但願我，也就是祭祀，不要毀滅在眾氣息和眾樓陀羅神中。」然後，他就會恢復，安然無恙。——4

然後，接著的四十八年是他的第三時間（黃昏）祭品。伽耶底詩律有四十八音節，伽耶底頌詩就是第三時間（黃昏）祭品。眾太陽神與它相關。眾氣息就是眾太陽神（Āditya），因為他們取回（ādadate）這一切。——5

如果在生命的這個時期，遭遇任何病痛，他可以這樣說：「眾氣息啊！眾太陽神啊！讓我的第三時間（黃昏）祭品延續到壽終。但願我，也就是祭祀，不要毀滅在眾氣息和眾太陽神中。」然後，他就會恢復，安然無恙。——6

確實，摩希陀娑·愛多雷耶知道這樣，他說道：「我不會得病而死，你為何用病折磨我？」他活到一百一十六歲。任何人知道這樣，都會活到一百一十六歲。——7

傳說摩希陀娑·愛多雷耶（Mahidāsa Aitareya）是一位婆羅門仙人和低種姓婦女伊多拉（Itarā）生的兒子，故而受到歧視。伊多拉便向大地女神摩希（Mahi）祈求恩惠。依靠摩希的恩惠，摩希陀娑·愛多雷耶能創作梵書和森林書。「摩希陀娑」（Mahidāsa）的詞義是「摩希的奴僕」。

十七

饑，渴，不娛樂，這是他的淨化儀式。——1

然後，吃，喝，娛樂，這是他的準備儀式。——2

然後，笑，吃，交歡，這是他歌唱讚歌和頌歌。——3

然後，苦行，布施，正直，不殺生，說真話，這些是他付給祭司的酬金。——4

因此，人們說：「他將壓榨蘇摩汁。」他榨出了蘇摩汁。確實，這是他的再生。祭祀完畢後的沐浴是死亡。——5

「蘇摩汁」是用於祭供天神的酒。「壓榨」（su）一詞也可以讀解為生殖。

考羅．安吉羅向提婆吉之子黑天講述這些後，又對這位擺脫欲望者說道：「在臨終時，應該皈依這三者：『你是不可毀滅者，你是不可動搖者，你是氣息充沛者。』」這方面，有兩首相關的梨俱頌詩：——6

人們看到源自原始種子，
晨光閃耀，位於天國之上。
我們看到凌駕黑暗之上的光，
看到更高的光，諸神中的太陽神，

我們到達至高的光，至高的光。——7

這兩首頌詩源自《梨俱吠陀》8.6.30 和 1.50.10。

十八

應該崇拜梵為思想。這是關於自我。然後，關於天神。應該崇拜梵為空。這是關於自我和關於天神的雙重教誨。——1

這梵有四足。語言是一足，氣息是一足，眼睛是一足，耳朵是一足。這是關於自我。然後，關於天神。火是一足，風是一足，太陽是一足，方位是一足。這是關於自我和關於天神的雙重教誨。——2

確實，語言是梵的四足之一。它以火和光閃耀和發熱。知道這樣，他就會以榮譽、名聲和梵的光輝閃耀和發熱。——3

確實，氣息是梵的四足之一。它以風和光閃耀和發熱。知道這樣，他就會以榮譽、名聲和梵的光輝閃耀和發熱。——4

確實，眼睛是梵的四足之一。它以太陽和光閃耀和發熱。知道這樣，他就會以榮譽、名聲和梵的光輝閃耀和發熱。——5

確實，耳朵是梵的四足之一。它以方位和光閃耀和發熱。知道這樣，他就會以榮譽、名聲和梵的光輝閃耀和發熱。——6

十九

太陽是梵。這是教誨。對它說明如下。最初，這個世界只是不存在。然後，它變成存在。它發展，變成卵。躺了一年，它裂開。卵殼分成兩半，一半是銀，一半是金。——1

銀的一半是大地。金的一半是天空。卵的外膜是山岳。卵的內膜是雲霧。那些經脈是河流。那些液體是大海。——2

然後，那個太陽產生。它一產生，歡叫聲、一切眾生和一切願望隨之興起。因此，它升起，它落下，歡叫聲、一切眾生和一切願望隨之興起。——3

知道這樣，崇拜梵為太陽，歡呼聲肯定會湧向他，令他興奮，令他興奮。——4

「令他興奮」重覆一次，以示強調。

第四章

一

唵！遮那悉如多的曾孫遮那悉如底是一位虔誠的施捨者，慷慨的施捨者，備有大量熟食。他到處建立庇護所，心想：「人們到處可以吃到我的食物。」——1

然後，一天夜裡，一些天鵝飛過。其中一隻天鵝對另一隻天鵝說道：「呵！呵！短見！短見！遮那悉如多的曾孫遮那悉如底的光芒普照如天。別碰著它，免得燒著你。」——2

另一隻天鵝回答說：「嗨！那個人是誰？你把他說得像是駕車人雷格瓦。」「那個雷格瓦是怎樣的情況？」——3

「正像點數小的骰子全歸點數大的訖利多骰子，全歸贏者，眾生所做的一切善事全歸他。凡是人所知道的，他都知道。我說的就是他。」——4

印度古代骰子有四個點數。訖利多（kṛta）點數最大，四點。其他三個依次為特雷達（tretā），三點；德伐波羅（dvāpara），兩點；迦利（kali），一點。

遮那悉如多的曾孫遮那悉如底聽到了這個談話。早晨起身後，他對侍從說道：「朋友啊，你說我像那個駕車人雷格瓦。」「那個雷格瓦是怎樣的情況？」——5

「你說我像那個駕車人雷格瓦」，似可理解為使用疑問語氣。

「正像點數小的骰子全歸點數最大的骰子，全歸贏者，眾生所做的一切善事全歸他。凡是人所知道的，他都知道。我說的就是他。」——6

侍從出發去尋找，回來報告說：「我沒有找到。」遮那悉如底告訴他說：「嗨！你要到有婆羅門的地方去找他。」——7

一個人正在車底下搔癢。侍從走近他，說道：「先生您是駕車人雷格瓦嗎？」他回答說：「我

就是。」侍從回去報告說：「找到了。」——8

二

遮那悉如多的曾孫遮那悉如底帶著六百頭母牛、一個金項圈和一輛母騾駕馭的車，前往那裡，對他說道：——1

「雷格瓦啊，這裡是六百頭母牛、一個金項圈和一輛母騾駕馭的車。先生啊！請教給我您崇拜的那位神。」——2

而他回答說：「嗨，首陀羅！這些和那些母牛，你自己留著吧！」然後，遮那悉如多的曾孫遮那悉如底帶了一千頭母牛、一個金項圈、一輛母騾駕馭的車和女兒，再次前往那裡。——3

首陀羅（Śūdra）是低級種姓。這裡用作對遮那悉如底的蔑稱。

遮那悉如底對他說道：「雷格瓦啊，這裡是一千頭母牛、一個金項圈、一輛母騾駕馭的車和這個妻子，還有你住的這個村莊。先生，請教給我吧！」——4

「妻子」指遮那悉如底將自己的女兒送給雷格瓦做妻子。

他抬起她的臉，說道：「啊哈，你的所有這些中，是這張臉說服我告訴你。」這兒是摩訶婆利舍地區名為雷格瓦葉的村莊。雷格瓦就住在這裡，為遮那悉如底講解如下。——5

三

確實，風是吸收者。一旦火燃盡，便進入風。一旦太陽落下，便進入風。一旦月亮落下，便進入風。——1

一旦水枯竭，便進入風。因為風確實吸收所有這些。這是關於天神。——2

下面關於自我。氣息確實是吸收者。一旦入睡，語言進入氣息，視覺進入氣息，聽覺進入氣息，思想進入氣息。因為氣息確實吸收所有這些。——3

這兩者確實是吸收者。天神中的風，呼吸中的氣息。——4

曾經，紹那迦·迦貝耶和阿毗波羅達林·迦剎塞林正要進食，一位梵行者向他倆乞食。他們不給他。——5

「梵行者」指學習吠陀的學生。

於是，他說道：

「一位神吞食四個靈魂偉大者，
他是誰？這一位世界的保護者；
迦貝耶啊，他居於各處，而凡人
沒有看到他，阿毗波羅達林啊！

「確實，這食物屬於他，而沒有給予他。」——6

「一位神吞食四個靈魂偉大者」指上述風吸收火、太陽、月亮和水；氣息吸收語言、視覺、聽覺和思想。

然後，紹那迦·迦貝耶想了想，回答說：

「眾天神的自我，眾生的父親，
他有金牙齒，是智者，食者，
人們說他崇高偉大；他吞食
不是食物者，而他不被吞食。

「眾天神的自我」指風；「眾生的父親」指氣息。

「梵行者啊，我們確實崇拜他。你們給這位梵行者食物吧！」——7

於是，他們給他食物。這五個和那五個構成十個。這是擲骰子中的滿數。因此，在所有方位中，十這個擲骰子中的滿數就是食物。它是維羅遮，吃食物者。依靠它，所有這一切被看到。知道這樣，知道這樣，他就看到所有這一切，成為吃食物者。——8

「這五個」指上述風、火、太陽、月亮和水。「那五個」指上述氣息、語言、視覺和思想。「維羅遮」（Virāj）原義是光明、統治者或主宰者，這裡用作陰性，是指一種吠陀詩律。「知道這樣」重覆一次，以示強調。

四

曾經，薩諦耶迦摩·賈巴羅對母親賈芭拉說：「媽媽，我想成為梵行者，請妳告訴我，我的族姓是什麼？」——1

母親對他說：「孩子啊，我不知你的族姓是什麼？我年輕時，是侍女，侍奉過許多人，就這樣生下你。我不知道你的族姓是什麼。但我的名字是賈芭拉，你的名字是薩諦耶迦摩。這樣，你可以稱自己為薩諦耶迦摩·賈巴羅。」——2

然後，他前往訶利德羅摩多·喬答摩那裡，說道：「先生，我想成為梵行者。但願我能成為先生的弟子。」——3

先生詢問他：「好孩子啊，你的族姓是什麼？」他回答說：「我不知道我的族姓是什麼，先生！我問過母親，她對我說：『我年輕時，是侍女，侍奉過許多人，就這樣生下你。我不知道你的族姓是什麼。但我的名字是賈芭拉，你的名字是薩諦耶迦摩。這樣，你可以稱自己為薩諦耶迦摩·賈巴羅。』」——4

薩諦耶迦摩·賈巴羅是以母親名字為姓，也就是賈芭拉之子薩諦耶迦摩。薩諦耶迦摩（Satyakāma）這個名字的含義是「熱愛真理」。

先生對他說：「若不是婆羅門，不會這樣說話。好孩子，取些柴薪來吧！我收你為弟子，你不違背真理。」先生收他為弟子後，分出四百頭瘦弱的母牛，對他說：「好孩子，你放牧這些母牛吧！」他帶著這些母牛出發，說道：「不讓牠們變成一千頭，我就不回來。」這樣，他在外邊生

活了許多年，直到牠們達到一千頭。——5

先生依據薩諦耶迦摩說話誠實的態度，判斷他為婆羅門族姓。柴薪是拜師的禮物。在古代印度，學生住在老師家中，一邊侍奉老師，一邊學習。因此，薩諦耶迦摩為老師牧牛。

五

然後，一頭公牛呼喚他：「薩諦耶迦摩！」他應答道：「先生！」「好孩子，已經達到一千頭了！讓我們回老師家吧！」——1

「讓我告訴你梵的一足吧！」「先生，請你告訴我！」於是，公牛告訴他說：「東方是一分，西方是一分，南方是一分，北方是一分。好孩子，這是包含四分的梵的一足，名為光明。」——2

知道這樣，崇拜名為光明的、包含四分的梵的一足，他就會在這個世界上充滿光芒。知道這樣，崇拜名為光明的、包含四分的梵的一足，他就會贏得那些充滿光明的世界。——3

六

「火會告訴你另一足。」第二天早晨，他趕著這些牛出發。太陽下山後，他就地點燃一堆火，圍起這些牛。他給火添柴後，坐在火的西面，面朝東。——1

然後，火呼喚他：「薩諦耶迦摩！」他應答道：「先生！」——2

「好孩子，讓我告訴你梵的一足吧！」「先生，請告訴我！」於是，火告訴他說：「大地是一分，空中是一分，天空是一分，大海是一分。好孩子！這是包含四分的梵的一足，名為無限。」——3

知道這樣，崇拜名為無限的、包含四分的梵的一足。他就會在這個世界上成為無限者。知道這樣，崇拜名為無限的、包含四分的梵的一足，他就會贏得那些無限的世界。——4

七

「天鵝會告訴你另一足。」第二天早晨，他趕著這些牛出發。太陽下山後，他就地點燃一堆火，圍起這些牛。他給火添柴後，坐在火的西面，面朝東。——1

然後，天鵝飛近過來，呼喚他：「薩諦耶迦摩！」他應答道：「先生！」——2

「好孩子，讓我告訴你梵的一足吧！」「先生，請告訴我！」於是，天鵝告訴他說：「火是一分，太陽是一分，月亮是一分，閃電是一分。好孩子！這是包含四分的梵的一足，名為光輝。」——3

知道這樣，崇拜名為光輝的、包含四分的梵的一足，他就會在這個世界上充滿光輝。知道這樣，崇拜名為光輝的、包含四分的梵的一足，他就會贏得那些充滿光輝的世界。——4

八

「水鳥會告訴你另一足。」第二天早晨，他趕著這些牛出發。太陽下山後，他就地點燃一堆火，圍起這些牛。他給火添柴後，坐在火的西面，面朝東。——1

然後，水鳥飛過來，呼喚他：「薩諦耶迦摩！」他應答道：「先生！」——2

「好孩子，讓我告訴你梵的一足吧！」「先生，請告訴我！」於是，水鳥告訴他說：「氣息是一分，眼睛是一分，耳朵是一分，思想是一分。好孩子！這是包含四分的梵的一足，名為居處。」——3

知道這樣，崇拜名為居處的、包含四分的梵的一足，他就會在這個世界上有居處。知道這樣，崇拜名為居處的、包含四分的梵的一足，他就會贏得那些有居處的世界。——4

以上講述了梵的四足。「足」（pāda）這個詞也有四分之一的意思，因此，梵的一足即梵的四分之一。而梵的每一足又包含四分。「分」（kalā）這個詞也有十六分之一的意思。這樣，梵有四足十六分。

九

然後，他到達老師的家。老師招呼他：「薩諦耶迦摩！」他應答道：「先生！」——1

「好孩子，你神采奕奕，好像知道了梵。是誰教給你的？」他回答說：「那些教我者並不是人。我確實希望先生您能教我。——2

「因為我從像先生一樣的人那裡聽說，唯有從老師那裡獲得的知識，最可靠有效。」於是，老師教導他，毫不節略，毫不節略。——3

「毫不節略」重覆一次，以示強調。

十

曾經，烏波憍薩羅．迦摩羅耶那作為梵行者，住在薩諦耶迦摩．賈巴羅家中。他為老師照看火，已有十二年。薩諦耶迦摩已經允許其他許多學生回家，卻沒有允許他回家。——1

妻子對薩諦耶迦摩說：「這位梵行者修練苦行，精心照看火。你就教他吧！別讓那些火責備你。」薩諦耶迦摩依然不教他，而出門去了。——2

然後，他生病，不進食。師母對他說：「梵行者啊，你吃吧！為何不吃？」他回答說：「這人體中有各種各樣欲望。我充滿病痛，不想吃。」——3

然後，那些火互相說道：「這位梵行者修練苦行，精心照看我們。嗨！讓我們教他吧！」於是，它們對他說：「梵是氣息，梵是安樂，梵是空。」——4

他對它們說：「我理解梵是氣息。但我不理解梵是安樂和空。」它們回答說：「安樂就是空，空就是安樂。」接著，它們為他解釋氣息和空。——5

十一

然後，家主祭火教導他說：「大地、火、食物和太陽。在太陽中看到的那個人，他就是我，確實，他就是我。——1

「知道這樣，崇拜他，就會消除罪業，擁有世界，活夠歲數，長命，後嗣不會斷絕。知道這樣，崇拜他，我們就會在這個世界和另一個世界保護他。」——2

十二

然後，安婆訶爾耶波遮那祭火教導他說：「水、方位、星星和月亮。在月亮中看到的那個人，他就是我，確實，他就是我。——1

安婆訶爾耶波遮那祭火位於祭壇南邊。

「知道這樣，崇拜他，就會消除罪業，擁有世界，活夠歲數，長命，後嗣不會斷絕。知道這樣，崇拜他，我們就會在這個世界和另一個世界保護他。」——2

十三

然後，阿訶婆尼耶祭火教導他說：「氣息、空中、天空和閃電。在閃電中看到的那個人，他就是我，確實，他就是我。——1

「知道這樣，崇拜他，就會消除罪業，擁有世界，活夠歲數，長命，後嗣不會斷絕。知道這樣，崇拜他，我們就會在這個世界和另一個世界保護他。」——2

十四

最後，這些火對他說道：「烏波憍薩羅，好孩子，我們已經教給你關於我們的知識和關於自我的知識。你的老師會為你指點路徑。」這時，老師回來。老師招呼他：「烏波憍薩羅！」——1

他應答道：「先生！」「好孩子，你神采奕奕，好像知道了梵。是誰教給你的？」「誰能教給我？先生啊！」他似乎想掩飾，而又對著這些火說：「它們現在這樣，方才又另一樣。」「好孩子，它們教給你了什麼？」——2

他如實作了回答。「好孩子，它們確實為你講述了這些世界。而我現在要講給你聽這個。知道了這個，罪業就不會沾他，就像水不沾蓮花葉。」「先生，請講給我聽吧！」於是，他為烏波憍薩羅講解如下。——3

十五

在眼睛中看到的這個人是自我。他永恆、無畏。他是梵。無論酥油或水，滴在他上面，都會流向兩邊。——1

人們稱他為「聚福」，因為一切幸運走向他。知道這樣，一切幸運就會走向他。——2

人們稱他為「招福」，因為他帶來一切幸運。知道這樣，他就會帶來一切幸運。——3

人們稱他為「閃耀」，因為他在一切世界中閃耀。知道這樣，他就會在一切世界中閃耀。——4

對於這樣的人，無論人們是否為他們舉行葬禮，他們都進入光焰。從光焰進入白天，從白天進入白半月，從白半月進入太陽北行的六個月，從六個月進入年，從年進入太陽，從太陽進入月亮，從月亮進入閃電。那裡的這個人不是凡人。他帶領他們走向梵。這是通向天神之路，通向梵之路。沿著這條路前進的人們不再返回凡界，不再返回。——5

參閱《大森林奧義書》6.2.15-16。「不再返回」重覆一次，以示強調。

十六

確實，這位淨化者是祭祀。確實，它運動著，淨化所有這一切。因為它運動著，淨化所有這一切，所以，它是祭祀。它有思想和語言兩種方式。——1

「淨化者」指風。

其中一種方式是梵祭司用思想運作。另一種方式是誦者祭司、行祭者祭司和歌者祭司用語言運作。從早晨祈禱開始，至結尾頌詩前，如果梵祭司說話，——2

那麼，他只是採取一種方式，而缺少另一種方式。這樣，他的祭祀受損，如同獨腳之人行走或獨輪之車行進翻倒。祭祀受損，祭主也隨之受損。他舉行了祭祀，卻變得更差。——3

「梵祭司」（Brahman，陽性）是監督者祭司。他在祭祀中保持沉默，監督儀式進行。如果他開口說話，則捨棄了用思想運作的方式，那麼，整個祭祀只是採取一種方式，即用語言運作的方式。

從早晨祈禱開始，至結尾頌詩前，如果梵祭司不說話，那麼，他們是採取兩種方式，而不缺少另一種方式。——4

這樣，他的祭祀順利，如同雙腳之人行走或雙輪之車行進順利。祭祀順利，祭主也隨之順利。他舉行了祭祀，變得更好。——5

十七

生主加熱這些世界。他從加熱的這些世界中擷取精華。從地裡取出火，從空中取出風，從天上取出太陽。——1

他加熱這三位神靈。他從加熱的這三位神靈中擷取精華。從火裡取出梨俱，從風中取出夜柔，

從太陽取出娑摩。——2

他加熱這三種知識。他從加熱的這三種知識中擷取精華。從梨俱中取出bhūḥ（地），從夜柔中取出bhuvaḥ（空），從娑摩中取出svaḥ（天）。——3

如果祭祀因梨俱受損，應該念誦「bhūḥ，娑婆訶！」向家主祭火中投放祭品。這樣，依靠梨俱的精華和梨俱的力量，補救梨俱對祭祀造成的損害。——4

如果祭祀因夜柔受損，應該念誦「bhuvaḥ，娑婆訶！」向南祭火中投放祭品。這樣，依靠夜柔的精華和夜柔的力量，補救夜柔對祭祀造成的損害。——5

如果祭祀娑摩受損，應該念誦「svaḥ，娑婆訶！」向阿訶婆尼耶祭火中投放祭品。這樣，依靠娑摩的精華和娑摩的力量，補救娑摩對祭祀造成的損害。——6

正如以鹽補救金，以金補救銀，以銀補救錫，以錫補救鉛，以鉛補救銅，以銅補救木或以皮補救木。——7

這裡分別表示以前者清除後者的汙漬。

這樣，依靠這些世界、這些神靈和這三種知識的力量，補救祭祀受到的損害。確實，有精通此道的梵祭司在，祭祀便有藥可治。——8

確實，有精通此道的梵祭司在，祭祀向北行進。有一首關於精通此道的梵祭司偈頌：

人們前往祭祀返轉之處，唯獨

梵祭司，如同母馬保護俱盧族。——9

「祭祀返轉」指祭祀受到損害，不進而退。這時，需要梵祭司予以補救。「俱盧族」指舉行祭祀的人們。

確實，精通此道的梵祭司保護祭祀、祭主和所有的祭司。因此，應該選擇精通此道的人擔任梵祭司，而非不精通此道的人，而非不精通此道的人。——10

「而非不精通此道的人」重覆一次，以示強調。

第五章

一

知道最偉大者和最優秀者，他就會成為最偉大者和最優秀者。氣息確實是最偉大者和最優秀者。——1

知道最富有者，他就會成為自己人中最富有者。語言確實是最富有者。——2

知道根基，他就會在這個世界和另一個世界中有根基。眼睛確實是根基。——3

知道成功，他懷有的願望就會成功，無論是凡人還是天神。耳朵確實是成功。——4

知道居處，他就會成為自己人的居處。思想確實是居處。——5

曾經，眾氣息爭論誰更優秀，互相都說：「我更優秀，我更優秀！」——6

這裡的「眾氣息」指上述五種生命因素。

眾氣息到老祖父生主那裡，說道：「尊者啊，我們之中誰最優秀？」他回答說：「誰離開後，這個身體看來似乎狀況最差，那麼，它在你們之中最優秀。」——7

於是，語言離開。它外出一年後回來，問道：「沒有我，你們生活得怎樣？」「就像啞巴，不說話，但仍用氣息呼吸，用眼睛觀看，用耳朵聽取，用思想思考。」這樣，語言進入身體。——8

然後，眼睛離開。它外出一年後回來，問道：「沒有我，你們生活得怎樣？」「就像瞎子，看不見，但仍用氣息呼吸，用語言說話，用耳朵聽取，用思想思考。」這樣，眼睛進入身體。——9

然後，耳朵離開。它外出一年後回來，問道：「沒有我，你們生活得怎樣？」「就像聾子，聽不見，但仍用氣息呼吸，用語言說話，用眼睛觀看，用思想思考。」這樣，耳朵進入身體。——10

然後，思想離開。它外出一年後回來，問道：「沒有我，你們生活得怎樣？」「就像傻子，不思考，但仍用氣息呼吸，用語言說話，用眼睛觀看，用耳朵聽取。」這樣，思想進入身體。——11

然後，氣息準備離開。如同一匹駿馬拽起那些拴馬樁，它拽起其他那些氣息。於是，它們一起上前，對它說：「尊者，留下吧！你是我們之中最優秀者，別離開！」——12

「其他那些氣息」指語言、眼睛、耳朵和思想。

然後，語言對它說：「正像我是最富有者那樣，你是最富有者。」接著，眼睛對它說：「正像我是根基那樣，你是根基。」——13

接著，耳朵對它說：「正像我是成功那樣，你是成功。」接著，思想對它說：「正像我是居處

那樣，你是居處。」——14

確實，人們不稱它們為語言、眼睛、耳朵和思想。人們稱它們為氣息。因為氣息變成這一切。——15

二

氣息問道：「我的食物將會是什麼？」它們回答說：「這裡的所有一切，乃至狗和鳥。」確實，這是氣息的食物（anna）。顯而易見，它的名字是氣息（ana）。知道這樣，對他來說，沒有什麼不是食物。——1

它又問道：「我的衣服將會是什麼？」它們回答說：「水。」因此，人們在吃前和吃後用水覆蓋它。這樣，它獲得衣服，而不裸露。——2

印度古人有飯前和飯後漱口的習慣。本章第一節至本節1-2，參閱《大森林奧義書》第六章第一梵書。

薩諦耶迦摩·賈巴羅將這些告訴高希悉如底·維亞伽羅波底亞耶後，說道：「即使將這些講給枯樹樁聽，它也會生出新枝，長出綠葉。」——3

如果一個人想要變得偉大，就應該在新月之夜舉行淨化儀式，在滿月之夜將各種藥草和上凝乳和蜜糖，攪拌成混合飲料，向火中澆灌酥油，念誦道：「獻給最偉大者，獻給最優秀者，娑婆訶！」將剩餘的酥油澆入混合飲料。——4

他應該向火中澆灌酥油，念誦道：「獻給最富有者，娑婆訶！」將剩餘的酥油澆入混合飲料。他應該向火中澆灌酥油，念誦道：「獻給根基，娑婆訶！」將剩餘的酥油澆入混合飲料。他應該向火中澆灌酥油，念誦道：「獻給成功，娑婆訶！」將剩餘的酥油澆入混合飲料。他應該向火中澆灌酥油，念誦道：「獻給居處，娑婆訶！」將剩餘的酥油澆入混合飲料。——5

然後，退回，雙手捧上一掬混合飲料，低聲吟誦道：「你名為無量，因為你無可限量，所有這一切屬於你。因為他是最偉大者，最優秀者，國王，主宰者。但願他讓我成為最偉大者，最優秀者，國王，主宰者，但願我成為所有這一切。」——6

然後，吟誦梨俱頌詩，吟誦一行，啜一口混合飲料：

我們選擇沙維特利（啜一口）
這位天神的飲食，（啜一口）
沉思這位最優秀者、（啜一口）
維持一切者的力量。（啜完）

這首頌詩見《梨俱吠陀》5.83.1。

洗滌完畢金製或木製器皿，在火的後面躺下，或躺在皮褥上，或躺在地上，控制語言，放鬆身體。如果他看見一個女人，他應該知道祭祀已經獲得成功。——7

「看見」可以理解為夢見。以上3-7，參閱《大森林奧義書》第六章第三梵書。

有偈頌為證：

在祈福的祭祀中，夢見女人，
他應該知道已經獲得成功，
憑藉這個夢境，這個夢境。——8

三

阿盧尼之子希婆多蓋杜來到般遮羅族的集會上。波羅婆訶那·遮婆利詢問他：「孩子，你的父親教你嗎？」「是的，尊者！」——1

「你知道人們死後從這裡前往哪裡？」「不知道，尊者！」「你知道他們又怎樣返回？」「不知道，尊者！」「你知道天神之路和祖先之路的區分嗎？」「不知道，尊者！」——2

「你知道那個世界從不充滿嗎？」「不知道，尊者！」「你知道在第五次祭供中，那些水被稱為人嗎？」「完全不知道，尊者！」——3

「那你怎麼說你已經受過教育？如果不知道這些，怎麼能說受過教育？」於是，他神情沮喪，回到父親那裡，說道：「您實際上根本沒有教我，卻說已經教我。」——4

「那個剎帝利問了我五個問題，我一個也回答不出。」父親對他說：「你告訴我的這些問題，

我也是一個也回答不出。如果我能回答，我怎麼會不教給你呢？」──5

於是，喬答摩前往國王那裡。國王依禮接待他。第二天早晨，他進入會堂。國王對他說：「尊者喬答摩啊，凡是人間的財富，任你選擇！」他回答說：「國王啊，人間的財富，你都留著！請告訴我你對我的孩子說的那些話吧！」國王感到窘迫。──6

喬答摩是希婆多蓋杜之父阿盧尼的族姓。

國王囑咐他多停留些日子。然後，國王對他說：「正如你對我所說，喬答摩啊，在你之前，這種知識從未傳給婆羅門。因此，一切世界都由剎帝利統治。」

於是，國王為他講解如下。──7

四

確實，喬答摩啊，那個世界是火。確實，太陽是它的燃料。那些光線是煙。白晝是火焰。月亮是火炭。星星是火花。──1

眾天神向這個火中祭供信仰。從信仰這個祭品中，產生蘇摩王。──2

「蘇摩王」指月亮。

五

確實，喬答摩啊，雨是火。確實，風是它的燃料。雲是煙。閃電是火焰。雷是火炭。雷聲是火花。——1

眾天神向這個火中祭供蘇摩王。從蘇摩王這個祭品中，產生雨。——2

六

確實，喬答摩啊，大地是火。確實，年是它的燃料。空是煙。夜晚是火焰。方位是火炭。中間方位是火花。——1

「中間方位」是東南、西南、西北和東北。

眾天神向這個火中祭供雨。從雨這個祭品中產生食物。——2

七

確實，喬答摩啊，人是火。確實，語言是它的燃料。氣息是煙。舌頭是火焰。眼睛是火炭。耳朵是火花。——1

眾天神向這個火中祭供食物。從食物這個祭品中產生精液。——2

八

確實，喬答摩啊，女人是火。確實，陰戶是她的燃料。對她的招呼是煙。子宮是火焰。進入她是火炭。興奮是火花。——1

眾天神向這個火中祭供精液。從精液這個祭品中產生胎兒。——2

九

正是在這第五次祭供中，那些水被稱為人。這個胎兒由胎膜覆蓋，躺上十個月或九個月，然後出生。——1

「那些水被稱為人」，也就是說，從精液中產生嬰兒。

出生後，他活夠自己的歲數。到達命定的歲數死去後，人們帶他到火那兒。正是從火中，他形成和出生。——2

「帶他到火那兒」，也就是為他舉行火葬。

十

知道這樣，在森林中崇拜信仰和苦行，他們便進入火焰。從火焰進入白晝。從白晝進入白半月。從白半月進入太陽北行的六個月。——1

從六個月進入年。從年進入太陽。從太陽進入月亮。從月亮進入閃電。那裡的那個人不是凡人。他帶領他們進入梵。這是通向天神之路。——2

而在村莊中崇拜祭祀、善行和布施，他們便進入煙。從煙進入黑夜。從黑夜進入黑半月。從黑半月進入太陽南行的六個月。但六個月不到達年。——3

從六個月進入祖先世界。從祖先世界進入空。從空進入月亮。它就是蘇摩王。它是眾天神的食物。眾天神享用它。——4

他們居住那裡，直至剩餘的功德耗盡。而後，又原路返回。他們返回空。從空返回風。成為風後，成為煙。成為煙後，成為霧。——5

成為霧後，成為雲。成為雲後，成為雨，降下。他們在這裡生為稻子、麥子、藥草、樹木、芝麻和豆類。從這些中很難脫出。只有等人吃了食物，灑出精液，才會再次出生。——6

那些在世上行為可愛的人很快進入可愛的子宮，或婆羅門婦女的子宮，或剎帝利婦女的子宮，或吠舍婦女的子宮。而那些在世上行為卑汙的人很快進入卑汙的子宮，或狗的子宮，或豬的子宮，或旃陀羅婦女的子宮。——7

旃陀羅（Caṇḍāla）是四種姓之外的賤民。

還有與這兩條道路不同者。他們成為微生物，不停地活動著。「生吧！死吧！」這是第三種境況。所以說，那個世界從不充滿。因此應該注意保護自己。有偈頌為證：——8

「那個世界」指另一世界。這個世界的人們有些根本不能達到那裡，而有些到達那裡又返回，因此，那個世界永不充滿。

偷竊金子，飲酒，玷汙
老師床第，殺害婆羅門，
這四種人，還有同謀者
是第五種，全部墜落。——9

知道以上五種火，即使與這樣的人共處，他也不會沾染罪惡。知道這樣，知道這樣，他就會變得純潔，清淨，進入功德世界。——10

「知道這樣」重覆一次，以示強調。以上第三至第十節，參閱《大森林奧義書》第六章第二梵書。

十一

波羅吉那夏羅・奧波摩尼耶婆、薩諦耶若・寶盧希、因陀羅迪約那・跋羅維耶、遮那・夏爾迦羅奇耶和菩迪羅・阿濕婆多羅希維，這幾位大長者和大學者聚在一起，探討「什麼是我們的自我？什麼是梵？」——1

他們產生同樣的想法：「諸位尊者啊，烏達羅迦・阿盧尼目前正在研究一切人自我，我們去請

教他吧！」於是，他們前往他那裡。——2

「一切人自我」(ātmā vaiśvānaraḥ) 指屬於一切人的自我，或者說，一切人的共同自我，也就是相對於個體自我的至高自我，即梵。

他思忖道：「這些大長者和大學者向我請教，而我看來也不能解答一切，我還是請他們向別人請教吧！」——3

於是，他對他們說：「諸位尊者啊，阿濕婆波提・竭迦耶目前正在研究一切人自我，我們去請教他吧！」於是他們前往他那裡。——4

他們到達後，他一一依禮接待。第二天早晨起身後，他對他們說道：

「我的國土內，沒有竊賊，
沒有吝嗇鬼，沒有酒鬼，
沒有不祭火者和無知者，
更不用說淫婦和奸夫。

「諸位尊者啊，我正要舉行祭祀。我將賜予每位祭司錢財，同樣，我也會賜予你們。請諸位尊者住下吧！」——5

而他們回答說：「人應當說出想做的事。你目前正在研究一切人自我，請你教給我們吧！」——6

他對他們說：「我明天早晨告訴你們。」於是，第二天早晨，他們手持柴薪，前來拜見。甚至

沒有舉行拜師禮，他就為他們開講。——7

十二

「奧波摩尼耶婆啊，你崇拜什麼為自我？」他回答說：「是天，尊敬的國王！」「你崇拜的這個自我是稱為大光明的一切人自我。因此，在你的家庭中，可以看到經常不斷榨取蘇摩汁。——1

「你吃食物，看到可愛的事物。任何人這樣崇拜一切人自我，他就會吃食物，看到可愛的事物，梵的光輝會出現在他的家族。」他繼續說道：「然而，這只是自我的頭。如果你不是來到我這裡，你的頭就會落地。」——2

十三

然後，他詢問薩諦耶若．寶盧希：「波羅吉那約基耶啊，你崇拜什麼為自我？」他回答說：「是太陽，尊敬的國王！」「你崇拜的這個自我是稱為一切色的一切人自我。因此，在你的家族中，可以看到各式各樣的事物。——1

「諸如母騾駕馭的車、侍女和金項圈。你吃食物，看到可愛的事物。任何人這樣崇拜一切人自我，他就會吃食物，看到可愛的事物，梵的光輝會出現在他的家族。」他繼續說道：「然而，這只是

自我的眼睛。如果你不是來到我這裡，你就會成為瞎子。」——2

十四

然後，他詢問因陀羅迪約那．跋羅維耶：「你崇拜什麼為自我？」他回答說：「是風，尊敬的國王！」「你崇拜的這個自我是稱為各種路的一切人自我。因此，各種貢物呈給你，各種車隊跟隨你。——1

「你吃食物，看到可愛的事物。任何人這樣崇拜一切人自我，他就會吃食物，看到可愛的事物，梵的光輝會出現在他的家族。」他繼續說道：「然而，這只是自我的氣息。如果你不是來到我這裡，你的氣息就會離去。」——2

十五

然後，他詢問遮那．夏爾迦羅奇耶：「夏爾迦羅奇耶啊，你崇拜什麼為自我？」他回答說：「是空，尊敬的國王！」「你崇拜的這個自我是稱為豐富的一切人自我。因此，你子孫滿堂，財富充足。——1

「你吃食物，看到可愛的事物。任何人這樣崇拜一切人自我，他就會吃食物，看到可愛的事物，

梵的光輝會出現在他的家族。」他繼續說道：「然而，這只是自我的軀體。如果你不是來到我這裡，

你的軀體就會破碎。」——2

十六

然後，他詢問菩迪羅．阿濕婆多羅希維：「維耶伽羅波迪耶啊，你崇拜什麼為自我？」他回答說：「是水，尊敬的國王！」「你崇拜這個自我是稱為富裕的一切人自我。因此，你繁榮昌盛。——1

「你吃食物，看到可愛的事物。任何人這樣崇拜一切人自我，他就會吃食物，看到可愛的事物，梵的光輝會出現在他的家族。」他繼續說道：「然而，這只是自我的膀胱。如果你不是來到我這裡，你的膀胱就會破裂。」——2

十七

然後，他詢問烏達羅迦．阿盧尼：「喬答摩啊，你崇拜什麼為自我？」他回答說：「是地，尊敬的國王！」「你崇拜的這個自我是稱為根基的一切人自我。因此，你有根基，擁有子孫和牲畜。——1

「你吃食物，看到可愛的事物。任何人這樣崇拜一切人自我，他就會吃食物，看到可愛的事物，梵的光輝會出現在他的家族。」他繼續說道：「然而，這只是自我的雙腳。如果你不是來到我這裡，你的雙腳就會萎縮。」——2

十八

他對他們說：「你們認知的一切人自我各不相同，你們吃食物。而崇拜一切人自我為一拃和無可限量，他就吃一切世界、一切眾生和一切自我中的食物。——1

「拃」指心中。「一拃和無可限量」是指一切人自我既居於每個人的心中，又無可限量，體現個體自我和至高自我的合一。

「這個一切人自我的『大光明』是頭，『一切色』是眼睛，『各種路』是氣息，『豐富』是軀體，『富裕』是膀胱，雙腳是地，胸脯是祭壇，毛髮是聖草，心是家主祭火，思想是安婆訶爾耶波遮那祭火，嘴是阿訶婆尼耶祭火。」——2

按照前面的描述，頭、眼睛、氣息、軀體、膀胱和雙腳分別與天、太陽、風、空、水和地對應。

十九

入嘴的第一口食物應該用於祭供。他祭供第一口食物，應該說道：「獻給元氣，娑婆訶！」元氣得到滿足。——1

元氣滿足，眼睛也就滿足。眼睛滿足，太陽也就滿足。太陽滿足，天也就滿足。天滿足，天和太陽底下的一切也都滿足。他也隨之滿足，擁有子孫、牲畜、食物、精力和梵的光輝。——2

本節至本章結束，均是這位國王的講解。

二十

然後，他祭供第二口食物，應該說道：「獻給行氣，娑婆訶！」行氣得到滿足。——1

行氣滿足，耳朵也就滿足。耳朵滿足，月亮也就滿足。月亮滿足，方位也就滿足。方位滿足，各種方位和月亮底下的一切也都滿足。他也隨之滿足，擁有子孫、牲畜、食物、精力和梵的光輝。——2

二十一

然後，他祭供第三口食物，應該說道：「獻給下氣，娑婆訶！」下氣得到滿足。——1

下氣滿足，語言也就滿足。語言滿足，火也就滿足。火滿足，地也就滿足。地和火底下的一切也都滿足。他也隨之滿足，擁有子孫、牲畜、食物、精力和梵的光輝。——2

二十二

然後，他祭供第四口食物，應該說道：「獻給中氣，娑婆訶！」中氣得到滿足。——1

中氣滿足，思想也就滿足。思想滿足，雨也就滿足。雨滿足，閃電也就滿足。閃電滿足，閃電和雨底下的一切也都滿足。他也隨之滿足，擁有子孫、牲畜、食物、精力和梵的光輝。——2

二十三

然後，他祭供第五口食物，應該說道：「獻給上氣，娑婆訶！」上氣得到滿足。——1

上氣滿足，皮膚也就滿足。皮膚滿足，風也就滿足。風滿足，空也就滿足。空滿足，空和風底下的一切也都滿足。他也隨之滿足，擁有子孫、牲畜、食物、精力和梵的光輝。——2

二十四

不知道這樣，舉行火祭，那就像抽走火炭，而向灰燼祭供。——1

知道這樣，舉行火祭，那就是向一切世界、一切眾生和一切自我祭供。——2

知道這樣，舉行火祭，一切罪業都會被燒盡，猶如投入火中的蘆葦纖維。——3

因此，知道這樣，即使將剩餘的食物施與旃陀羅，也是祭供一切人自我。有偈頌為證：——4

正像世上饑餓的孩子們圍繞母親而坐，
一切眾生圍繞祭火而坐，圍繞祭火而生。——5

第六章

唵！希婆多蓋杜是阿盧尼之子。父親曾對他說：「希婆多蓋杜啊，你成為梵行者吧！好兒子，我們家族中，沒有不學習吠陀者，沒有徒有其名的婆羅門。」——1

這樣，他十四歲離家求學。他學習了所有吠陀，二十四歲回來，躊躇滿志。自認為學得很好，態度傲慢。父親對他說：「希婆多蓋杜啊，好兒子，你躊躇滿志，自認為學得很好，態度傲慢。你求教過這種學問嗎？——2

「依靠它，聽到未曾聽到的，想到未曾想到的，知道未曾知道的。」「父親大人，這種學問什麼樣？」——3

「好兒子，正像依靠一個泥團，可以知道一切泥製品。變化者只是所說的名稱，真實者就是泥。——4

「好兒子，正像依靠一顆銅珠，可以知道一切銅製品。變化者只是所說的名稱，真實者就是銅。——5

「好兒子，正像依靠一把指甲刀，可以知道一切鐵製品，變化者只是所說的名稱，真實者就是鐵。好兒子，這種學問就是這樣。」——6

「那些先生確實不知道這種學問。如果他們知道，怎麼會不教給我呢？父親大人，請您教給我吧！」他回答說：「好吧，好兒子！」——7

二

「好兒子，最初只有存在，獨一無二。而有些人說，最初只有不存在，獨一無二；從不存在產生存在。」——1

他繼續說道：「這怎麼可能呢？好兒子，怎麼會從不存在產生存在呢？好兒子，最初確實是只有存在，獨一無二。——2

「它思忖道：『我要變多，我要生殖。』於是，它生出火光。火光思忖道：『我要變多，我要生殖。』於是，火光生出水。因此，人一旦憂傷或出汗，水便產生於火光。——3

這裡譯為「火光」的 tejas 一詞含有多義，如火、光、熱和精液等。

「水思忖道：『我們要變多，我們要生殖。』於是，水生出食物。因此，無論何處，只要下雨，食物就豐富。確實，食物產生於水。」——4

三

「一切眾生的種子有三種，故而稱為卵生、胎生和芽生。——1

「這位神靈思忖道：『讓我憑藉生命自我進入這三個神靈，展示名色吧！』——2

「這位神靈」指最初的存在。「主命自我」指個體自我。「這三種神靈」指火光、水和食物。「名色」指名稱和形態。

「『讓它們每個都具有三重性。』於是，這位神靈憑藉生命自我進入這三個神靈，展示名色。——3
「它讓它們每個都具有三重性。好兒子，聽我講解這三個神靈怎樣每個都具有三重性。」——4

四

「火的紅色正是這火光的色。白色是水的色。黑色是食物的色。火的火性消失。變化者只是所說的名稱，真實者就是這三種色。——1

「太陽的紅色正是這火光的色。白色是水的色。黑色是食物的色。太陽的太陽性消失。變化者只是所說的名稱，真實者就是這三種色。——2

「月亮的紅色正是這火光的色。白色是水的色。黑色是食物的色。月亮的月亮性消失。變化者只是所說的名稱，真實者就是這三種色。——3

「閃電的紅色正是這火光的色。白色是水的色。黑色是食物的色。閃電的閃電性消失。變化者只是所說的名稱，真實者就是這三種色。——4

「確實，從前的大長者和大學者們正是知道了這個，他們說：『今後，沒有人會對我們說任何未曾聞聽者、未曾想到者或未曾知道者。』因為他們憑藉這些，知道一切。——5

「憑藉這些」指憑藉這三種色。

「他們知道，凡看似紅色者，都是火光的色。他們知道，凡看似白色者，都是水的色。他們知道，凡看似黑色者，都是食物的色。——6

「他們知道凡看似未知者，都是這三個神靈的混合。好兒子，聽我講解這三個神靈怎樣進入人，而具有三重性。」——7

五

「食物吃下後，分成三部分。其中最粗的成分變成糞，中等的成分變成肉，最細的成分變成思想。——1

「水喝下後，分成三部分。其中最粗的成分變成尿，中等的成分變成血，最細的成分變成氣息。——2

「熱量吸收後，分成三部分。其中最粗的成分變成骨，中等的成分變成骨髓，最細的成分變成語言。——3

「熱量」指麻油和酥油等。

「好兒子，這是因為思想由食物構成，氣息由水構成，語言由熱量構成。」「父親大人，請繼續教我！」他回答說：「好吧，好兒子！」——4

六

「好兒子，凝乳攪動時，精細的成分上升，變成酥油。」——1

「正是這樣，好兒子，食物吃下後，精細的成分上升，變成思想。」——2

「好兒子，水喝下後，精細的成分上升，變成氣息。」——3

「好兒子，熱量吸收後，精細的成分上升，變成語言。」——4

「好兒子，這是因為思想由食物構成，氣息由水構成，語言由熱量構成。」「父親大人，請繼續教我！」他回答說：「好吧，好兒子！」——5

七

「好兒子，人有十六分。請你十五天不吃，但可以隨意喝水。氣息由水構成。只要喝水，就不會斷氣。」——1

他十五天不吃。然後，他來到父親身邊，說道：「父親大人，我說些什麼？」「好兒子，梨俱、夜柔和娑摩。」他回答說：「父親大人，它們都不向我顯現了！」——2

父親對他說：「好兒子，一堆燃燒的大火，只剩下螢火蟲般大小的一粒火炭，不可能靠它熊熊燃燒。同樣，好兒子，你的十六分只剩下一分。因此，你不可能靠它感知那些吠陀。吃吧！然後，你就會理解我說的話。」——3

於是，他吃。然後，他來到父親身邊。父親詢問的任何問題，他都能一一回答。——4

父親對他說：「好兒子，一堆燃燒的大火，只剩下螢火蟲般大小的一粒火炭，如果添上乾草，讓它燃燒，便又會熊熊燃燒。——5

「同樣，好兒子，你的十六分只剩下一分，而添上食物，它又燃燒。因此，依靠它，你又感知那些吠陀。好兒子，這是因為思想由食物構成，氣息由水構成，語言由熱量構成。」他理解了父親的話，他理解了。——6

「他理解了」重覆一次，以示強調。

八

烏達羅迦·阿盧尼對兒子希婆多蓋杜說道：「好兒子，聽我講解睡眠的本質。一個人確已入睡，好兒子，這時，他與存在結合。他已進入（apīta）自己（sva），故而人們說他入睡（svapiti）。這是因為他已進入自己。——1

「譬如一隻繫有繩子的鳥朝各個方向騰飛，找不到別的落腳處，便飛回繫縛牠的地方。同樣，好兒子，思想朝各個方向騰飛，找不到別的落腳處，便飛回氣息。好兒子，因為氣息繫縛思想。——2

「氣息繫縛思想」指氣息維繫思想。

「好兒子，聽我講解饑餓和乾渴。一個人感到饑餓，那是水帶走了他吃下的食物。正像牛的引導者（牧牛人）、馬的引導者（馴馬人）和人的引導者（國王），人們稱水是食物的引導者（饑餓）。好兒子，聽我講解芽的萌發。它不可能沒有根。——3

「水帶走食物」指水消化食物。這裡將「饑餓」（aṣanā）一詞解讀為「食物的引導者」（aṣanāya）。

「如果不是食物，它的根在哪兒？正是這樣，好兒子，以食物為芽，你要找到水是根。好兒子，以水為芽，你要找到火光是根。好兒子，以火光為芽，你要找到存在是根。好兒子，這一切眾生都以存在為根，以存在為居處，以存在為根基。——4

「它的根」指人體的根。

「一個人感到乾渴，那是火光帶走了他喝下的水。正像牛的引導者（牧牛人）、馬的引導者（馴馬人）和人的引導者（國王），人們稱火光為水的引導者（乾渴）。好兒子，聽我講解芽的萌發。它不可能沒有根。——5

「火光帶走水」指熱量消耗水分。這裡將「乾渴」（udanyā）解讀為「水的引導者」（udanāya）。

「如果不是水，它的根在哪兒？好兒子，以水為芽，你要找到火光是根。好兒子，以火光為芽，你要找到存在是根。好兒子，這一切眾生都以存在為根，以存在為居處，以存在為根基。好兒子，前面已經說過這三個神靈怎樣進入人，每個都具有三重性。好兒子，人一旦離世，語言返回思想，思想返回氣息，氣息返回火光，火光返回至高的神靈。——6

「它的根」指食物的根。「至高的神靈」指最初的存在。

「這個微妙者構成所有這一切的自我。它是真實，它是自我，它是你，希婆多蓋杜啊！」「父親大人，請繼續教我！」他回答說：「好吧，好兒子！」——7

「這個微妙者」指至高的神靈，最初或至高的存在，也就是至高的自我，即梵。它是世界一切的自我，故而這裡說「它是真實，它是自我，它是你」。以下幾節均闡述這個原理。

九

「好兒子，譬如蜜蜂從各種樹上採集花蜜，將那些蜜汁合成一種蜜汁。它們在這裡不能作出區分：『我是這棵樹的蜜汁，我是那棵樹的蜜汁。』——1

「同樣，好兒子，一切眾生進入存在，但他們不知道『我們進入存在』。——2

「這世上無論什麼，老虎、獅子、豺狼、野豬、蛆蟲、飛鳥、蠓蟲或蚊子，都變成它。——3

「這個微妙者構成所有這一切的自我。它是真實，它是自我，它是你，希婆多蓋杜啊！」「父親大人，請繼續教我！」他回答說：「好吧，好兒子！」——4

十

「好兒子，那些東邊的河流流向東，那些西邊的河流流向西。它們出自大海，又返回大海。確實，

這就是大海。它們在這裡，不知道『我是這條河，我是那條河』。——1

「同樣，好兒子，一切眾生出自存在，但他們不知道『我們出自存在』。這世上無論什麼，老虎、獅子、豺狼、野豬、蛆蟲、飛鳥、蠓蟲或蚊子，都進入它。——2

「這個微妙者構成所有這一切的自我。它是真實，它是自我，它是你，希婆多蓋杜啊！」「父親大人，請繼續教我！」他回答說：「好吧，好兒子！」——3

十一

「好兒子，這棵大樹，如果砍它的樹根，它會流出液汁，而依然活著；砍它的樹幹，它會流出液汁，而依然活著；砍它的樹梢，它會流出液汁，而依然活著。生命自我遍布其中，它吸吮著養分，愉快地挺立。——1

「生命離開一根枝條，這根枝條枯萎；離開第二根枝條，第二根枝條枯萎；離開第三根枝條，第三根枝條枯萎。而離開全部，則全部枯萎。」他繼續說道：「好兒子，你要知道，正是這樣，——2

「生命離去，這個就死去，但生命不死。這個微妙者構成所有這一切的自我。它是真實，它是自我，它是你，希婆多蓋杜啊！」「父親大人，請繼續教我！」他回答說：「好吧，好兒子！」——3

「這個就死去」中的「這個」指人體或一切生物體。「生命」指生命自我。

十二

「去摘一個無花果來！」「這個就是，父親大人！」「剖開它！」「剖開了，父親大人！」「你在裡面看到什麼？」「這些很小的種子，父親大人！」「剖開其中的一顆！」「剖開了，父親大人！」「你在裡面看到什麼？」「什麼也沒有，父親大人！」——1

然後，父親對他說：「好兒子，你沒有看到這個微妙者，而正是由於這個微妙者，這棵大無花果樹得以挺立。請你相信吧，好兒子！——2

「這個微妙者構成所有這一切的自我。它是真實，它是自我，它是你，希婆多蓋杜啊！」「父親大人，請繼續教我！」他回答說：「好吧，好兒子！」——3

十三

「將這把鹽放在水中。然後，你明天早晨來我這裡。」他照這樣做了。「你將昨天傍晚放在水中的那把鹽取出來。」他尋找那把鹽，但找不見，因為全部溶化了。——1

「你從這邊嘗一嘗。怎麼樣？」「鹹的。」「你從中間嘗一嘗。怎麼樣？」「鹹他照這樣做了，感到它始終都在。於是，父親對他說：「好兒子，你在這裡沒有看到這個存在，而它確實是在這裡。——2

「這個微妙者構成所有這一切的自我。它是真實，它是自我，它是你，希婆多蓋杜啊！」「父

親大人，請繼續教我！」他回答說：「好吧，好兒子！」——3

十四

「好兒子，譬如有人遭到綁架，被蒙住眼睛，從犍陀羅帶到一個荒野，扔在那裡。他在那裡朝東、朝北、朝南或朝西，發出呼喊：『我被蒙住眼睛帶到這裡！我被蒙住眼睛扔在這裡！』——1

「譬如有人為他鬆綁，告訴他說：『你朝那個方向走，犍陀羅在那個方向。』他聰明睿智，一個村莊一個村莊問路，最終返回犍陀羅。同樣，在這世上，拜師學習的人都知道：『我要長久留在這裡，直到獲得解脫，然後，我能返回。』——2

「這個微妙者構成所有這一切的自我。它是真實，它是自我，它是你，希婆多蓋杜啊！」「父親大人，請繼續教我！」他回答說：「好吧，好兒子！」——3

十五

「好兒子，親友們圍在一個垂危的病人身邊，詢問：『你認得我嗎？你認得我嗎？』如果他的語言沒有進入思想，思想沒有進入氣息，氣息沒有進入火光，火光沒有進入至高神靈，那麼，他認得。——1

「如果他的語言進入思想，思想進入氣息，氣息進入火光，火光進入至高神靈，那麼，他不認得。——2

「這個微妙者構成所有這一切的自我。它是真實，它是自我，它是你，希婆多蓋杜啊！」「父親大人，請繼續教我！」他回答說：「好吧，好兒子！」——3

十六

「好兒子，人們帶來一個雙手被拽住的人。他們叫喊道：『他偷竊，他犯了偷竊罪！為他燒熱斧子吧！』如果他已經作案，表明自己是說謊者，那麼，他與謊言結合，用謊言覆蓋自己。他握住燒熱的斧子，就會受到燒灼。然後，他被處死。——1

「如果他沒有作案，表明自己是誠實者，那麼，他與真實結合，用真實覆蓋自己。他握住燒熱的斧子，就不會受到燒灼。然後，他被釋放。——2

「正像這樣，它不會受到燒灼。它構成所有一切的自我。它是真實，它是自我，它是你，希婆多蓋杜啊！」他理解了父親的話，他理解了。——3

以手握燒熱的斧子判斷是否犯罪，這是古代的神裁法。「他理解了」重覆一次，以示強調。

第七章

一

那羅陀走近薩那特鳩摩羅，說道：「先生，請您教我。」他回答說：「過來，告訴我你知道什麼，然後我會告訴你更高者。」——1

那羅陀說道：「先生，我學過《梨俱吠陀》、《夜柔吠陀》和《娑摩吠陀》，《阿達婆吠陀》是第四，史詩和往世書是第五，還有吠陀中的吠陀、祭祖學、數學、徵兆學、年代學、辯論學、政治學、神學、梵學、魔學、軍事學、天文學、蛇學和藝術學。先生，我學過這些。——2

其中，「吠陀中的吠陀」指語法學，「梵學」指禮儀學。

「先生，我知道吠陀頌詩，但不知道自我。我聽到像先生這樣的人們說，知道自我的人超越憂愁。先生，我懷有憂愁。請先生幫我超越憂愁，到達彼岸吧！」他回答說：「你學過的所有這些，只是名相。——3

「名相」（nāma）或譯名稱、名號。

「確實，《梨俱吠陀》、《夜柔吠陀》和《娑摩吠陀》，《阿達婆吠陀》是第四，史詩和往世書是第五，還有吠陀中的吠陀、祭祖學、數學、徵兆學、年代學、辯論學、政治學、神學、梵學、魔學、軍事學、天文學、蛇學和藝術學，所有這些只是名相。你崇拜名相吧！——4

「崇拜梵為名相，他就能在名相涉及的範圍中隨意活動，因為他崇拜梵為名相。」「先生，有

比名相更偉大的嗎？」「確實有比名相更偉大的。」「請先生告訴我吧！」——5

二

「確實，語言比名相更偉大。語言讓人理解《梨俱吠陀》、《夜柔吠陀》和《娑摩吠陀》，《阿達婆吠陀》是第四，史詩和往世書是第五，還有吠陀中的吠陀、祭祖學、數學、徵兆學、年代學、辯論學、政治學、神學、梵學、魔學、軍事學、天文學、蛇學和藝術學，天、地、風、空、水、火、天神、凡人、牲畜、飛禽、草木、野獸乃至蛆蟲、飛蟲和螞蟻，以及正法和非法、真實和虛假、善和惡、稱心和不稱心。如果沒有語言，也就無法讓人理解正法和非法、真實和虛假、善和惡、稱心和不稱心。語言讓人理解這一切。你崇拜語言吧！——1

「崇拜梵為語言，他就能在語言涉及的範圍中隨意活動，因為他崇拜梵為語言。」「先生，有比語言更偉大的嗎？」「確實，有比語言更偉大的。」「請先生告訴我吧！」——2

三

「確實，思想比語言更偉大。正像合拳握住兩個菴摩勒果、高勒果或骰子果，思想掌握語言和名相。只要心裡想要誦習頌詩，他就會誦習；想要舉行祭祀，他就會舉行；想要兒子和牲畜，他

就會去追求。因為思想就是自我，思想就是世界，思想就是梵。你崇拜思想吧！——1

「崇拜梵為思想，他就能在思想涉及的範圍中隨意活動，因為他崇拜梵為思想。」「先生，有比思想更偉大的嗎？」「確實，有比思想更偉大的。」「請先生告訴我吧！」——2

四

「確實，意願比思想更偉大。有了意願，他就會產生思想。然後，他說出語言，並按照名相說話。頌詩與名相合一。祭祀與頌詩合一。——1

「意願」(saṅkalpa) 或譯意念、意志。

「所有這些都以意願為會合處，以意願為本質，以意願為根基。天和地由意願產生。風和空由意願產生。水和火由意願產生。依照它們由意願產生，雨由意願產生。依照雨由意願產生，食物由意願產生。依照食物由意願產生，氣息由意願產生。依照氣息由意願產生，頌詩由意願產生。依照頌詩由意願產生，祭祀由意願產生。依照祭祀由意願產生，世界由意願產生。依照世界由意願產生，一切由意願產生。這就是意願。你崇拜意願吧！——2

「崇拜梵為意願，他就會永遠堅固穩定，贏得符合他的意願的、永遠堅固穩定的世界，他就能在意願涉及的範圍中隨意活動，因為他崇拜梵為意願。」「先生，有比意願更偉大的嗎？」「確實，有比意願更偉大的。」「請先生告訴我吧！」——3

五

「確實，心思比意願更偉大。有了心思，他就會有意願。然後，他產生思想。然後，他說出語言並按照名相說話。頌詩與名相合一。祭祀與頌詩合一。——1

「所有這些都以心思為會合處，以心思為本質，以心思為根基。因此，一個人即使富有學問，卻毫無心思，人們也會說這個人什麼也不是。無論這個人知道什麼，如果他真是智者，就不會這樣毫無心思。而一個人即使學問不多，卻有心思，人們也會願意聽取他的話。因為心思是所有這些的會合處；心思是它們是本質；心思是它們的根基。你崇拜心思吧！——2

「崇拜梵為心思，他就會永遠堅固穩定，贏得符合他的心思的、永遠堅固穩定的世界，他就能在心思涉及的範圍中活動，因為他崇拜梵為心思。」「先生，有比心思更偉大的嗎？」「確實，有比心思更偉大的。」「請先生告訴我吧！」——3

六

「確實，沉思比心思更偉大。地彷彿在沉思。空彷彿在沉思。天彷彿在沉思。水彷彿在沉思。山彷彿在沉思。神和人彷彿在沉思。因此，在這世上，人中能取得偉大的成就者，彷彿是沉思的一份報酬。那些小人互相爭吵、誣蔑和誹謗。而那些君子彷彿獲得沉思的一份報酬。你崇拜沉思

吧！——1

「沉思」（dhyāna）或譯靜慮、禪定。

「崇拜梵為沉思，他就能在沉思涉及的範圍中隨意活動，因為他崇拜梵為沉思。」「先生，有比沉思更偉大的嗎？」「確實，有比沉思更偉大的。」「請先生告訴我吧！」——2

七

「確實，意識比沉思更偉大。依靠意識，人們理解《梨俱吠陀》、《夜柔吠陀》和《娑摩吠陀》，《阿達婆吠陀》是第四，史詩和往世書是第五，還有吠陀中的吠陀、祭祖學、數學、徵兆學、年代學、辯論學、政治學、神學、梵學、魔學、軍事學、天文學、蛇學和藝術學，天、地、風、空、水、火、天神、凡人、牲畜、飛禽、草木、野獸乃至蛆蟲、飛蟲和螞蟻，以及正法和非法、真實和虛假、善和惡、稱心和不稱心、食物和飲料、這個世界和另一個世界。確實，依靠意識，人們理解這一切。你崇拜意識吧！——1

「意識」（vijñāna）或譯識、知識、知覺。

「崇拜梵為意識，他就會贏得有意識和有智慧的世界，他就能在意識涉及的範圍中隨意活動，因為他崇拜梵為意識。」「先生，有比意識更偉大的嗎？」「確實，有比意識更偉大的。」「請先生告訴我吧！」——2

八

「確實，力量比意識更偉大。一個有力量的人能使一百個有意識的人顫抖。有力量，他就能立身。能立身，他就能侍奉。能侍奉，他就能拜師。能拜師，他就能成為見者，成為聽者，成為思想者，成為覺醒者，成為行動者，成為認知者。依靠力量，地得以確立。依靠力量，空得以確立。依靠力量，天得以確立。依靠力量，山得以確立。依靠力量，天神和凡人得以確立。依靠力量，牲畜、飛禽、草木、野獸乃至蛆蟲、飛蟲和螞蟻得以確立。依靠力量，世界得以確立。你崇拜力量吧！——1

「崇拜梵為力量，他就能在力量涉及的範圍中隨意活動，因為他崇拜梵為力量。」「有比力量更偉大的嗎？」「確實，有比力量更偉大的。」「請先生告訴我吧！」——2

九

「確實，食物比力量更偉大。因此，如果有人十天不吃，即使還活著，他也變得不能看，不能聽，不能思想，不能覺醒，不能行動，不能認知。然後，他進食，則成為見者，成為聽者，成為思想者，成為覺醒者，成為行動者，成為認知者。你崇拜食物吧！——1

「崇拜梵為食物，他就會獲得有食物和飲料的世界，他就能在食物涉及的範圍中隨意活動，因為他崇拜梵為食物。」「先生，有比食物更偉大的嗎？」「確實，有比食物更偉大的。」「請先

生告訴我吧！」——2

十

「確實，水比食物更偉大。因此，雨水不充足，生物就會生病，心想食物會短缺。而雨水充足，生物就會喜悅，心想食物會豐富。地、空、天、山、天神、凡人、牲畜、飛禽、草木、野獸乃至蛆蟲、飛蟲和螞蟻，這些都是水的形體。確實，這些都是水的形體。你崇拜水吧！——1

「崇拜梵為水，他就會實現一切願望，心滿意足，他就能在水涉及的範圍中隨意活動，因為他崇拜梵為水。」「先生，有比水更偉大的嗎？」「確實，有比水更偉大的。」「請先生告訴我吧！」——2

十一

「確實，光比水更偉大。它抓住風，加熱空。因此，人們說：『炎熱，酷熱，要下雨了。』這是光展示先兆，然後下雨。伴隨向上和橫向的閃電，雷聲滾滾。因此，人們說：『閃電，雷鳴，要下雨了。』這是光展示先兆，然後下雨。你崇拜光吧！——1

「崇拜梵為光，他就會充滿光輝，贏得光輝燦爛、沒有黑暗的世界，他就能在光涉及的範圍中隨意活動，因為他崇拜梵為光。」「先生，有比光更偉大的嗎？」「確實，有比光更偉大的。」「請

先生告訴我吧！」——2

十二

「確實，空比光更偉大。太陽和月亮，還有閃電、星星和火，存在於空中。依靠空，人呼喚。依靠空，人聽到。依靠空，人應答。人娛樂，在空中；人不娛樂，也在空中。人在空中出生，人向空中出生。你崇拜空吧！——1

「崇拜梵為空，他就會贏得充滿空間和光明、沒有阻礙而廣闊無邊的世界，他就能在空涉及的範圍中隨意活動，因為他崇拜梵為空。」「先生，有比空更偉大的嗎？」「確實，有比空更偉大的。」「請先生告訴我吧！」——2

十三

「確實，記憶比空更偉大。因此，如果許多沒有記憶的人聚在一起，他們不可能聽取什麼，思考什麼，理解什麼。而如果他們有記憶，便能聽取，思考，理解。依靠記憶，人們認識兒子。依靠記憶，人們認識牲畜。你崇拜記憶吧！——1

「崇拜梵為記憶，他就能在記憶涉及的範圍中隨意活動，因為他崇拜梵為記憶。」「先生，有

比記憶更偉大的嗎？」「確實，有比記憶更偉大的。」「請先生告訴我吧！」——2

十四

「確實，希望比記憶更偉大。正是希望點燃記憶，人們念誦頌詩，舉行祭祀，渴望兒子和牲畜，追求這個世界和另一個世界。你崇拜希望吧！——1

「崇拜梵為希望，他就會依靠希望實現自己所有願望，他的種種祈求不會落空，他就能在希望涉及的範圍中隨意活動，因為他崇拜梵為希望。」「先生，有比希望更偉大的嗎？」「確實，有比希望更偉大的。」「請先生告訴我吧！」——2

十五

「確實，氣息比希望更偉大。正像輻條安置在輪轂中，所有一切安置在氣息中。生命依靠氣息活動。氣息賦予生命。氣息為了生命。氣息是父親。氣息是母親。氣息是兄弟。氣息是姐妹。氣息是老師。氣息是婆羅門。——1

「如果有人粗暴地回答父親、母親、兄弟、姐妹、老師或婆羅門，人們會對他說：『呸！你是殺父者！你是殺母者！你是殺兄弟者！你是殺姐妹者！你是殺老師者！你是殺婆羅門者！』——2

「而如果這些人命斷氣絕，有人用鐵叉將他們攏在一起火化。人們不會對他說：『你是殺父者！你是殺母者！你是殺兄弟者！你是殺姐妹者！你是殺老師者！你是殺婆羅門者！』──3

「因為所有這一切是氣息。這樣看，這樣想，這樣理解，他就會成為優秀的論者。如果人們對他說：『你是優秀的論者。』他應該回答說：『我是優秀的論者。』而不必否認。」──4

十六

「確實，依靠真實，言談非凡，他就成為優秀的論者。」「先生，但願我依靠真實，成為優秀的論者。」「那麼，應該理解真實。」「先生，我願意理解真實。」──1

十七

「有認識，才能說出真實。沒有認識，不能說出真實。確實，有認識，才能說出真實。因此，應該理解認識。」「先生，我願意理解認識。」──1

十八

「有思想，才會有認識。沒有思想，不會有認識。確實，有思想，才會有認識。因此，應該理解思想。」「先生，我願意理解思想。」──1

十九

「有信仰才會有思想。沒有信仰，不會有思想。確實，有信仰，才會有思想。因此，應該理解信仰。」「先生，我願意理解信仰。」──1

二十

「安身才會有信仰。不安身，不會有信仰。確實，安身，才會有信仰。因此，應該理解安身。」

「先生，我願意理解安身。」──1

二十一

「做事，才能安身。不做事，不能安身。確實，做事，才能安身。因此，應該理解做事。」「先生，我願意理解做事。」──1

二十二

「獲得快樂，才會做事。不獲得快樂，不會做事。確實，獲得快樂，才會做事。因此，應該理解快樂。」「先生，我願意理解快樂。」——1

二十三

「快樂是大者。快樂不在小者。確實，快樂是大者。因此，應該理解大者。」「先生，我願意理解大者。」——1

二十四

「在那裡，不看到其他，不聽到其他，不知道其他，那就是大者。而在那裡，看到其他，聽到其他，知道其他，那便是小者。大者不死，而小者必死。」「先生，它立足於什麼？」「它立足於自己的偉大，甚至它也不立足於偉大。」——1

「在這世上，人們稱說牛、馬、象、金子、奴僕、妻子、田地和房屋偉大。我不這樣說，不這樣說。」他繼續說道：「因為所有這些互相立足。」——2

二十五

「它在下，它在上，它在西，它在東，它在南，它在北。它確實是所有這一切。下面是關於我慢的教誨。我在下，我在上，我在西，我在東，我在南，我在北。我確實是所有這一切。——1

「我慢」（ahaṅkāra）指自我意識。這裡的「我」（aham）是人稱意義上的我。

「下面是關於自我的教誨。自我在下，自我在上，自我在西，自我在東，自我在南，自我在北。自我確實是所有這一切。這樣看，這樣想，這樣理解，娛樂在自我，遊戲在自我，合歡在自我，歡喜在自我，他就成為自治者，能在一切世界中隨意活動。而那些不知道這樣的人，他們成為受他人統治者，生活在那些會毀滅的世界，不能在一切世界中隨意活動。」——2

這裡的「自我」（ātman）不同於我慢，是靈魂意義上的自我。

二十六

「這樣看，這樣想，這樣理解。確實，氣息出自他的自我，希望出自他的自我，記憶出自他的自我，空出自他的自我，光出自他的自我，水出自他的自我，顯現和隱沒出自他的自我，食物出自他的自我，力量出自他的自我，意識出自他的自我，沉思出自他的自我，心思出自他的自我，意願出自他的自我，思想出自他的自我，語言出自他的自我，名相出自他的自我，頌詩出自他的

自我，祭祀出自他的自我。確實，所有這一切出自他的自我。」——1

有偈頌為證：

這樣的見者，不見死亡，
不見疾病，不見痛苦；
這樣的見者，無論何處，
看見一切，獲得一切。
它是唯一，又有三重，
五重，七重，九重，
而據說還有十一重，
一百十一重，兩萬重。

《彌勒奧義書》5.2有類似表述，可參閱。

食物純潔，本性純潔。本性純潔，記憶穩固。獲得這樣的記憶，擺脫一切結縛。尊者薩那特鳩摩羅向滌除汙垢的人，展示超越黑暗、到達彼岸之路。人們稱他為室建陀，稱他為室建陀。——2

「稱他為室建陀」重覆一次，以示強調。薩那特鳩摩羅（Sanatkumāra，或意譯為永童）是一位仙人。這裡稱他為室建陀（Skanda），含義不詳。室建陀在後來的史詩神話中是主神濕婆與雪山神女波哩婆提之子，天兵統帥。

第八章

一

訶利！唵！在這座梵城中，有一座小蓮花屋，屋中有小空間。確實，應該尋找和認識其中的那個。──1

「梵城」喻指身體，「小蓮花屋」喻指心。

如果人們問他：「在這座梵城中，有一座小蓮花屋，屋中有小空間，應該尋找和認識其中的那個是什麼？」他應該回答說：──2

「這心中空間與世界空間等同，
天空和大地兩者都容納其中。
火和風，太陽和月亮，閃電和星星，
凡它所有和所無，一切都容納其中。」──3

如果人們問他：「在這座梵城中，容納所有這一切，一切眾生和一切願望。一旦它衰老和毀滅，還會剩下什麼？」──4

他應該回答說：

「身體衰老，它不衰老；
身體被殺，它不被殺，
它才是真正的梵城，
其中容納各種願望。

「這個自我擺脫罪惡，無老，無死，無憂，不饑，不渴，以真實為欲望，以真實為意願。正如在這裡，眾生服從律令，無論追求的目標是國土，還是一片田地，他們都賴以維生；——5

「正如在這裡，依靠行動贏得的這個世界最終消亡，依靠功德贏得的另一個世界同樣也最終消亡，這樣，他們在這裡沒有發現自我和這些真實的願望，去世後，不能在一切世界中隨意活動。而那些在這裡發現自我和這些真實的願望的人，他們死後，能在一切世界中隨意活動。」——6

二

如果他嚮往父親世界，憑這個意願，父親們就會出現。他擁有父親世界而快樂。——1

如果他嚮往母親世界，憑這個意願，母親們就會出現。他擁有母親世界而快樂。——2

如果他嚮往兄弟世界，憑這個意願，兄弟們就會出現。他擁有兄弟世界而快樂。——3

如果他嚮往姐妹世界，憑這個意願，姐妹們就會出現。他擁有姐妹世界而快樂。——4

如果他嚮往朋友世界，憑這個意願，朋友們就會出現。他擁有朋友世界而快樂。——5

如果他嚮往香料和花環世界，憑這個意願，香料和花環就會出現。他擁有香料和花環世界而快樂。——6

如果他嚮往食物和飲料世界，憑這個意願，食物和飲料就會出現。他擁有食物和飲料世界而快樂。——7

如果他嚮往歌曲和音樂世界，憑這個意願，歌曲和音樂就會出現。他擁有歌曲和音樂世界而快樂。——8

如果他嚮往婦女世界，憑這個意願，婦女們就會出現。他擁有婦女世界而快樂。——9

凡他嚮往的目標，凡他懷抱的願望，憑他的意願，都會出現。他得以擁有而快樂。——10

三

這些真實的願望受到不真實掩蓋。它們本是真實的，卻被不真實掩蓋。因為無論哪個與他相關的人，一旦去世，他就在這世再也見不到這個人。——1

然而，無論是在這世還活著或已去世的人，或者其他任何他求之不得的東西，他都可以進入這裡獲得，因為這些真實的願望被不真實掩蓋。正像埋藏的金庫，人們不知道它的地點，一次次踩

在上面走過，而毫不察覺。同樣，一切眾生天天走過這個梵界，而毫不察覺，因為他們受到不真實蒙蔽。——2

這個自我在心中。這是對它的詞源說明：這個（ayam）在心中（hṛdi），因此，稱為心（hṛdayam）。知道這樣，他就能天天前往天國世界。——3

這個平靜者離開這個身體，上升，抵達至高的光，呈現自己的本相。這是自我。它不死，無畏，它是梵。這個梵，名為真實（satyam）。——4

它含有三個音節：sat、ti和yam。這個sat是不死，這個ti是必死，而依靠這個yam控制這兩者。依靠它控制這兩者，因此是yam。知道這樣，他就能天天前往天國世界。——5

「真實」（satya）一詞的實際構成是由sat（「存在」）加上後綴ya。中性體格為satyam。而在這裡拆解為sat、ti和yam。yam作為動詞詞根，義為控制。《大森林奧義書》5.5.1對這個詞有另一種拆解讀法，可參閱。

四

這個自我是堤壩，是分界，以免這些世界混亂。白晝和黑夜不越過這個堤壩，衰老、死亡、憂愁、善行和惡行也是這樣。一切罪惡從這裡退回。因為這裡是擺脫罪惡的梵界。——1

因此，越過這個堤壩，盲人不再是盲人，傷者不再是傷者，病人不再是病人。因此，越過這個堤壩，黑夜也變成白晝。因為這個梵界永遠明亮。——2

那些依靠梵行發現這個梵界的人，他們擁有這個梵界。他們能在一切世界中隨意活動。——3

五

人們所說的祭祀（yajña）實際上是梵行。因為憑藉梵行，才得知這個人（yaḥ）是知者（jñātā）。人們所說的祭品（iṣṭa）實際上是梵行。因為依靠梵行，通過追求（iṣṭvā），才獲得自我。——1

人們所說的多年祭（sattrāyaṇa）實際上是梵行。因為依靠梵行，才獲得那個存在（sat）即自我的保護（trāṇa）。人們所說的沉默誓（mauna）實際上是梵行。因為依靠梵行，才發現自我，思考（manute）自我。——2

人們所說的齋戒（anāśakāyana）實際上是梵行。因為依靠梵行發現的這個自我不毀滅（na naśyati）。人們所說的林居（araṇyāyana）實際上是梵行。ara和ṇya是梵界中的兩座海（arṇavau），在第三天界。那裡還有愛蘭摩迪耶湖，流淌蘇摩汁的菩提樹，不可戰勝的梵城，神主建造的金宮。——3

那些依靠梵行發現梵界中ara和ṇya這兩座海的人，他們能在一切世界中隨意活動。——4

六

心的這些脈管含有各種精細的色素，褐色，白色，藍色，黃色，紅色。那個太陽也是這樣，褐色，

白色，藍色，黃色，紅色。——1

正像大道延伸，貫通兩個村莊：這個村莊和另一個村莊，太陽的光芒也貫通兩個世界：這個世界和另一個世界。它們從那個太陽進入這些脈管，又從這些脈管進入那個太陽。——2

如果一個人進入沉睡，徹底平靜，不做夢，他就進入了這些脈管。他不再觸及任何罪惡。因為這時他已經與光融合。——3

如果一個人病危無力，圍坐在身邊的人們問他：「你認得我嗎？」只要他還沒有離開這個身體，那麼，他還認得。——4

一旦他離開這個身體，他就與這些光芒一起上升，或者，隨著唵音上升。一念之間，就抵達太陽。確實，那是世界之門，對知者敞開，對不知者關閉。——5

有偈頌為證：

有一百零一條心脈，
其中一脈通向頭頂，
由它向上引向永恆，
其他各脈通向各方。——6

七

生主說：「這個自我擺脫罪惡，無老，無死，無憂，不餓，不渴，以真實為欲望，以真實為意願。應該尋找它，應該認識它。一旦發現它，認識它，就能獲得一切世界，實現一切願望。」——1

天神和阿修羅雙方都知道了這一點。他們都說：「我們要尋找這個自我。找到了它，就能獲得一切世界，實現一切願望。」於是，天神中的因陀羅和阿修羅中的維羅遮那出發。他倆不約而同，手持柴薪，來到生主身邊。——2

他倆過了三十二年梵行者的生活。然後，生主詢問他倆：「你倆住在這裡，想要得到什麼？」他倆回答說：「這個自我擺脫罪惡，無老，無死，無憂，不饑，不渴，以真實為欲望，以真實為意願。應該尋找它，應該認識它。一旦發現它，認識它，就能獲得一切世界，實現一切願望。人們說，這些是你說的話。我倆住在這裡，想要找到它。」——3

生主對他倆說：「在眼睛中看到的這個人，就是自我。」他又說道：「它不死，無畏，它是梵。」「那麼，尊者，在水中和鏡中看到的這個是誰？」他回答說：「在所有這些中看到的都是這個。」——4

八

「你倆看這盆水。如果認不出自我，就告訴我。」於是，他倆看這盆水。然後，生主詢問他倆：「看到了什麼？」他倆回答說：「我倆看到了我倆的整個自我，尊者，連毛髮和指甲都一模一樣。」——1

生主對他倆說：「你倆精心打扮，衣著華麗，全身裝飾，再來看這盆水。」於是，他倆精心打扮，衣著華麗，全身裝飾，再來看這盆水。生主詢問他倆：「看到了什麼？」——2

他倆回答說：「正像我倆精心打扮，衣著華麗，全身裝飾，尊者，這裡的我倆也一樣，精心打扮，衣著華麗，全身裝飾。」然後，他說道：「這是自我。它不死，無畏，它是梵。」於是，他倆安心地離開。——3

生主望著他倆，說道：「他倆沒有獲得自我，沒有找到自我，就這樣離去。無論天神和阿修羅哪一方，倘若依據這種奧義，必定失敗。」確實，維羅遮那安心地回到阿修羅那裡，向他們宣講這種奧義：「在這世上，自我應該受尊敬，自我應該受侍奉。在這世上，尊敬自我，侍奉自我，他就會獲得兩個世界：這個世界和另一個世界。」——4

維羅遮那將自我認同為身體，因而，他所說的自我，實際是指身體。

因此，直到現在，在這世上，人們提到不施捨者、不信仰者和不祭祀者，就會說：「哎呀！這個阿修羅！」因為這是阿修羅的奧義。他們用乞討來的衣服和裝飾品裝飾死者的身體。因為他們以為這樣能贏得另一個世界。——5

然而，因陀羅還沒有回到眾天神那裡，就發現其中的危險：「這個身體精心打扮，衣著華麗，全身裝飾，它也精心打扮，衣著華麗，全身裝飾。那麼，同樣，這個身體眼瞎，腳跛，殘廢，它也眼瞎，腳跛，殘廢。這個身體毀滅，它也毀滅。我實在看不出其中的好處。」——1

於是，他又手持柴薪，返回。生主詢問他：「摩伽凡啊，你已經和維羅遮那一起安心地離去，現在又回來，想要什麼？」他回答說：「這個身體精心打扮，衣著華麗，全身裝飾，它也精心打扮，衣著華麗，全身裝飾。那麼，同樣，這個身體眼瞎，腳跛，殘廢，它也眼瞎，腳跛，殘廢。這個身體毀滅，它也毀滅。我實在看不出其中的好處。」——2

他說道：「確實是這樣，摩伽凡！但是，我會繼續為你講解。你就再住上三十二年吧！」因陀羅又住了三十二年。然後，生主對他說：——3

十

「它在夢中愉快地活動。這是自我。它不死，無畏，它是梵。」於是，他安心地離去。然而，他還沒有回到眾天神那裡，就發現其中的危險：「即使這個身體眼瞎，它不眼瞎；腳跛，它不腳跛；殘廢，它不殘廢；有缺陷，它沒有缺陷，——1

「即使身體被殺，它不被殺；身體腳跛，它不腳跛，依然彷彿有些人殺害它，有些人撕剝它衣裳，

它會感到不愉快，甚至彷彿在哭泣。我實在看不出其中的好處。」——2

這裡是說夢中也有不愉快的體驗。

於是，他又手持柴薪，返回。生主詢問他：「摩伽凡啊，你已經安心地離去，現在又回來，想要什麼？」他回答說：「即使這個身體眼瞎，它不眼瞎；腳跛，它不腳跛；有缺陷，它沒有缺陷，——3

「即使身體被殺，它不被殺；身體腳跛，它不腳跛，依然彷彿有些人殺害它，有些人撕剝它衣裳，它會感到不愉快，甚至彷彿在哭泣。我實在看不出其中的好處。」他說道：「確實是這樣，摩伽凡！但是，我會繼續為你講解。你就再住上三十二年吧！」因陀羅又住了三十二年。然後，生主對他說：——4

十一

「它進入沉睡，徹底平靜，不做夢。這是自我。它不死，無畏，它是梵。」於是，他安心地離去。然而，他還沒有回到眾天神那裡，就發現其中的危險：「按照方才所說，它在此刻不知道自己，不知道『我是它』，甚至也不知道其他這些生物。它實際上已經毀滅。我實在看不出其中的好處。」——1

於是，他又手持柴薪，返回。生主詢問他：「摩伽凡啊，你已經安心地離去，現在又回來，想要什麼？」他回答說：「按照方才所說，它在此刻不知道自己，不知道『我是它』，甚至也不知道其他這些生物。它實際上已經毀滅。我實在看不出其中的好處。」——2

他說道：「確實是這樣，摩伽凡！但是，我會繼續為你講解。你就再住上五年吧！」因陀羅又住了五年。這樣，總共一百零一年。因此，人們說：「摩伽凡在生主那裡過了一百零一年梵行者的生活。」然後，生主對他說：——3

十二

「摩伽凡啊，這個身體由死神掌控，必然死亡。但它是不死的、無身體的自我的居處。有身體者受苦樂愛憎控制。確實，有身體者不能擺脫苦樂愛憎。而苦樂愛憎不接觸無身體者。——1

「風無身體。雲、閃電和雷也無身體。它們從空中上升，抵達至高的光，呈現自己的本相。——2

「同樣，這個平靜者離開這個身體，上升，抵達至高的光，呈現自己的本相。它是至高原人。他在那裡漫遊，歡笑，遊戲，娛樂，享有婦女、車輛和親友，而不記得這個附屬的身體。正像牲口繫於車輛，氣息繫於身體。——3

「若是眼睛凝望空中，正是有這位觀看的原人，從而眼睛觀看。正是這個自我確定：『讓我嗅這個吧！』從而鼻子嗅這個。正是這個自我確定：『讓我說這個吧！』從而語言說這個。正是這個自我確定：『讓我聽這個吧！』從而耳朵聽這個。——4

「正是這個自我確定：『讓我想想這個吧！』思想是他的天眼。憑藉思想這個天眼，他在梵界娛樂，看到這些歡樂。——5

「確實，眾天神崇拜這個自我。因此，他們獲得一切世界，實現一切願望。發現這個自我，認識這個自我，他就能獲得一切世界，實現一切願望。」生主這樣說，生主這樣說。——6

「生主這樣說」重覆一次，以示強調。

十三

我從黑暗走向絢麗多彩，從絢麗多彩走向黑暗。正像馬揮動鬃毛，我摒棄罪惡；正像月亮擺脫羅睺之嘴，我擺脫不完美的身體，完美的自我到達梵界，到達梵界。——1

羅睺（Rāhu）是吞食月亮和太陽的阿修羅。「到達梵界」重覆一次，以示強調。

十四

確實，名為空者帶來名和色。梵在它們之中。它不死，它是自我。我到達生主的會堂和住處。我是婆羅門們的光榮。我是國王們的光榮。我是吠舍們的光榮。我已經贏得光榮。我是光榮中的光榮。不要讓我變成白髮和無齒者。不要讓我變成無齒、白髮和流涎者。不要讓我變成流涎者。——1

十五

梵天將這傳給生主。生主傳給摩奴。摩奴傳給眾生。在老師家中，按照儀軌，在為老師效勞之餘，學習吠陀。然後，他返回自己家中，在潔淨之處繼續誦習。他供養守法的人們，控制一切感官，除了在聖地祭祀，不傷害一切眾生。他這樣活夠歲數後，前往梵界，不再返回，不再返回。——1

「不再返回」重覆一次，以示強調。

愛多雷耶奧義書

我的語言立足思想，我的思想立足語言。光輝者啊，請你為我顯現！帶給我吠陀！別讓我失去學問！正是依靠這種學問，我維持日和夜。我將宣說正道，我將宣說真理。但願它保護我！但願它保護宣說者！但願它保護我，保護宣說者，保護宣說者！

唵！和平！和平！和平！

以上是開頭的和平禱詞，旨在祈求神保佑，以排除各種障礙，順利獲得智慧。「和平」（Śānti）一詞含有平安、平靜、安寧和清淨等意義。

第一章

一

最初，自我就是這個。他是唯一者，沒有其他任何睜眼者。他想：「現在讓我創造世界吧！」——1

「這個」指這個世界。「唯一者」指自我是世界的唯一存在。參閱《大森林奧義書》1.4.1。

他創造這些世界：水（ambhas）、光、死亡和水（āpa）。水（ambhas）在天上，天是支撐者。光是空。死亡是地。地下是水（āpa）。——2

這裡，前一種水指天上之水，後一種水指地下之水。死亡是地，意謂凡是在地上的都會死去。

他思忖：「這些是世界，現在讓我創造世界的保護者吧！」於是，他從水中取出原人，賦予形狀。——3

他給原人加熱。原人受熱後，嘴張開，似卵。從嘴中產生語言，從語言中產生火。鼻孔張開，從鼻孔中產生氣息，從氣息中產生風。眼睛張開，從眼睛中產生目光，從目光中產生太陽。耳朵張開，從耳朵中產生聽覺，從聽覺中產生方位。皮膚張開，從皮膚中產生寒毛，從寒毛中產生草木。心張開，從心中產生思維，從思維中產生月亮。肚臍張開，從肚臍中產生下氣，從下氣中產生死亡。生殖器張開，從生殖器中產生精液，從精液中產生水。——4

《梨俱吠陀》10.90 描寫原人（Puruṣa，即原始巨人）化身世界：「從他的心中產生月亮，眼中產生太陽，嘴中產生因陀羅和火，呼吸中產生風。從他的肚臍中產生空，頭中產生天，腳中產生地，耳中產生方位，組成世界。」可參閱。

二

這些神靈被創造出來後，沉入這個大海。大海用饑渴麻煩他。他們對他說道：「請你為我們確定住處，讓我們安居那裡，吃到食物。」——1

「大海」指生死輪迴之海。

他為他們牽來牛。他們說道：「這對於我們還不夠。」他為他們牽來馬。他們說道：「這對於我們還不夠。」——2

他為他們帶來人。他們說道：「啊，美好的造物！」人的確是美好的造物。他對他們說道：「你

們進入各自的住處吧！」——3

火變成語言，進入嘴。風變成氣息，進入鼻孔。太陽變成目光，進入眼睛。方位變成聽覺，進入耳朵。草木變成寒毛，進入皮膚。月亮變成思維，進入心。死亡變成下氣，進入肚臍。水變成精液，進入生殖器。——4

饑渴對他說道：「請你為我倆確定住處。」他對它倆說道：「我將你倆安排在眾神靈中，成為他們的分享者。」因此，無論哪位神靈獲得祭品，饑渴都成為那位神靈的分享者。——5

三

他思忖：「這些是世界和世界保護者。讓我為他們創造食物吧！」——1

他給水加熱。從受熱的水中產生形態。形態產生食物。——2

食物被創造出來後，企圖逃跑。他想用語言抓住它。但他不能用語言抓住它。如果能用語言抓住它，那麼，只要說一下食物，也就飽了。——3

他想用氣息抓住它。但他不能用氣息抓住它。如果能用氣息抓住它，那麼，只要吹一下食物，也就飽了。——4

他想用目光抓住它。但他不能用目光抓住它。如果能用目光抓住它，那麼，只要看一下食物，也就飽了。——5

他想用聽覺抓住它。但他不能用聽覺抓住它。如果能用聽覺抓住它，那麼，只要聽一下食物，也就飽了。——6

他想用皮膚抓住它。但他不能用皮膚抓住它。如果能用皮膚抓住它，那麼，只要接觸一下食物，也就飽了。——7

他想用思維抓住它。但他不能用思維抓住它。如果能用思維抓住它，那麼，只要想一下食物，也就飽了。——8

他想用生殖器抓住它。但他不能用生殖器抓住它。如果能用生殖器抓住它，那麼，只要射一下食物，也就飽了。——9

他想用下氣抓住它，果然抓住了它。那是風抓住了食物。風以食物為生命。——10

他思忖：「缺了我，這一切怎麼存在？」他思忖：「我通過哪兒進入？」他思忖：「如果說話通過語言，呼吸通過氣息，觀看通過目光，諦聽通過聽覺，接觸通過皮膚，沉思通過思維，消化通過下氣，射精通過生殖器，那麼，我該怎樣？」——11

他裂開頭頂，從那個門進入。這個門名為骨縫。它是歡喜。他有三個居處，三種睡眠：這個居處，這個居處，這個居處。——12

「三個居處，三種睡眠」指自我的三種精神意識狀態：清醒狀態、做夢狀態和沉睡狀態。參閱《蛙氏奧義書》。

他出生後，觀察眾生，心想：「怎麼說這裡還有另一個？」他看到那個原人，遍及一切的梵，

說道：「我看到這個（idam adarśam）。」——13

因此，他名為伊檀陀羅（Idandra，即「看到這個」）。他確實名為伊檀陀羅，而他們使用隱稱，稱他為因陀羅（Indra），因為眾天神似乎喜愛隱稱，確實因為眾天神似乎喜愛隱稱。——14

「他」指自我，即進入身體的個體自我。而梵是宇宙自我。《大森林奧義書》4.2.2 也提到因陀羅是隱稱，可參閱。

第二章

起初，這個在人中成為胎藏。這精液是從所有肢體中聚合的精力。他在自我中維持這個自我。他將它置入女子後，使它出生。這是他的第一生。——1

「這個」指自我。

它成為女子的自我，猶如她自己的肢體。因此，它不傷害她。她滋養進入的、他的這個自我。——2

她滋養它，因此他也應該滋養她。女子維持這個胎藏。在出生之前和之後，他養育這孩子。他這樣在出生之前和之後養育這孩子，也就是養育自我，以維繫這些世界，因為這些世界正是這樣得到維繫。這是他的第二生。——3

前面的「第一生」指成為精液，這裡的「第二生」指成為孩子。

他依靠功德確立他的這個自我。然後，他的另一個自我完成任務，壽命終結而離去。他從這裡

離去，又再生。這是他的第三生。仙人曾說：——4

「另一個自我」指他的父親。

我在胎藏中，就已知道所有這些天神的出生；
一百個鐵城堡守衛我，我也如兀鷹快速騰飛。

瓦摩提婆仙人處在胎藏中時，就曾這樣說。——5

「城堡」喻指身體。這首頌詩見《梨俱吠陀》4.27.1。

他知道這樣，因此，在身體壞死後，向上騰飛到那個天國世界，實現一切願望，達到永恆，達到永恆。——6

「達到永恆」重覆一次，以示強調。

第三章

這是誰？我們尊奉他為自我。這個自我是哪一位？通過他而看，通過他而聽，通過他而嗅，通過他而說話，通過他而知道有味和無味。——1

這是心。這是思維。這是意識，知覺，知識，智慧，智力，見識，堅定，思想，理解，決心，記憶，意圖，意志，活力，欲望，控制。所有這些實際都是智慧的名稱。——2

他是梵。他是因陀羅。他是生主，所有天神，五大元素：地、風、空、水和光，各種各樣微小的混合物，各種各樣的種子，卵生物，胎生物，濕生物，芽生物，馬，牛，人，象，任何一種生物：動物、飛禽和植物。這一切以智慧為眼，立足智慧。世界以智慧為眼。智慧即根基。智慧即梵。——3

「卵生物」指鳥禽，「胎生物」指人和哺乳動物，「濕生物」指生於潮濕環境中的昆蟲，「芽生物」指草木和植物。

依靠這個智慧的自我，他從這個世界騰飛到那個天國世界，實現一切願望，達到永恆，達到永恆。——4

泰帝利耶奧義書

ॐ

第一 語音學章

一

訶利！唵！願密多羅賜福我們！願伐樓那賜福我們！願阿利耶摩賜福我們！願因陀羅和毗訶波提賜福我們！願大步跨越的毗濕奴賜福我們！

向梵致敬！風啊，向你致敬！你是可見的梵。我要說你是可見的梵。我要說你是規律。我要說你是真理。

願它保護我！願它保護說者！保護我！保護說者！

唵！和平！和平！和平！——1

本節是和平禱詞。其中第一段採自《梨俱吠陀》1.90.9。

二

我們現在說明語音學：字母、聲調、音量、音力、發音和結合。這便是所謂的語音學。——1

「字母」即音素。「聲調」分為高調、低調和降調。「音量」指發音時間，以短元音的發音時間為計量標準。「音力」指強調性的重音。「結合」指前後兩個音節連接之處音素的結合，也稱連聲。

三

願我倆一起獲得名聲！願我倆一起獲得梵的光輝！我們現在說明結合的奧義。五種結合：關於世界，關於光，關於知識，關於繁殖，關於自我。人們說這些是大結合。

「我倆」指師生倆。

現在，關於世界。大地是前面的形態，天空是後面的形態，空是結合，風是聯繫。這是關於世界。——1

這裡所謂的「大結合」是對語音學中的連聲的引申用法。前面和後面的形態相當於前面和後面的音節。

現在，關於光。火是前面的形態，太陽是後面的形態，水是結合，閃電是聯繫。這是關於光。——2

現在，關於知識。老師是前面的形態，學生是後面的形態，知識是結合，言教是聯繫。這是關於知識。——3

現在，關於繁殖。母親是前面的形態，父親是後面的形態，繁殖是結合，生育是聯繫。這是關於繁殖。——4

現在，關於自我。下顎是前面的形態，上顎是後面的形態，語言是結合，舌頭是聯繫。這是關於自我。——5

任何人知道這裡所說明的這些大結合，他就會與子孫、牲畜、梵的光輝、食物以及天國世界結合。——6

四

頌詩中的雄牛，宇宙的形象，產生自頌詩和永恆者，願這位因陀羅賜予我智慧！神啊，願我具備永恆性！

願我的身體充滿活力！願我的舌頭極其甜蜜！願我的耳朵聽取大量學問！你是梵鞘，覆蓋著智慧，願你保護我的學問！——1

女神繁榮，經常迅速地為自己和為我產生衣服、牛、食物和飲料。願你帶給我財富，毛皮動物和牲畜，娑婆訶！

娑婆訶（svāhā）是感嘆詞。

願梵行者們從各地來到我這裡，娑婆訶！

願梵行者們紛紛來到我這裡，娑婆訶！

願梵行者們以正確的方式來到我這裡，娑婆訶！

願梵行者們能夠自制，娑婆訶！

願梵行者們能夠平靜，娑婆訶！——2

「梵行者」（brahmacārin）指學生。

願我在眾人中享有名聲，娑婆訶！

願我比富有者更富有，娑婆訶！
尊者啊，願我進入你，娑婆訶！
尊者啊，願你進入我，娑婆訶！
你的分支數以千計，尊者啊，我在你之中，得到淨化，娑婆訶！
猶如水沿坡流下，月份走向年份，維持者啊，願梵行者們從各地來到我這裡，娑婆訶！
你是庇護所，照亮我！來到我！——3

五

菩訶（bhūḥ）、菩婆訶（bhuvaḥ）和蘇婆訶（suvaḥ）是三個專門用語。而摩訶遮摩息耶提出第四個，即摩訶（mahaḥ）。那是梵，那是自我。其他的天神都是肢體。菩訶是這個世界。菩婆訶是空中。蘇婆訶是那個世界。——1

「專門用語」（vyāhṛti）指祭祀儀式中的專門用語或神祕用語。

摩訶是太陽。正是憑藉太陽，一切世界變得偉大。或者，菩訶是火。菩婆訶是風。蘇婆訶是太陽。摩訶是月亮。正是憑藉月亮，一切星體變得偉大。或者，菩訶是梨俱。菩婆訶是娑摩。蘇婆訶是夜柔。——2

摩訶是梵。憑藉梵，一切吠陀變得偉大。或者，菩訶是元氣。菩婆訶是下氣。蘇婆訶是行氣。摩訶是食物。正是憑藉食物，一切氣息變得偉大。它們每組四個，有四組。這樣，四個一組，有四組專門用語。知道這些，也就知道梵。所有的天神都向他進貢。——3

六

這個原人由思想構成，永恆，金色，在心內空間中。似乳頭，懸掛在上顎兩脈之間，那是因陀羅的出生處。他在頭髮分縫處，穿透頭蓋骨而出。他居於名為菩訶的火中，名為菩婆訶的風中。——1

這裡描述原人居於人心中，向上經過上顎，穿透頭頂而出。

他居於名為蘇婆訶的太陽中，名為摩訶的梵中。他成為自主者。他成為思想之主，語言之主，眼睛之主，耳朵之主，知識之主。進而，他成為梵，以空為身體，以真理為自我，熱愛生命，喜歡思想，充滿平靜而永恆。波羅吉那約基那啊，你要這樣崇拜他！——2

波羅吉那約基那是聆聽老師教導的學生名。

七

大地、空中、天空、方位和中間方位，火、風、太陽、月亮和星星，水、藥草、樹木、空和自我。

這些是關於萬物。

「方位」指東南西北上下。「中間方位」指東南、西南、西北和東北。這裡提到的「自我」可以讀解為身體。

然後，關於自我。元氣、行氣、下氣、上氣和中氣，眼睛、耳朵、思想、語言和觸覺，皮、肉、筋、骨和骨髓。作出這種安排，仙人解釋說：「這所有一切都是五重結構。依靠五重獲得五重。」——1

八

唵是梵。唵是這一切。唵是應允。因為說：「哦（O），請吟誦！」人們便吟誦。隨同唵，吟誦娑摩。隨同唵（Om）和頌（Som），吟誦禱詞。隨同唵，行祭者祭司應答。隨同唵，梵祭司開始吟誦。隨同唵，允許火祭開始。婆羅門先說「唵」，然後說：「願我獲得梵！」他確實獲得梵。——1

在重大的祭祀儀式中，有四位祭官：誦者祭司、歌者祭司、行祭者祭司和監督者祭司（即梵祭司）。「行祭者祭司應答」指應答誦者祭司。

九

規律，學習和教學。真理，學習和教學。苦行，學習和教學。自制，學習和教學。平靜，學習和教學。火，學習和教學。火祭，學習和教學。客人，學習和教學。人性，學習和教學。繁殖，學習和教學。生育，學習和教學。後嗣，學習和教學。

這裡強調在認識和把握世界中，學習和教學的重要性。

說話真實的羅提多羅說：「真理。」堅持苦行的寶盧希濕迪說：「苦行。」擺脫痛苦的莫德伽利耶確認學習和教學，因為那就是苦行，那就是苦行。——1

十

「我是樹的搖動者，名聲高似山頂，崇高而純潔，如同太陽。我是永恆者，光輝的財富，聰明睿智，永生，不衰竭。」特利商古依據吠陀這樣說。——1

這裡的「樹」指宇宙之樹或輪迴之樹，也就是《伽陀奧義書》2.3.1和《彌勒奧義書》6.4中提到的「菩提樹」（Aśvattha）。《摩訶婆羅多》6.37.1稱這樹為「菩提樹」，14.47.13稱這樹為「梵樹」（Brahmavṛkṣa），可參閱。特利商古是仙人名。

十一

老師向學生傳授吠陀後，教導他說：

你要說真話，遵行正法，不要放鬆學習。在贈送老師可愛的財物後，你不要斷絕後嗣。不要忽視真理，不要忽視正法，不要忽視幸福，不要忽視繁榮，不要忽視學習和教學，不要忽視供奉天

神和祖先。——1

你要奉母親為神。你要奉父親為神。你要奉老師為神。你要奉客人為神。你要從事那些不受非議的事，而非其他。你要遵奉我們之中的善行，而非其他。——2

那些優於我們的婆羅門，你要請他們入座休息。你要虔誠地供奉，而非不虔誠地供奉。你要慷慨地供奉，羞赧地供奉。你要敬畏地供奉，憐愛地供奉。——3

如果你對事情有疑惑，或對行為有疑惑，那麼，你就按照那些婆羅門的方式去做。這些婆羅門善於思考，自我約束而不受他人約束，不苛刻，熱愛正法。——4

還有，對於受指責者，你也要按照那些婆羅門的方式去做。這些婆羅門善於思考，自我約束而不受他人約束，不苛刻，熱愛正法。——5

這是教導。這是教誨。這是吠陀的奧義。這是教誡。應該遵照執行，應該遵照執行。——6

十二

願密多羅賜福我們！願伐樓那賜福我們！願阿利耶摩賜福我們！願因陀羅和毗訶波提賜福我們！願大步跨越的毗濕奴賜福我們！

向梵致敬！風啊，向你致敬！你是可見的梵。我要說你是可見的梵。我要說你是規律。我要說你是真理。

願它保護我！願它保護說者！保護我！保護說者！

唵！和平！和平！和平！——1

第二梵歡喜章

願他保護我倆！願他欣賞我倆！願我倆勇健精勤！願我倆學業輝煌！願我倆不怨懟！

唵！和平！和平！和平！

一

唵！知梵者達到至高者。有詩為證：

梵是真理、知識和無限，
居於洞穴中，至高的空中；
誰知道這樣，便和睿智
的梵一起，實現一切願望。

「洞穴中」指心中。

從它或從這個自我中產生空。從空中產生風。從風中產生火。從火中產生水。從水中產生地。從地中產生藥草。從藥草中產生食物。從食物中產生人。

這個人由食物的精華構成。這是他的頭。這是右側。這是左側。這是自我。這是下體，根基。

有偈頌為證：——1

二

這些眾生依賴大地，全都從食物中產生，
然後，他們依靠食物生活，最終又返回它；
食物在生物中最古老，被稱為一切的藥草。
凡是崇拜梵為食物，他們獲得所有的食物，
食物在生物中最古老，被稱為一切的藥草。
生物從食物中產生後，又依靠食物生長，
食物被吃，也吃生物，故而被稱為食物。

食物（anna）這個名詞源自動詞詞根「吃」（ad）。

這內在的自我由氣息構成，不同於由食物精華構成的人。人體充滿氣息。氣息也呈現人的模樣。

它的人的模樣效仿人體的人的模樣。元氣是它的頭。行氣是右側。下氣是左側。空是自我。地是下體，根基。這也有偈頌為證：——1

三

眾天神隨著氣息呼吸，人和牲畜也是如此；
氣息是眾生壽命，故而被稱為一切的壽命。
凡是崇拜梵為氣息，他們獲得全部的壽命；
氣息是眾生壽命，故而被稱為一切的壽命。

這確實是前者的有身自我。這內在的、由思想構成的自我，不同於由氣息構成的自我。氣息充滿思想。思想也呈現人的模樣。它的人的模樣效仿氣息的人的模樣。夜柔是它的頭。梨俱是右側。娑摩是左側。教導是自我。阿達婆和安吉羅是下體，根基。這也有偈頌為證：——1

四

「前者的有身自我」這個短語中，「前者」指人的身體；「有身自我」指存在於身體中的自我。阿達婆和安吉羅是兩位拜火祭司名。這兩個名字的合稱用於指稱《阿達婆吠陀》。

語言和思想不能到達而從那裡返回，
如果知道梵的歡喜，他就無所畏懼。

這確實是前者的有身自我。這內在的、由知識構成的自我，不同於由思想構成的自我。思想充滿知識。知識也呈現人的模樣。它的人的模樣效仿思想的人的模樣。信仰是它的頭。規律是右側。真理是左側。瑜伽是自我。摩訶是下體，根基。這也有偈頌為證：——[1]

「瑜伽」（Yoga）指修練身心的方法。

五

知識指導祭祀，知識也指導行動，
一切天神崇拜最古老的梵為知識。
如果知道梵是知識，而不懈怠放逸，
摒棄身體的罪惡，就實現一切願望。

這確實是前者的有身自我。這內在的、由歡喜構成的自我，不同於由知識構成的自我。知識充滿歡喜。歡喜也呈現人的模樣。它的人的模樣效仿知識的人的模樣。可愛是它的頭。歡欣是右側。喜悅是左側。歡喜是自我。梵是下體，根基。這也有偈頌為證：——[1]

以上將自我分成由食物、氣息、思想、知識和歡喜構成的自我，步步深入。

六

如果他知道梵是不存在，
那麼，他自己也不存在；
如果他知道梵是存在，
那麼，人們知道他存在。

這確實是前者的有身自我。由此產生疑問：

任何不知者死後前往那個世界嗎？
或任何知者死後前往那個世界嗎？

「不知者」指不知梵者，「知者」指知梵者。

他產生願望：「我要變多，我要繁殖。」他實施了苦行，創造這一切。創造了所有這一切，他進入其中。進入了其中，他成為存在者和無形者，可言說者和不可言說者，居處和非居處，知識和非知識，真實和非真實。真實成為所有這一切。人們稱之為真實。這也有偈頌為證：——[1]

[1] 這裡的「他」指至高自我，也就是梵。

七

最初，這一切不存在，而從它產生存在；
它自己創造自我，因此，它被稱為善行。

這確實是善行，確實是本質。獲得這種本質，也就獲得歡喜。如果空中沒有這種歡喜，誰會吸氣？誰會呼氣？因為它確實導致歡喜。因為一旦在這不可見者、無形體者、不可言說者和非居處者中發現無所畏懼是根基，他就會達到無所畏懼。而一旦在它之中製造哪怕細微的裂縫，他就會產生恐懼。確實，缺乏思考的知者懷有恐懼。這也有偈頌為證：——1

八

出於懼怕它，風兒吹拂，
出於懼怕它，太陽升起，
火，因陀羅，死亡為第五，
出於懼怕它，迅速跑動。

下面是對歡喜的探究。若有一個青年，是個好青年，勤奮好學，行動敏捷，意志堅定，身體強健，這個大地和所有財富全都屬於他，這算作一個凡人的歡喜。

一百個凡人的歡喜構成一個凡人健達縛的歡喜，也就是精通吠陀而不受欲望傷害者的歡喜。

健達縛（或譯乾達婆）是天國歌伎。「凡人健達縛」指由凡人變成的健達縛。

一百個凡人健達縛的歡喜構成一個天神健達縛的歡喜，也就是精通吠陀而不受欲望傷害者的歡喜。

一百個天神健達縛的歡喜構成一個居於永久世界的祖先的歡喜，也就是精通吠陀而不受欲望傷害者的歡喜。

一百個居於永久世界的祖先的歡喜構成一個天生天神的歡喜，也就是精通吠陀而不受欲望傷害者的歡喜。

「天生天神」指出生在天上的天神。

一百個天生天神的歡喜構成一個業報天神的歡喜，也就是精通吠陀而不受欲望傷害者的歡喜。

「業報天神」指依靠善業升入天國的天神。

一百個業報天神的歡喜構成一個天神的歡喜，也就是精通吠陀而不受欲望傷害者的歡喜。

一百個天神的歡喜構成一個因陀羅的歡喜，也就是精通吠陀而不受欲望傷害者的歡喜。

因陀羅是眾天神之主。

一百個因陀羅的歡喜構成一個毗訶波提的歡喜，也就是精通吠陀而不受欲望傷害者的歡喜。

毗訶波提是天國祭司和眾天神的老師。

一百個毗訶波提的歡喜構成一個生主的歡喜，也就是精通吠陀而不受欲望殺害者的歡喜。

生主是創造主。以上參閱《大森林奧義書》4.3.33。

他在這裡的人中，在那裡的太陽中，是同一者。若知道是這樣，在死後，就從這個世界達到那個由食物構成的自我，達到那個由氣息構成的自我，達到那個由思想構成的自我，達到那個由知識構成的自我，達到那個由歡喜構成的自我。這也有偈頌為證：——1

九

語言和思想不能到達而從那裡返回，
如果知道梵的歡喜，他就無所畏懼。

他確實不會為此煩惱：「我怎麼會沒有行善？我怎麼會作惡？」知道這樣，他就能使自我擺脫這兩者。確實，知道這樣，他使自我擺脫這兩者。這就是奧義。——1

「兩者」指善和惡。「擺脫這兩者」指擺脫關於善和惡的煩惱，即超越善和惡。

第三婆利古章

一

婆利古是伐樓那之子。他走近父親伐樓那，說道：「尊者啊，請教給我梵。」於是，伐樓那告訴他：「食物，氣息，眼睛，耳朵，思想，語言。」接著，又對他說：「這些眾生從它那裡產生；產生後，依靠它生活；後又返回它，進入它。你努力認識它吧！它就是梵。」

他實施苦行，完畢苦行。——1

二

他認識到食物是梵。因為這些眾生確實從食物中產生；產生後，依靠食物生活；後又返回食物，進入食物。認識了它，他又走近父親伐樓那，說道：「尊者啊，請教給我梵。」伐樓那告訴他：「你努力依靠苦行認識梵吧！苦行就是梵。」

他實施苦行，完畢苦行。——1

三

他認識到氣息是梵。因為這些眾生確實從氣息中產生；產生後，依靠氣息生活；後又返回氣息，進入氣息。認識了它，他又走近父親伐樓那，說道：「尊者啊，請教給我梵。」伐樓那告訴他：「你努力依靠苦行認識梵吧！苦行就是梵。」

他實施苦行，完畢苦行。——1

四

他認識到思想是梵。因為這些眾生確實從思想中產生；產生後，依靠思想生活；後又返回思想，進入思想。認識了它，他又走近父親伐樓那，說道：「尊者啊，請教給我梵。」伐樓那告訴他：「你努力依靠苦行認識梵吧！苦行就是梵。」

他實施苦行，完畢苦行。——1

五

他認識到知識是梵。因為這些眾生確實從知識中產生；產生後，依靠知識生活；後又返回知識，進入知識。認識了它，他又走近父親伐樓那，說道：「尊者啊，請教給我梵。」伐樓那告訴他：「你努力依靠苦行認識梵吧！苦行就是梵。」

他實施苦行，完畢苦行。——1

六

他認識到歡喜是梵。因為這些眾生確實從歡喜中產生;產生後,依靠歡喜生活;後又返回歡喜,進入歡喜。

這是婆利古和伐樓那的學問,安居於至高的空。知道這樣,他就獲得安居。他擁有食物,吃食物。他擁有後嗣、牲畜和梵的光輝而偉大,聲譽卓著。——1

七

不應該貶損食物。這是誓言。氣息是食物,身體是吃食物者。身體安居於氣息中,氣息安居於身體中。故而,食物安居於食物中。知道食物安居於食物中,他就獲得安居。他擁有食物,吃食物。他擁有後嗣、牲畜和梵的光輝而偉大,聲譽卓著。——1

八

不應該鄙視食物。這是誓言。水是食物,火是吃食物者。火安居於水中,水安居於火中。故而,食物安居於食物中。知道食物安居於食物中,他就獲得安居。他擁有食物,吃食物。他擁有後嗣、

九

應該多生產食物。這是誓言。地是食物，空是吃食物者。空安居於地中，地安居於空中。故而，食物安居於食物中。知道食物安居於食物中，他就獲得安居。他擁有食物，吃食物。他擁有後嗣、牲畜和梵的光輝而偉大，聲譽卓著。——1

十

不應該拒絕任何求宿的客人。這是誓言。因此，應該以任何方式備足食物。他們會說：「已經為他備好食物。」以上等方式備好食物者，食物以上等方式回饋他。以中等方式備好食物者，食物以中等方式回饋他。以末等方式備好食物者，食物以末等方式回饋他。——1

人們知道這樣。它是語言中的安妥，元氣和下氣中的吐納，雙手的動作，雙腳的行走，肛門的排泄。這些涉及人的想法。還有，涉及神的想法。它是雨中的滿足，閃電中的威力。——2

牲畜中的名氣，星宿中的光芒，生殖器中的後嗣、永生和歡喜，空中的一切。若崇拜它為根基，就會獲得根基。若崇拜它為偉大，就會變得偉大。若崇拜它為思想，就會富有思想。——3

若崇拜它為致敬，各種願望就會向他致敬。若崇拜它為梵的毀滅力，仇視他的敵人會死去，他所憎恨的人也會死去。

他在這裡的人中，他在那裡的太陽中，是同一者。——4

若知道這樣，在死後，他就從這個世界達到那個由食物構成的自我，達到那個由氣息構成的自我，達到那個由思想構成的自我，達到那個由知識構成的自我，達到那個由歡喜構成的自我。在這些世界中漫遊，隨意進食，隨意變形。他坐著吟唱這首娑摩歌：哈嗚！哈嗚！哈嗚！——5

我是食物，我是食物，我是食物！
我吃食物，我吃食物，我吃食物！
我作偈頌，我作偈頌，我作偈頌！

「我作偈頌」（ślokakṛt）也可讀為「我是結合者」，意謂既是食物，又是吃食物者，主體和客體的結合者。

我是規律的第一位出生者，
先於眾天神，在永恆的肚臍。
施與我者也會這樣保護我，
我是食物，也吃吃食物者。
我已經征服一切世界，
我光輝燦爛如同太陽。
人們知道這樣。這就是奧義。——6

自在奧義書

唵！那圓滿，這圓滿，圓滿出自圓滿，
從圓滿獲得圓滿，始終保持圓滿。
唵！和平！和平！和平！

以上是開頭的和平禱詞。其中的「圓滿」指梵。

自在居住在活動於這個世界的所有這一切中；
你應該通過棄絕享受，不要貪圖任何人的財富。——1

自在（Īśā）指主宰世界一切的神，至高的自我或靈魂。「棄絕」指擺脫對一切虛妄事物的執著。

人應該在這世上做事，渴望長命百歲；
你就這樣，而非別樣，業不會沾染人。——2

「做事」或譯作業。業（karma）指行動，尤其指祭祀活動。一個人只要按照經典從事行動，業就不會沾染或玷汙他。

那些名為阿修羅的世界，籠罩蔽目的黑暗，
那些戕害扼殺自我的人，死後都前往那裡。——3

「阿修羅的世界」即魔的世界。參閱《大森林奧義書》4.4.11。

唯一者不動，卻比思想更快，
始終領先，眾天神趕不上它；
它站著，卻超越其他奔跑者，

在它之中，風支持所有的水。——4

「唯一者」指自我，也指梵。「眾天神」代表各種感官，「風」代表生命氣息，「水」代表各種生命活動。

它既動又不動，既遙遠又鄰近，
既在一切之中，又在一切之外。——5

在自我中看到一切眾生，在一切
眾生中看到自我，他就不會厭棄。——6

「不會厭棄」指不會厭惡或懼怕一切眾生。

對於知者來說，自我即是一切眾生；
他看到唯一性，何來愚癡？何來憂愁？——7

「知者」指知道自我者。

他遍及一切，光輝，無身軀，無傷痕，
無筋腱，純潔無瑕，不受罪惡侵襲；
他是聖賢，智者，遍入者，自在者，
在永恆的歲月中，如實安置萬物。——8

「他」指自我，也指梵。「聖賢」（kavi）指吠陀仙人，即洞悉一切者，吠陀頌詩的創作者。後來，kavi一詞用於指稱詩人。

那些崇尚無知的人，陷入蔽目的黑暗，
那些熱衷知識的人，陷入更深的黑暗。——9

這裡，「無知」（avidyā）指行動，尤其指祭祀活動。「知識」（vidyā）指智慧，尤其指關於天神的知識。前一種人有行動，無智慧；後一種人，有智慧，無行動。這頌見《大森林奧義書》4.4.10。

我們聽到智者們向我們解釋說：
那不同於無知，也不同於知識。——10

同時知道無知和知識這兩者的人，
憑無知超越死，憑知識達到不死。——11

只有行動和智慧相結合，才能通過行動超越死，通過智慧達到不死，即達到永恆。

那些崇尚不生成的人，陷入蔽目的黑暗，
那些熱衷生成的人，陷入更深的黑暗。——12

「不生成」指未顯現者，即未顯現的原初物質（prakṛti）。「生成」指顯現者，即由原初物質衍生的現象世界。這裡意謂未顯現的原初物質和顯現的現象世界，兩者不能割裂。

我們聽到智者們向我們解釋說：
那不同於生成，也不同於不生成。——13

同時知道生成和不生成這兩者的人，
憑生成超越死，憑不生成達到不死。——14

凡顯現的生成者都會毀滅，返回未顯現的原初物質。

真理的面容覆蓋著金盤，普善啊！
我遵奉真理，請你揭開它，讓我看到。——15

普善（Pūṣan，詞義為養育者）是太陽神之一。

普善！唯一的仙人！控制者！太陽！
生主之子！請放出光芒，聚合光輝！
我看到了你極其美好的形象，
那個，其中那個原人，我就是他。——16

這裡意謂在太陽中看到原人。「原人」指至高自我。「我就是他」，意謂個體自我與至高自我同一。

風永不停息，永不滅寂，
而身體最終化為灰燼，
唵！心啊！請記住這事！
心啊！記住，記住這事！——17

「風」指維持生命的氣息。這裡譯為「心」的 kratu 一詞是個多義詞，含有祭祀、智力、決心和意志等意義。

火啊！帶我們遵循正道，走向繁榮，
天神啊！你知道我們的一切行為；

請你為我們驅除陰險的罪惡吧，
我們會獻給你至高無上的讚歌。——18

這首頌詩見《梨俱吠陀》1.189.1。以上15-18，見《大森林奧義書》5.15.1-4。

由誰奧義書

但願我的肢體、語言、呼吸、眼睛、耳朵以及體力和感官健壯！
奧義書中的梵是一切。但願我不拋棄梵，但願梵不拋棄我。但願它不拋棄，但願我不拋棄。
但願奧義書中的那些正法活存在熱愛自我的我之中！
唵！和平！和平！和平！

第一章

由誰的意願和指令，思想出現？
由誰促使最初的生命氣息啓動？
由誰的意願，人們說這樣的語言？
是哪位天神，安排這眼睛和耳朵？——1

他是眼睛的眼睛，思想的思想，
語言的語言，生命氣息的氣息，
耳朵的耳朵；智者們超脫一切，
離開這個世界後，達到永恆。——2

「他」指自我。「智者們」指那些認識到自我寓於一切之中的人。參閱《大森林奧義書》4.4.18。

眼睛看不到，語言說不到，思想想不到；
我們不清楚，我們不知道該怎樣說明它。——3

「它」指梵。這裡意謂梵不可目睹，不可言說，不可思議。

我們聽到前賢向我們解釋說：
它不同於已知，也不同於未知。——4

參閱《自在奧義書》10。

不是憑語言表達它，而是語言由它表達；
你要知道它就是梵，而非人們所崇拜者。——5

第5至第9頌是指出梵不同於人們崇拜的天神。

不是憑思想思考它，而是思想由它思考；
你要知道它就是梵，而非人們所崇拜者。——6
不是憑眼睛觀看它，而是眼睛由它觀看；
你要知道它就是梵，而非人們所崇拜者。——7
不是憑耳朵諦聽它，而是耳朵由它諦聽；
你要知道它就是梵，而非人們所崇拜者。——8

不是憑氣息呼吸它，而是氣息由它呼吸；
你要知道它就是梵，而非人們所崇拜者。——9

第二章

如果你認為自己知道，而你實際上
對梵的形態的了解，也是微乎其微，
無論是它涉及你，還是涉及眾天神，
因此你應該探索，即使你認為知道。——1

這裡是老師對學生說的話，意思是對梵的認知不能局限於人和天神的範圍。

我不認為我知道，我也不知道我不知道；我們
之中，知道它者知道它，他也不知道他不知道。——2

不思考它者知道，思考它者不知道；
認知它者不認知，不認知它者認知。——3

以上旨在說明對梵的認識不同於一般的認識。

若憑覺悟知道它，他便獲得永恆性；
他憑自我獲得勇氣，憑智慧達到永恆。——4
如果在這世知道它，則獲得真實，
如果在這世不知道它，則損失巨大；
那些智者在萬事萬物中辨認出它，
他們死後離開這個世界，達到永恆。——5

第三章

梵為眾天神贏得勝利。在這梵的勝利中，眾天神興高采烈。他們思忖道：「這是我們的勝利，這是我們的偉大。」——1

梵知道他們的想法。於是，梵向他們顯形。而他們不認識梵，問道：「這是哪個藥叉？」——2

藥叉（Yakṣa，詞義為值得尊敬者）是一類精靈。

他們對火神說道：「知生者啊，你去了解一下，這是哪個藥叉？」「好吧！」——3

知生者（Jātavedas）是火神的稱號。

他走向前去。梵詢問他：「你是誰？」他說道：「我是火神，我是知生者。」——4

「你有什麼本領？」「我能焚燒大地上所有這一切。」——5

梵將一根草放在他前面，說道：「焚燒它吧！」他快速上前，但不能焚燒這根草。於是，他轉回，說道：「我無法得知這是哪個藥叉。」——6

然後，眾天神對風神說道：「風神啊，你去了解一下，這是哪個藥叉？」「好吧！」——7

他走向前去。梵詢問他：「你是誰？」他說道：「我是風神，我是摩多利希凡。」——8

摩多利希凡（Mātariśvan）是風神的稱號。

「你有什麼本領？」「我能捲走大地上所有這一切。」——9

梵將一根草放在他前面，說道：「捲走它吧！」他快速上前，但不能捲走這根草。於是，他轉回，說道：「我無法得知這是哪個藥叉。」——10

然後，眾天神對因陀羅說道：「摩伽凡啊，你去了解一下，這是哪個藥叉？」「好吧！」他走向前去。然而，梵從他面前消失了。——11

摩伽凡（Maghavan）是因陀羅的稱號。

就在空中那個地點，他遇見一位女子，也就是漂亮美麗的雪山之女烏瑪。他詢問她：「這是哪個藥叉？」——12

她說道：「那是梵。依靠梵的勝利，你們興高采烈。」於是，他當即知道了「那是梵」。——1

因此，火神、風神和因陀羅這些天神遠遠勝過其他天神。因為他們最接近地接觸到它，因為他最先知道它是梵。——2

這裡，「他最先知道」中的「他」，按照句義應該是「他們」。原文如此。

因此，因陀羅遠遠勝過其他天神。因為他最接近地接觸到它，因為他最先知道它是梵。——3

「它」指梵。

這是關於它的教誨。對於眾天神，它如同閃電閃爍，如同眼睛眨動。——4

而對於自我，思想彷彿走向它；通過思想回憶它，經常想念它。——5

它確實是可愛者。應該作為可愛者受到崇尚。有人知道它這樣，一切眾生都會仰慕他。——6

「先生啊，請教給我奧義！」「已經教給你奧義。我們已經教給你關於梵的奧義。」——7

「它」指奧義。

苦行、自制和行動是它的基礎。諸吠陀是它的所有肢體。真實是它的居所。——8

有人這樣知道奧義，他就會滌除罪惡，安居在無限的、不可戰勝的天國世界。——9

伽陀奧義書

但願他保護我倆！但願他欣賞我倆！但願我倆勇健精勤！但願我倆學業輝煌！但願我倆不怨懟！

唵！和平！和平！和平！

「我倆」指老師和學生。

第一章

一

人們說，婆遮濕羅婆心懷願望，施捨一切財富。他有個兒子名叫那吉蓋多。——1

婆遮濕羅婆在祭祀中施捨一切財富，希望獲得果報。

謝禮被帶走時，雖然他只是一個少年，但心生信仰。他思忖：——2

「謝禮」指施捨給婆羅門祭司的財物，以答謝他們主持祭祀儀式。

「已經飲過水，已經吃過草，

已經被擠奶，感官已衰竭，

施捨牠們的人走向名為

『沒有歡樂』的那些世界。」——3

「牠們」指那些作為謝禮的母牛。牠們已經衰竭，不再能喝水、吃草和產奶，也不再能生育牛犢。因而，施捨這種母牛的人，只能再生在「沒有歡樂」的世界。

他對父親說：「父親啊，你將我施捨給誰？」他重覆說了一次，二次。父親便說道：「我將你施捨給死神。」——4

那吉蓋多覺得父親這樣的施捨不能獲得好的果報。於是，他願意將自己也作為謝禮施捨。

「眾人之中我領先，
眾人之中我居中，
今天父親要通過我，
對閻摩盡什麼職責？——5

這頌和下一頌是那吉蓋多的內心獨白。他覺得自己的品行在眾人中或領先，或居中，不知父親為何要將他送給死神閻摩。

「請看看前輩人，請想想後來人，
凡人如穀物成熟，如穀物再生。」——6

這裡，那吉蓋多思考人的生死輪迴。

婆羅門客人如火進入家中，他們
安撫他，說：「太陽之子，取水來！」——7

「太陽之子」指閻摩。那吉蓋多到達閻摩家中，閻摩家人提醒閻摩取水接待婆羅門客人。

對於不供奉食品的愚人，
婆羅門客人剝奪他這一切：
願望和期盼，團結和友誼，
祭祀和善行，兒子和牲畜。──8

這裡強調熱情接待婆羅門客人的重要性。可以視為敘述者的話，也可視為閻摩家人的話。

「婆羅門啊，你是尊敬的客人，
在我家住了三夜，沒有進食；
我向你致敬！也祝願我吉祥！
因此，我請你選擇三個恩惠。」──9

這是閻摩對那吉蓋多說的話。據傳說，那吉蓋多到達閻摩家時，閻摩有事在外，三天後才相見。以下是那吉蓋多和閻摩的對話。

「但願喬答摩憂慮得以平息，
心情愉快，對我的怒氣消失，
歡迎你釋放我回家，死神啊！
三個恩惠，我選擇這第一個。」──10

喬答摩是家族名，指那吉蓋多的父親。

「奧達羅吉・阿盧尼因我

施恩，會像以前一樣愉快；
他看到你擺脫死神之嘴，
會消除怒氣，夜夜安睡。」——11

奧達羅吉·阿盧尼也是那吉蓋多父親的名字。

「在天國世界，沒有任何恐懼，
因你不在那裡，而無衰老之慮；
擺脫饑餓和焦渴，超越憂愁，
安居在天國世界，充滿歡愉。——12

「你知道天國之火，死神啊！
請告訴我這懷有信仰之人；
那些天國居民享有永恆性，
這是我選擇的第二個恩惠。」——13

「這天國之火，那吉蓋多啊！
我知道，我告訴你，讓你知道；
它是根基，靠它達到無限世界，
你要知道，它深藏在洞穴中。」——14

這裡意謂火是一切存在的根基和底蘊。

死神告訴他火是世界之源，
告訴他祭壇的用磚及數量；
他如實複述聽到的這些話，
死神很滿意，繼續向他講述。——15

靈魂高尚的死神高興地說：
「我今天再賜給你這個恩惠：
憑你的名字就能知道這火，
並請接受這個多色的項鏈。——16

「多色的項鏈」指項鏈為一，色為多。「項鏈」（sṛṅkā）一詞的另一詞義是道路。這樣，也引申理解為在同一條道路上有多種行動（「業」）。

「舉行三次那吉蓋多祭，與三
結合，履行三業，超越生和死，
知道和沉思這位知梵生尊神，
他便達到無限的和平寧靜。——17

「那吉蓋多祭」即火祭。前一頌中提到「憑你的名字就能知道這火。」因此，那吉蓋多是火的別名。「與三結合」中的「三」指父、母和老師，或指吠陀、傳承和善人。「三業」指祭祀、學習和施捨。「知梵生」指知道一切由梵而生。「知梵生尊神」指火。

知道這三，沉思那吉蓋多火，
他破除了前面的死亡羅網，
超越憂愁，享受天國的快樂。——18

「這是你的通向天國之火，
也就是你選的第二個恩惠；
人們將會稱說這火屬於你，
那吉蓋多，請選第三個恩惠！」——19

「有個關於死去之人的疑惑：
人們或說存在，或說不存在；
我想要知道這個，請你指教！
這是我選擇的第三個恩惠。」——20

「甚至古代天神也對此困惑，
其中的法則微妙，不易理解；
那吉蓋多啊，請你另選恩惠！
拋棄這個疑問，不要為難我。」——21

「確實眾天神也對此困惑，
死神啊，你也說這不易理解，
而像你這樣的說者不可得，
也沒有別的恩惠與此相等。」——22

「你選擇子子孫孫長命百歲，
大量的牲口、象、馬和金子！
你選擇廣闊的領地，而你
自己活多少年，隨你的心願！——23

「如果你認為這恩惠相等，
那就選擇財富和長壽吧！
那吉蓋多啊，你統治大地，
我讓你滿足所有的願望。——24

「人間難以實現的任何願望，
隨你的心意，提出請求吧！
這些美女，連同車輛和樂器，
都是塵世凡人難以獲得的，

由我贈送，讓她們侍奉你吧！
那吉蓋多，別問我死亡問題。」——25

「凡人的生存結束就在明天，
死神啊，一切感官活力衰竭；
所有的生命無不轉瞬即逝，
留著你的車輛，你的歌舞！——26

「凡人無法靠財富得到滿足，
而看到你，我們怎能獲得財富？
我們的生命全在你的掌控中！
因而，我仍然選擇這個恩惠。——27

「在下界衰老的凡人，若知道
和看透美色、愛欲和歡悅，
他已走近不老和不死世界，
怎麼還會熱衷過長的壽命？——28

「這是人們的困惑，請你說明
浩茫未來這個問題，死神啊！

這個問題涉及深藏的奧祕，
那吉蓋多不選擇別的恩惠。」——29

二

「至善一回事，歡樂另一回事，
兩者束縛人，而目標不相同；
選取其中至善者，達到圓滿，
選取其中歡樂者，失去目的。——1

「至善和歡樂，同時走近人，
智者仔細觀察，認真辨別，
因而智者選至善，不選歡樂，
愚者則選歡樂，不選至善。——2

「你經過深思熟慮，拋棄
形態可愛的欲望和歡樂，
遠離財富之路，那吉蓋多啊！
儘管眾多凡人沉弱其中。——3

「智者們明白無知和知識，
這兩者的指向迥然有別；
我認為那吉蓋多渴求知識，
眾多的欲望不能動搖你。——4

「始終生活在無知之中，
卻自認是智者和學者，
愚人們徘徊在歧路，
猶如盲人引導盲人。——5

「癡迷財富，幼稚，任性，
未來不向這些愚人顯示；
認為只有這世，別無其他，
這樣的人一再受我控制。——6

「許多人甚至不能聽到他，
而即使聽到，也不知道他；
聽到而善於說出者是奇蹟，
知道而善於教誨者是奇蹟。——7

「平庸之人講述他，設想他
多種多樣，也就變得不可理解；
而不依靠他人講述，也沒有出路，
因為他不可思辨，比微妙更微妙。──8

「不依靠他人講述，也沒有出路」，也就是說唯有依靠知者（即知道梵我同一者）講述，別無出路。

「依靠思辨不能獲得這信念，
依靠他人講述，則容易理解；
最可愛的人啊，你堅持真理，
已經獲得它，那吉蓋多啊！
願我們有你這樣的提問者。──9

「我知道財富無常，不可能
依靠無常者獲得永恆者；
因此，我用無常的物質集成
那吉蓋多火，而獲得永恆者。──10

「看到欲望的滿足，世界的根基，
祭祀的無窮果報，無懼的彼岸，

偉大的歌頌讚美，那吉蓋多啊！
你聰明睿智，堅定地拋棄一切。——11

「那位古老的天神難以目睹，
深藏在洞穴之中，隱而不露；
智者依靠自我瑜伽，沉思
這位天神，擺脫快樂和憂愁。——12

「洞穴」喻指心。「自我瑜伽」指沉思自我。

「聽到他，把握他，看清本質，
獲得這個微妙者，凡人喜悅，
因為獲得了應喜悅者；我認為
這座福宅已為那吉蓋多敞開。」——13

「不同於正法，不同於非法，
不同於已做，不同於未做，
不同於過去，不同於未來，
你所看到者，請你告訴我。」——14

「所有吠陀宣告這個詞，
所有苦行稱說這個詞，
所有梵行者嚮往這個詞，
我扼要告訴你這個詞：
它就是唵！——15

「這個音節是梵，這個音節是至高者，
知道這個音節，他便得以心遂所願。——16

「這是最好依托，這是最高依托，
知道這個依托，在梵界享受尊貴。——17

「這位智者不生，也不死，
不來自哪兒，不變成什麼，
不生，永恆，持久，古老，
身體被殺，它也不被殺。——18

「這位智者」指自我。

「如果殺者認為殺它，
被殺者認為它被殺，

兩者的看法都不對，
它既不殺，也不被殺。——19

「這自我深藏在眾生心穴中，
比微小更微小，比巨大更巨大；
無欲望者看到它，擺脱憂愁，
感官平靜，認識到自我偉大。——20

「它坐著也能遠行，
它睡著也能周遊，
除了我，有誰知道這位
喜悅或不喜悅的天神？——21

參閱《自在奧義書》4-5。

「身體中的無身體者，
不安定中的安定者，
知道自我遍及一切，
偉大，智者不會憂愁。——22

「獲得這自我，不依靠言教，
不依靠智力，不依靠博聞，
那是依靠自我選中而獲得，
自我向他展示自己的性質。——23

「如果不戒絕惡行，不凝思靜慮，
思想不平靜，憑智慧也不能獲得。——24

「婆羅門和剎帝利是它的食物，
死亡是調料，誰知道它在哪裡？」——25

三

「五火和那吉蓋多三火，
那些知梵者指出這影和光
進入至高領域的洞穴中，
飲用善行世界的規律。——1

「五火」指在祭祀中供奉的五火。「影和光」喻指五火和那吉蓋多三火，分別代表個體自我和至高自我。「規律」指果報。

「願我們把握那吉蓋多火，
它是不滅的、至高的梵，
祭祀者的津梁，讓願望
渡海者達到無懼的彼岸。——2

「要知道自我是車主，身體是車輛，
要知道智慧是車夫，思想是韁繩。——3

「智者們說感官是馬匹，感官對象是領域，
與身體、感官和思想聯繫的自我是享受者。——4

「缺乏智慧的人，思想經常不受約束，
他的感官猶如車夫難以駕馭的野馬。——5

「富有智慧的人，思想始終受到約束，
他的感官猶如車夫易於駕馭的馴馬。——6

「缺乏智慧，思想輕浮，常受汙染，
他達不到那個境界，陷入輪迴中。——7

「富有智慧，思想沉穩，始終純潔，
他達到那個境界，也就不會再生。——8

「人以智慧為車夫，以思想為韁繩，
他到達目的地，毗濕奴的最高之步。——9

毗濕奴（Visnu）在吠陀時期是一位太陽神，以跨越三大步著稱。

「感官對象高於感官，思想高於感官對象，
智慧高於思想，而偉大的自我高於智慧。——10

「偉大的自我」指個體自我。

「未顯者高於偉大的自我，原人高於未顯者，
沒有比原人更高者，那是究竟，至高歸宿。——11

「未顯者」指原初物質。「原人」指至高自我。

「這個自我深藏在一切眾生中，隱而不露，
而目光微妙者憑無上微妙的智慧能看見。——12

「這個自我」指原人，即至高自我。

「智者將語言控制在思想中，
將思想控制在智慧自我中，
將智慧自我控制在偉大自我中，
將偉大自我控制在平靜自我中。——13

「起來！醒來！已獲
恩惠，應該知道剃刀
刀刃鋒利，難以越過，
聖賢們說此路難行。——14

「知道它無聲，無觸，無色，
無味，無香，不變，穩定，
無始無終，高於偉大自我，
永恆，他便擺脫死神之嘴。」——15

死神講述的這個永恆的那吉蓋多故事，
智者宣講它，聽取它，在梵界享受尊貴。——16

若在婆羅門集會上，或者在葬禮上，
宣示這個至高奧祕，他便達到永恆，
他便達到永恆。——17

第三章

一

自生者向外鑿通那些感官，
因此人向外看，不看內在自我，
然而，有的智者追求永恆性，
他轉過眼睛，向內觀看自我。——1

「自生者」指自我。

愚人們追隨外在的欲望，
自己投身張開的死亡之網，
然而，智者們知道永恆性，
不在不穩定中尋求穩定。——2

色、味、香、聲、觸和交歡，
靠它感受，認知，豈有他者？
這就是它。——3

靠它感受夢中和覺醒，智者知道
這遍及一切的偉大自我，不會憂愁。——4

知道眼前這位食蜜者，自我，生命，
過去和未來之主宰，他不會厭棄。
這就是它。——5

它生於苦行之前，生於水之前，
進入洞穴之中，通過眾生觀看。
這就是它。——6

阿底提是眾神之母，與元氣共存，
進入洞穴之中，與眾生一起出生。
這就是它。——7

火藏兩片木中，似胎兒受孕婦保護，
人們每天醒來，奉上祭品，祭供這火。
這就是它。——8

這首頌詩見《梨俱吠陀》3.29.2。

太陽從那裡升起，在那裡落下，
眾天神之居處，誰也不能超越。
這就是它。——9

參閱《大森林奧義書》1.5.23。

這裡有，也在那裡有，
那裡有，同樣這裡有；
若在這裡看似不同，
他從死亡走向死亡。——10

唯有依靠思想得知，
在這裡沒有任何不同；
若在這裡看似不同，
他從死亡走向死亡。——11

參閱《大森林奧義書》4.4.19。

原人大似拇指，居於自我中，若知道
這是過去未來之主，也就不會厭棄。
這就是它。——12

這裡的「自我」可理解為身體。居於身體中的原人（即自我或靈魂）拇指般大小，這樣的描寫也見《白騾奧義書》3.13和5.8、《彌勒奧義書》6.38。在《摩訶婆羅多》中著名的莎維德麗故事中，這樣描寫閻摩取走薩諦梵的靈魂：「牽出一個繫上套索的、拇指大的小人兒」。(3.281.16)

原人大似拇指，猶如無煙之火，
過去未來之主，同是今日明日。

險峰絕頂上的雨水沿著山坡分流，
視萬法相異者也是這樣追隨萬法。——14

淨水流入淨水，變成同樣，喬答摩之子啊！
牟尼明白這個道理，他的自我也是這樣。——15

二

思想不扭曲的無生者，
有一座十一門的城堡，
控制它，則沒有憂愁，
擺脫它，則獲得解脫。
這就是它。——1

「無生者」指自我。「城堡」指身體。「十一門」指雙眼、雙耳、雙鼻孔、嘴、肛門、……「控制它」和「擺脫它」中的「它」指城堡。

如同天鵝居於天空中，婆藪居於空中，
祭司居於祭壇中，客人居於蘇摩酒罐中，
偉大規律居於人中，神中，規律中，空中，

生於水，生於牛，生於規律，生於山。——2

「天鵝」喻指太陽。婆藪（Vasu）是神名。「偉大規律」指自我。這首頌詩見《梨俱吠陀》4.40.5。

引導元氣向上，引導下氣向後，
這侏儒坐中間，眾天神侍奉他。——3

自我大似拇指，故而又稱為侏儒。

一旦居於身體的有身者離開，
擺脫身體，這裡還會留下什麼？
這就是它。——4

「有身者」指自我。

凡人活著，並非依靠元氣和下氣，
而是依靠這兩者所依靠的那個。——5

我將告訴你永恆的梵這個奧祕，
人死後，自我怎樣，喬答摩之子！——6

一些有身者進入子宮，從而獲得身體，
另一些追隨不動者，依照業和學問。——7

這個原人在睡眠者中醒著，

創造種種願望；它是純潔者，
是梵，被稱為不死的永恆者，
不可超越；一切世界依靠它。
這就是它。——8

火原本是一個，進入世界之後，
依據所遇色，形成各種相應色，
同樣，唯一的自我在一切眾生中，
形成各種相應色，而又居於外。——9

風原本是一個，進入世界之後，
依據所遇色，形成各種相應色，
同樣，唯一的自我在一切眾生中，
形成各種相應色，而又居於外。——10

太陽是所有一切世界的眼睛，
不受外界各種錯誤的視覺汙染，
同樣，唯一的自我在一切眾生中，
不受世界的痛苦汙染，超然於外。——11

唯一的主宰，一切眾生的自我，
它使一種色成為多種色；智者們
知道它居於自我中，正是他們，
而不是其他人，獲得永恆的幸福。——12

無常中的恆常，知覺中的知覺，
滿足眾人願望的唯一者；智者們
知道它居於自我中，正是他們，
而不是其他人，獲得永恆的幸福。——13

人們認為「這是它」，這至高幸福不可言說，
怎樣可以知道它？它照耀，還是不照耀？——14

那裡，太陽不照耀，星月不照耀，
那些閃電不照耀，更不必說這火；
一旦它照耀，一切都隨之照耀，
依靠它的光芒，所有這些才照耀。——15

三

這棵永恆的菩提樹，樹根
向上，枝條向下；它是純潔者，
是梵，被稱為不死的永恆者，
不可超越；一切世界依靠它。
這就是它。——1

世界上的所有這一切，
出生和活動在元氣中；
它是大恐怖，高舉的雷杵，
人們知道它，便獲得永恆。——2

出於懼怕它，火燃燒，
出於懼怕它，太陽發熱，
因陀羅，風，死亡為第五，
出於懼怕它，迅速跑動。——3

參閱《泰帝利耶奧義書》2.8.1。

能在這世身體瓦解前知道它，
此後在創造世界中獲得身體。——4

在自我中見它，如在明鏡中，
在祖先世界中見它，如在夢中，
在健達縛世界中見它，如在水中，
在梵界中見它，如在光和影中。——5

知道感官的各種形態和起源，
出現和消失，智者不會憂愁。——6

思想高於感官，本質高於思想，
大我高於本質，未顯者高於大。——7

「大我」或「大」均指自我。

原人遍及一切，無相，高於未顯者，
人知道它，便獲得解脫，走向永恆。——8

它的形態超越視覺，
無人能憑眼睛看到它；
憑心、智和思想理解它，
知道它，人們達到永恆。——9

五種感官知覺連同思想，全都停止，

智慧也不動，人們說這是至高境界。——10
人們認為這是瑜伽，牢牢把持感官，
不會迷亂，因為瑜伽就是來去生滅。——11
不能用語言、思想和眼睛得知，
除了說「它存在」，還能怎麼得知？——12

「它存在」也可譯為「它在」或「它是」。

它存在和它的真實性，由這兩方面認知；
確認了它存在，它的真實性也就會清晰。——13
一旦摒棄盤踞心中的所有欲望，
凡人達到永恆，就在這裡獲得梵。——14

這頌見《大森林奧義書》4.4.7。

一旦割斷纏繞心中的所有縛結，
凡人達到永恆。這些便是教誨。——15
一百零一條心脈，其中一脈通向頭頂，
由它向上引向永恆，其他各脈通向各方。——16

這頌見《歌者奧義書》8.6.6。

大似拇指的原人，這內在自我，
經常居於人心中；應該堅決地
將它與自己的身體作出區分，
猶如區分蒙遮草的草莖和草；
應該知道它是純潔者，永恆者，
應該知道它是純潔者，永恆者！——17

這頌末行重覆一次，以示強調。

那吉蓋多獲得死神講述的
這種知識，完整的瑜伽法，
擺脱汙垢和死亡，達到梵，
其他知道自我者也是這樣。——18

疑問奧義書

天神啊！願我們憑耳朵聽到吉祥，
尊神啊！願我們憑眼睛看到吉祥；
願我們的肢體和身軀結實健壯，
讚頌天神，享受天神賦予的壽命。
願聲譽卓著的因陀羅賜福我們，
願通曉一切的普善賜福我們，
願車輪堅固的達爾剎耶賜福我們，
願天國導師毗訶波提賜福我們。
唵！和平！和平！和平！

第一問

婆羅墮遮之子蘇蓋舍，尸毗之子薩諦耶迦摩，蘇爾耶之孫伽爾吉耶，阿濕婆羅之子憍薩利耶，維達巴國跋爾伽婆，迦迪耶之子迦般提，他們全都信奉梵，立足於梵，追求至高的梵。他們手持柴薪，走近尊者畢波羅陀，心想：「他會向我們講述一切。」——1

「柴薪」是學生拜見老師的禮物。

這位仙人對他們說：「你們要在這裡住上一年，修練苦行，恪守梵行和信仰。然後，依照你們的心願提問。只要我知道，我會全部告訴你們。」——2

然後，迦迪耶之子迦般提走近問道：「尊者啊，這些眾生從何而生？」——3

「然後」指一年後。

他回答說：「那是生主渴望生育。他修練苦行。他完成苦行，產生物質和生命這一對。他想：『它倆會以各種方式為我創造眾生。』——4

「這太陽是生命。這物質是月亮。物質是有形和無形的這一切。因此，形體肯定是物質。——5

「物質」分成粗大物質和精微物質。粗大物質有形，精微物質無形。

「太陽升起，進入東方，讓東方所有生命籠罩在陽光中。太陽也照亮所有南方、西方、北方、下方、上方以及那些中間方位，讓所有生命籠罩在陽光中。——6

中間方位指東南、西南、西北和東北。這樣，總共有十個方位。

「這就出現一切人，一切形，生命，火。這正是梨俱頌詩所說：——7

「一切人」（Vaiśvānara，詞義為與所有人相關的，或適合所有人的）是火或太陽的稱號。這裡，「一切人」、「一切形」、「生命」和「火」，均指太陽。

「有一切形，輝煌，通曉萬物，
至高的歸宿，唯一的光和熱，

有千道光芒，有百種轉動，
眾生之生命，這太陽升起。——8

「生主也就是年。他有南北兩道。那些信奉祭祀和行善的人贏得月界。他們肯定還會返回。因此，渴望生育的仙人們遵循南道。這是祖先之道，也就是物質。——9

「那些依靠苦行、梵行、信仰和知識追求自我的人遵循北道，贏得太陽。這是生命居處。它永恆，無畏。它是至高歸宿。他們不再從那裡返回。這是寂滅。有偈頌為證：——10

關於「南北兩道」的描述，參閱《大森林奧義書》6.2.15-16，《歌者奧義書》5.10.1-7。

「一些人說他是父親，有五足，
十二形，位於天國上部，充滿水，
而另一些人說他是全知者，
乘坐配有六輻的七輪之車。」——11

「五足」指五季。印度古代一般將一年分為六季：春季、夏季、雨季、秋季、霜季和寒季。五季意謂將其中的霜季和寒季合併為冬季。「十二形」指十二月。「充滿水」指太陽吸水，又放水。「六輻」指六季。「七輪」指太陽乘坐的七匹馬。

這首頌詩見《梨俱吠陀》1.164.12。

「生主也就是月。他的黑半月是物質，白半月是生命。因此，這些仙人在白半月祭祀，而另一些人在黑半月。——12

「生主也就是白天和夜晚。他的白天是生命，夜晚是物質。在白天交歡，是消耗生命，而在夜

晚交歡，則是梵行。——13

「生主也就是食物。從食物產生精子。從精子產生眾生。——14

「奉行生主的誓願，他們生育雙雙對對。

「他們恪守苦行、梵行和
真理，這梵界屬於他們；——15

「不詭詐，不虛偽，不欺誑，
這純潔的梵界屬於他們。」——16

第二問

然後，維達巴國跋爾伽婆詢問他：「尊者啊，有多少天神維持眾生？哪些天神照亮這個？而其中誰最優秀？」——1

依據下面一句，可知「照亮這個」意謂照亮這個身體。

他回答說：「空這位天神，還有風、火、水、地、語言、思想、眼睛和耳朵。他們照亮，並說道：

『我們支持和維持這個身體。』——2

「最優秀的生命對他們說：『你們別陷入癡迷！那是我將自己分成五種，支持和維持這個身體。』——3

「生命」（prāṇa）指生命氣息。「五種」指五種氣息：元氣、行氣、下氣、中氣和上氣。

「他們不相信。彷彿出於驕傲，他升騰向上。而他升騰時，他們都隨之升騰。他停下時，他們也都隨之停下。正如蜜蜂們隨蜂王翻飛而翻飛，隨蜂王停下而停下，語言、思想、眼睛和耳朵也是這樣。他們心悅誠服，讚頌生命道：——4

關於生命氣息與其他感官誰最優秀的爭論，參閱《大森林奧義書》6.1.7-14、《歌者奧義書》5.1.6-15。

「這是燃燒的火，太陽，
這是雨雲，摩伽凡，風，
這是大地，物質，天神，
這是有和無，永恆者。——5

摩伽凡是因陀羅的稱號。「有和無」或譯存在和不存在。

「梨俱、夜柔、娑摩和祭祀，
還有剎帝利和婆羅門，
如同輻條固定在輪轂中，
他們全都立足於生命。——6

「你作為生主，生命啊！
活動在胎藏，並生下；
你與那些氣息同在，
眾生為你取來食物。——7

「你是天神的優秀輸送者，
你是祖先的首位祭供者，
你是仙人們真實的行為，
安吉羅和阿達婆的後裔。——8

「輸送者」和「祭供者」指向天神和祖先提供祭品。安吉羅和阿達婆是拜火祭司。

「你是光輝的因陀羅，
你是保護者樓陀羅，
你是眾星之主太陽，
行進在空中，生命啊！——9

「一旦你降下雨水，
這些眾生生氣勃勃，
他們喜形於色，心想：
食物將會令人滿意。——10

「生命啊，你是純潔者，食者，
唯一的仙人，一切存在之主，
我們是你的食物提供者，
風啊，你是我們的父親。——11

「你的形體在語言中，
在耳朵中，在眼睛中，
更是長久留在思想中，
請賜予吉祥，別離開！——12

「安居於這天國之中的
所有一切都受生命控制，
就像母親保護兒子們，
請賜予我們吉祥和智慧！」——13

第三問

然後，阿濕婆羅之子僑薩利耶詢問他：「尊者啊，這生命產生於哪兒？他怎樣來到這個身體中？

他怎樣分配自己，確立自己？又怎樣離開？怎樣維持外在之物？與自我是怎樣的關係？」——1

他回答說：「你詢問了太多問題。考慮到你信奉梵，我便告訴你。——2

「這生命產生於自我。猶如影子附隨人，思想附隨生命。生命通過思想活動來到這個身體中。——3

「正如君王指定官吏管轄這些或那些村莊，生命也是這樣，為那些氣息確定各自的位置。——4

「下氣在肛門和生殖器中，生命元氣自己在眼睛、耳朵、嘴和鼻孔中。中氣在中部，因為它要平等地分送供奉的食物。由此，產生七種火焰。——5

「七種火焰」不詳。或說是指雙眼、雙耳、雙鼻孔和嘴。這七個感官獲得食物滋養，產生活力。《剃髮奧義書》2.1.8中也提到「七種火焰」，可參閱。

「這自我在心中。這裡有一百零一脈。每條脈有一百支脈。每條支脈有七萬二千細脈。行氣在這些脈中運轉。——6

關於心中的這些脈管，參閱《大森林奧義書》2.1.19、《歌者奧義書》8.6.6。

「然後，向上的上氣通過其中一脈，由善業引向善界，由惡業引向惡界，由善業和惡業引向人間凡界。——7

「太陽是外在的元氣。它升起，幫助眼睛中的元氣。大地之神支持人的下氣。天地之間的空是中氣。風是行氣。——8

「火是上氣。因此，一旦火熄滅，人便與進入思想的感官一起再生。——9

「人依據思想進入生命。生命與火相連，與自我一起，引向所想的世界。——10

「智者知道生命如此，他的後嗣不會斷絕，他會達到永恆。有偈頌為證：——11

「產生，來到，居處，管轄，
五種氣息，與自我的關係，
凡知道生命的這些情形，
他達到永恆，他達到永恆。」——12

「產生」指生命產生於自我。「來到」指生命依據思想活動來到這個身體中。「居處」指生命的五種氣息所處的身體各個部分。「管轄」指生命管轄五種氣息。

第四問

然後，蘇爾耶之孫伽爾吉耶詢問他：「尊者啊，哪些在人中入睡？哪些在人中保持清醒？哪一位天神看見那些夢？誰享受這種快樂？所有一切安居在什麼中？」——1

他回答說：「伽爾吉耶啊，太陽落下西山時，所有的光線在那個光輪中合為一體，而當太陽再次升起，它們又開始活動。就像這樣，所有一切在至高之神思想中合為一體。由此，這個人在這時不聽，不看，不嗅，不品嘗，不接觸，不說話，不執取，不享樂，不排泄，不行動。人們說這

「而在這個城堡中，那些生命之火保持清醒。家主祭火是下氣，南祭火是行氣。東祭火引自家主祭火。由於『引自』（praṇayana），東祭火得名元氣（prāṇa）。——3

「城堡」喻指身體。「家主祭火」是家庭中日常供奉的火。「南祭火」是祭祖之火。「東祭火」是祭神之火。

「中氣（samāna）得名於平等地（sama）引導吸氣和呼氣這兩種祭品。而思想是祭祀者。祭祀的成果是上氣。它天天引導祭祀者走向梵。——4

「這位天神在夢中體驗到尊貴偉大。他看到已經看到過的事物。他聽到已經聽到過的事物。他感受到在不同地點和方位已經感受過的事物。曾見和不曾見，曾聽和不曾聽，曾感受和不曾感受，存在和不存在，他看到所有一切。他作為所有一切，看到所有一切。——5

「這位天神」指思想。

「如果這位天神被光焰征服，他就看不見那些夢。這時，在這個身體中，出現快樂。——6

這是描述無夢的沉睡狀態。

「賢士啊，正如鳥兒回巢棲息，所有一切進入至高自我棲息。——7

「地和地元素，水和水元素，火和火元素，風和風元素，空和空元素，眼和可見者，耳和可聽者，鼻和可嗅者，味和可品嘗者，皮膚和可接觸者，語言和可言說者，雙手和可執取者，生殖器和可享樂者，肛門和可排泄者，雙腳和可行走者，思想和可思考者，智慧和可理解者，我慢和可意識者，心和可思議者，光和可照亮者，氣息和可維持者。——8

「我慢」（ahaṅkāra）指自我意識。這裡描述所有一切都進入至高自我棲息。

「他是見者，聽者，嗅者，品嘗者，思想者，智者，行動者，知覺的自我，原人。他進入至高的、不滅的自我。——9

「他」指個體自我。「至高的、不滅的自我」指梵。

「確實，任何人知道它無形，無體，無色，純潔，不滅，也就達到這個至高的不滅者，賢士啊，他成為知一切者，一切者。有偈頌為證：——10

「知覺的自我和一切天神，
各種氣息和元素安居其中，
賢士啊，若知道這個不滅者，
便成為全知者，進入一切中。」——11

第五問

然後，尸毗之子薩諦耶迦摩詢問他：「尊者啊，在人中，始終沉思唵（Om）這個音節，直到去世，他由此贏得哪個世界？」——1

他回答說：「薩諦耶迦摩啊，唵這個音節是上梵和下梵。因此，知者依此獲取兩者之一。——2

「如果沉思一個音素，他由此覺知，得以迅速來到世界。梨俱頌詩引導他進入人間凡界。在這裡，

他具備苦行、梵行和信仰，享有尊貴。——3

「一個音素」指a。「來到世界」指死後返回人間凡界。

「如果沉思兩個音素，夜柔禱詞引導他進入空中月界。他在月界享有威力，然後再返回。——4

「兩個音素」指a和u。

「而如果運用三個音素構成的唵這個音節，沉思至高原人，他便進入光中，太陽中。就像蛇蛻皮，他擺脫罪惡。娑摩頌歌引導他進入梵界。在那裡，他看到比至高生命更高的、居於身體中的原人。有兩首偈頌為證：——5

「三個音素」指a、u和m，構成Om（唵）這個音節。按照「上梵和下梵」的區分，「沉思一個音素」和「沉思兩個音素」是「下梵」，這裡沉思「三個音素構成的唵這個音節」是「上梵」。對於「上梵和下梵」，也可參閱《剃髮奧義書》1.1.5中對「上知和下知」的說明。

「這三個音素分別與死亡相連，
如果它們緊密結合，互不分離，
在外在、內在和中間行為中，
正確運用，知者便不會動搖。——6

「外在、內在和中間行為」不詳。或說是指清醒、做夢和沉睡三種狀態。

「憑梨俱達到這個世界，憑夜柔達到
空中，憑娑摩達到聖賢所說的世界，

而憑唵這個音節，知者便由此達到
至高世界，平靜，不老，不死，無畏。」——7

第六問

然後，婆羅墮遮之子蘇蓋舍詢問他：「尊者啊，憍薩羅國王子金轂走近我，詢問這個問題：『婆羅墮遮之子啊，你知道那個有十六分的原人嗎？』我告訴這位王子說：『我不知道這個原人。我若知道這個原人，怎會不告訴你？說謊的人會連根枯萎。因此，我不說謊。』他默默登車離去。我就問你這個問題，這個原人在哪兒？」——1

他回答說：「這個原人就在這裡，在身體裡，賢士啊！這十六分就在他之中。——2

「他思忖：『誰起來時，我也起來？誰停下時，我也停下？』——3

「他創造生命，從生命產生信仰、空、風、光、水、地、感官、思想和食物，從食物產生勇氣、苦行、頌詩、行動、世界和世界的名稱。——4

這些便是十六分，或稱十六分支。《大森林奧義書》1.5.14 提到生主含有十六分，可參閱。

「那些河流流向大海，到達大海後，消失不見。它們的名色消解，只被稱為大海。同樣，這位目睹一切者的十六分以原人為歸宿，到達原人後，消失不見。它們的名色消解，只被稱為原人。

他是無分者，永恆者。有偈頌為證：——5

「名色」（nāmarūpa）指名稱和形態。「目睹一切者」指原人。參閱《歌者奧義書》6.10.1。

「如同輻條置入輪轂，
這些分支安居其中，
你要知道應知者原人，
但願死亡不折磨你們！」——6

他對他們說：「我知道的至高的梵就是這樣，沒有比它更高者。」——7

他們讚頌他：「你是我們的父親，帶領我們渡過無知之海，到達彼岸。向至高的仙人們致敬！
向至高的仙人們致敬！」——8

剃髮奧義書

第一章

一

梵天位居眾天神之首，
宇宙創造者，世界保護者；
他向長子阿達婆傳授梵學，
那是一切知識的根基。——1

梵天將這梵學傳給阿達婆，阿達婆傳給安吉羅，安吉羅傳給婆羅墮遮之子薩諦耶婆訶，婆羅墮遮之子又傳給安吉羅娑，它包含上知和下知。——2

大家主紹那迦按照儀軌，走近安吉羅娑，問道：「尊者啊，知道了什麼，便知道所有一切？」——3

他回答說：「知梵者們說應該知道兩種知識：上知和下知。——4

「其中，下知是梨俱吠陀、夜柔吠陀、娑摩吠陀、阿達婆吠陀、語音學、禮儀學、語法學、詞源學、詩律學和天文學。然後，是上知。依靠它，認識不滅者。」——5

智者們認為它不可目睹，
不可把握，無族姓，無種姓，
無手無腳，永恆，遍及一切，
微妙，不變，萬物的源泉。——6

正如蜘蛛吐絲和納絲，
正如大地上長出藥草，
正如人身上長出毛髮，
所有一切源自不滅者。——7

苦行積聚梵，由此產生食物，由食物產生
生命、思想、真理、諸世界、諸業和永恆。——8

「苦行」也有熱量和沉思的含義。

它是全知者，通曉一切，苦行由知識構成，
因此，由它產生這梵、名稱、形態和食物。——9

二

這是那個真理：
詩人們在頌詩中看到的祭祀，
以各種方式展現在三吠陀中；
你們熱愛真理，經常舉行祭祀，
沿著這條道路，走向善業世界。——1

「三吠陀」一詞在原文中只是一個「三」（tretā）字。因此，這個「三」字也可解讀為「三分時代」。按照印度古代的歷史循環論，每個大時代由四個時代組成：圓滿時代、三分時代、二分時代和迦利時代。

一旦祭火點燃，火苗躍動，應該滿懷
虔誠，在澆灌兩勺酥油間，投放祭品。——2

舉行火祭而缺乏新月祭和滿月祭，
缺乏四月祭和收穫祭，不招待客人，
不供奉眾天神，或不按照規則供奉，
這樣的行為將毀壞他的七個世界。——3

「七個世界」指包括自己在內，上溯三代、下延三代。

黑色，恐怖，神速，豔紅，煙色，火花，
完美女神，這些是七種躍動的火舌。——4

「完美女神」喻指通體發亮而優美的火苗。

在這些閃耀的火舌中，
及時行祭，供奉祭品，
那些太陽光線引領他，
到達唯一的神主居處。——5

「太陽光線」指祭品，意謂那些祭品在火舌中化為太陽光線。「神主」指天王因陀羅。

那些閃光的祭品召喚祭祀者：
「來，來！」用太陽光線帶領他，
尊敬他，以可愛的語言告訴他：
「這是你們行善獲得的梵界。」——6

為數十八的這些祭祀儀式，
如同破船，被認為是低下之業，
那些愚者視為至福，滿心歡喜，
結果是再次返回衰老和死亡。——7

「為數十八」指十六位祭司加上祭祀者夫婦。

始終生活在無知之中，
卻自認是智者和學者，

愚者們到處蒙受傷害，
猶如盲人引導盲人。——8

參閱《伽陀奧義書》1.2.5。

愚者們陷身各種各樣的無知中，
而自以為「我們已經達到目的」，
祭祀者出於貪著，不知道這些，
以致從耗盡的世界墜落而痛苦。——9

祭祀者通過祭祀獲得果報，再生在更好的世界（如天國），而一旦功德耗盡，又從那個世界墜落。

愚者以為祭祀和善行最好，
不知道還有比這些更好者；
他們靠善行享受天國之後，
又進入這個或更低的世界。——10

在森林中恪守苦行和信仰，
平靜的知者們遵循比丘行；
他們滌盡汙垢，經由太陽門，
走向靈魂不變的永恆原人。——11

「比丘行」即乞食生活。

考察了那些由業積聚的世界，
婆羅門心生厭棄：無非業所成；
應該手持柴薪，去向通曉吠陀、
立足於梵的老師求教這種知識。——12

「無非業所成」（nāstyakṛtaḥ kṛtena），即一切由業造成。但按原文也可解讀為「不被創造者」（梵）不依靠「被創造者」（業），也就是說，不能依靠業獲得梵。「柴薪」是學生拜見老師的禮物。

按照儀軌走向前來，思想
平靜，沉著鎮定，知者如實
向他講述梵學，讓他據此
知道真正的、不滅的原人。——13

第二章

一

這是那個真理：
從熊熊燃燒的火中，迸出

數以千計與火相似的火花，
同樣，各種各樣生物，賢士啊！
從不滅者中產生，又回到那裡。——1

這裡的「不滅者」指原初物質。

原人神聖，沒有形體，
既在外，又在內，不生，
無呼吸，無思想，純潔，
比至高的不滅者更高。——2

由他產生呼吸、思想和一切感官，
空、風、光、水和承載一切的地。——3

他的頭是火，雙眼是月亮和太陽，
耳朵是方位，語言是展示的吠陀，
呼吸是風，心是宇宙，雙足產生
大地，他是一切眾生的內在自我。——4

由他產生火，太陽是引火木，
月亮產生雨，藥草生於大地，

男人向女人們播撒種子，
這樣，眾生產生於原人。——5

由他產生梨俱、娑摩和夜柔，
淨化儀式、一切祭祀和酬金，
年份、祭祀者和獻祭的牲畜，
月亮淨化和太陽照亮的世界。——6

「酬金」指支付給婆羅門祭司的酬金。

由他產生各種各樣天神，
神靈、凡人、走獸和飛禽，
上氣、下氣、稻、麥和苦行，
信仰、真理、梵行和儀軌。——7

由他產生七種氣息，七種火焰，
七種柴薪，七種祭品，七種世界，
藏在洞穴中的那些氣息運行在
這些世界中，七種與七種相應。——8

「七種氣息」指七種感官：雙眼、雙耳、雙鼻孔和嘴。「七種火焰」指這七種感官的活動。「七種柴薪」指感官對象。「七種祭品」指對感官對象的感知。「七種世界」指感官活動的世界。「洞穴」指心。

由他產生所有海洋和山岳，
由他產生各種流動的河流，
由他產生一切藥草和液汁，
因此，內在自我與萬物同在。——9

這個原人就是世界這一切，
業，苦行，至高永恆的梵；
若是知道他藏在洞穴中，
賢士啊，便斬斷無知縛結。——10

二

它顯現，就在附近，確實活動在洞穴中，
偉大的歸宿，所有動者、呼吸者和眨眼者
都安置其中；要知道它是存在和不存在，
最高心願，超越知識，眾生中的至高者。——1

它明亮，比微小者更微小，一切世界和
世界上的一切安置其中；它是不滅的梵，

它是生命、語言、思想、真理和永恆者，
賢士啊，你要知道它是應該命中的目標。──2
握住奧義書之弓，這偉大武器，
安上由沉思磨尖的箭，賢士啊！
憑藉思考其性質的思想挽開弓，
你要知道，以這不滅者為目標。──3
唵是弓，自我是箭，梵是目標，
應該準確命中，與它合一似箭。──4
天空，大地，天地之間，思想，
與一切氣息，都交織在它之中，
摒棄其他的說法，要知道它是
唯一的自我，通向永恆的橋梁。──5
經脈匯集處，猶如輻條匯集輪轂，
它在其中活動，變得多種多樣；
你們要這樣沉思這自我：「唵！」
祝福你們，越過黑暗，到達彼岸。──6

「經脈匯集處」指心。

通曉一切，知道一切，大地的偉大屬於它，
因為這自我安居空中，安居神聖的梵城中。——7

充滿思想，居於食物中，
引導生命和身軀，控制心，
智者們憑藉知識看到它，
這位永恆者呈現歡喜狀。——8

看到或高或低的它，心結解開，
一切的疑惑都消除，諸業終結。——9

知道自我者都知道梵在至高金鞘中，
無塵垢，不可分，星體中最亮的星體。——10

「金鞘」或譯金庫，喻指心。

那裡，太陽不照耀，星月不照耀，
那些閃電不照耀，更不必說這火；
一旦它照耀，一切都隨之照耀，
依靠它的光芒，所有這些才照耀。——11

這頌見《伽陀奧義書》2.2.15。

梵確實是永恆者，在這裡，
向前，向後，向右，向左，
向下，向上，梵遍及一切，
梵就是這一切，至高無上。——12

第三章

一

兩隻鳥兒結伴為友，
棲息在同一棵樹上，
一隻鳥品嘗畢鉢果，
另一隻鳥不吃，觀看。——1

這首頌詩見《梨俱吠陀》1.164.20。

在同一棵樹上，這個人消沉，
不能自主，陷入愚癡而憂愁；
一旦看到那個神主受到崇拜，

崇高偉大，他也就擺脫憂愁。——2

見到這位金色的創造者，
神主，原人，梵的源泉，
見者成為知者，擺脫罪惡，
消除汙染，直達這至高者。——3

它是生命，在一切眾生中閃耀，
知道它，便成為知者，不再多說；
遊戲自我，熱愛自我，有所作為，
由此，他成為最優秀的知梵者。——4

獲得這自我，永遠依靠
真理、苦行、正知和梵行；
它在身體中，光輝，純潔，
無垢的苦行者能看到。——5

真理無往不勝，而非謊言，
神道依靠真理之路展現；
仙人們由此前往，實現願望，

到達至高的真理蘊藏地。——6

神聖偉大，形象不可思議，
卻又顯得比微小更微小，
在見者眼中，比遠處更遠，
卻又在附近，藏在洞穴中。——7

把握它，不依靠眼睛，不依靠語言，
也不依靠其他天神、苦行和作業；
唯有依靠智慧恩寵，心地純潔，
沉思入定，才能看到這位無分者。——8

「其他天神」喻指感官。「無分者」指不可分割為部分的完整者。

應該憑藉思想知道這微妙的自我，
生命分成五種氣息進入它之中；
眾生的整個思想與這些氣息交織，
只有思想得到淨化，這自我才顯現。——9

只要心地純潔，他無論心中嚮往
什麼世界，也無論懷有什麼願望，

這些世界和願望都能實現，因此，
渴望繁榮者應該崇拜知道自我者。——10

二

他知道這梵的至高居處，
世界一切安置其中而閃光；
那些智者已經擺脫貪欲，
崇拜原人，得以超越精子。——1

「超越精子」即擺脫生死輪迴，不再出生。

懷有願望，念念不忘願望，
依照願望，出生這裡那裡，
一旦願望實現，自我實現，
就在這世，一切願望消逝。——2

獲得這自我，不依靠言教，
不依靠智力，不依靠博聞，
那是依靠自我選中而獲得，

自我向他展示自己的性質。——3

這頌見《伽陀奧義書》1.2.23。

缺乏力量，懈怠放逸，修練
無謂的苦行，不能獲得自我，
而智者努力運用那些方法，
他的自我進入梵的居處。——4

仙人們獲得它，智慧滿足，
自我實現，無欲而平靜；
智者們獲得遍及一切的它，
把握自我，進入一切之中。——5

苦行者們通曉吠檀多知識，
實施遁世瑜伽，心地純潔，
他們在最終時刻，升入梵界，
達到至高永恆而徹底解脫。——6

「吠檀多知識」指關於吠陀的究竟知識，也就是奧義書。

十五分都返回自己的根基，
所有天神返回相應的天神，
各種業和充滿知識的自我，
一切與至高的不變者合一。——7

「十五分」指生命、信仰、空、風、光、水、地和感官等。參閱《疑問奧義書》6.4中提到的十六分。「所有天神」喻指各種感官。「返回相應的天神」，參閱《大森林奧義書》3.2.13。

猶如條條江河流入大海，拋棄
自己名稱和形態，消失不見，
知者也擺脫自己的名稱和形態，
到達比至高更高的神聖原人。——8

參閱《歌者奧義書》6.10.1、《疑問奧義書》6.5。

知道這至高的梵，他便成為梵。他的家族中也不會出生不知梵者。他超越憂愁，超越罪惡，擺脫洞穴中的縛結，達到永恆。——9

這正如梨俱頌詩所說：

有所作為，通曉吠陀，立足梵，
懷著信仰，親自祭供唯一仙人，

按照規則，履行「頭頂誓言」，
應該向這些人宣講這種梵學。——10
「唯一仙人」指祭火。「頭頂誓言」指發誓將火舉在頭頂上。

這便是從前安吉羅娑宣講的真理。不履行誓言的人不能學習它。向至高的仙人致敬！向至高的仙人致敬！——11

蛙氏奧義書

唵（Om）這個音節是所有這一切。對它說明如下：過去、現在和未來的一切只是唵（Om）這個音節。超越這三時的其他一切也只是唵（Om）這個音節。——1

唵（Om）這個音節是在吟誦吠陀時，用於開頭和結束的感嘆詞，它同時也是神聖的音響符號，象徵宇宙、自我和梵以及這三者的合一。

因為所有這一切是梵。這自我是梵。這自我有四足。——2

「四足」，或譯四部分，也就是下面所說的四種精神意識狀態：清醒狀態、做夢狀態、沉睡狀態和第四態。《歌者奧義書》3.18 和 4.5-8 提到「梵有四足」，但所指與這裡不同，可參閱。

覺醒狀態，認知外在，有七支，十九嘴，享受粗食，這是「一切人」（Vaiśvānara），第一足。——3

在清醒狀態，自我認知外在對象。「七支」不詳。《歌者奧義書》5.18.2 中提到自我有十一支：頭、眼睛、呼吸、軀體、膀胱、腳、胸、頭髮、心、意和嘴。「十九嘴」指五知根——眼、耳、鼻、舌和身，五作根——語言、手、腳、肛門和生殖器，五氣——元氣、行氣、下氣、中氣和上氣，意、覺、我慢（「自我意識」）和心。「一切人」是火的稱號，見《大森林奧義書》1.1.1 和 5.9.1。

做夢狀態，認知內在，有七支，十九嘴，享受細食，這是「光明」（Taijasa），第二足。——4

在做夢狀態，自我認知內在對象。

入睡後，無所欲，無所夢，這是沉睡。沉睡狀態，合為一體，智慧密集，充滿歡喜，享受歡喜，以心為嘴，這是「具慧」（Prājña），第三足。——5

在沉睡狀態，內外合為一體。

他是一切之主。他是全知者。他是內在控制者。他是一切之子宮。因為他是眾生的生和滅。——6

不認知內在，不認知外在，不認知內在和外在這兩者。不是智慧密集，不是認知，也不是不認知。不可目睹，不可言說，不可執取，無特徵，不可思議，不可名狀，以確信唯一自我為本質，滅寂戲論，平靜，吉祥，不二。這被認為是「第四」（Caturtha）。這是自我。這是應知者。——7

「第四」狀態是對以上三種狀態的綜合和超越。「戲論」（prapañca）指對世界現象的虛妄認識。「不二」（advaita）指唯一、同一，超越雙重或對立。

這自我，就音節而言，就是唵（Om）這個音節。就音素而言，足是音素，音素是足，即阿音（a）、烏音（u）和摩音（m）。——8

Om 這個音節由 a、u 和 m 這三個音素組成。

清醒狀態即「一切人」，是阿音（a），第一音素，或出於獲取（āpti），或出於位居第一（ādimattva）。知道這樣，他就會獲得一切願望，成為第一。——9

「獲取」（āpti）和「位居第一」（ādimattva）的詞頭是阿音（a）。

做夢狀態即「光明」，是烏音（u），第二音素，或出於提高（utkarṣa），或出於雙重性（ubhayatva）。知道這樣，他就會不斷提高智慧，成為平等者，不知梵者不會出生在他的家族。——10

「提高」（utkarṣa）和「雙重性」（ubhayatva）的詞頭是烏音（u）。「雙重性」含義不詳。或可理解為居於清醒和沉睡兩者之間。「平等者」指平等對待一切，對萬物一視同仁。

沉睡狀態即「具慧」，是摩音（m），第三音素，或出於建立（miti），或出於淹沒（apīti）。知道這樣，他就會建立這一切，又淹沒這一切。——11

建立（miti）的詞頭是摩音（m）。

無音素，「第四」（狀態），不可言說，滅寂戲論，吉祥，不二。這樣，唵（Om）這個音節是自我。知道這樣，他就會自己進入自我。——12

前三種狀態的音素分別是a、u和m，而第四態無音素，意謂對前三種狀態的超越，即自我與梵合一。

白騾奧義書

第一章

梵論者們說：

何為原因？何為梵？我們從哪裡產生？
我們依靠什麼生活？我們安居在哪兒？
眾位知梵者啊，我們按照既定的情況，
生活快樂或不快樂，這一切由誰主宰？——1

時間，本性，必然，偶然，元素，
子宮，原人，均在考慮之列，還有，
它們的結合，但都不是，因為自我存在，
而自我對於苦樂的原因，也不能自主。——2

「本性」指事物的固有性質。「元素」指空、風、火、水和地五大元素。「原人」和「自我」在這裡都指個體自我。這裡指出上述這些以及它們的結合，甚至包括個體自我，都不是究竟原因或最高主宰。

那些修行禪瑜伽的人看到，
那個隱藏在自己性質中的
神的自我能力，這個唯一者，

主宰從時間到自我的一切原因。——3
我們知道它為一個輪轂，有三重輪箍，
有十六頂端，五十輻條，二十副輻條，
六組八種物，呈現萬象的一條繩索，
三條道路，出自兩個原因的一種愚癡。——4

這裡將梵比作輪轂。「三重輪箍」指善性、憂性和暗性。「十六頂端」指五大元素、五種感覺器官（眼、耳、鼻、舌和身）、五種行動器官（語言、手、足、肛門和生殖器）和心。「五十輻條」指五十種狀態：五種顛倒、二十八種無能、九種滿意和八種成功。「二十副輻條」指十種感官和十種感官對象。十種感官即上述五種感覺器官和五種行動器官。十種感官對象指色、聲、香、味、觸、說話、抓取、行走、排泄和交媾。「六組八種物」包括：一、原初物質的八種衍生物：五大元素、心、覺和我慢（「自我意識」）；二、八種身體構成因素：表皮、內皮、血、肉、脂肪、骨、骨髓和精液；三、八種瑜伽神通：變小、變輕、變大、獲得力、意欲力、控制力、自在力和如意力；四、八種狀況：正法、非法、知識、無知識、執著、不執著、神通和無神通；五、八種神靈：梵天、生主、天神、健達縛、藥叉、羅剎、祖先和畢舍遮；六、八種品德：慈悲、寬容、不妒忌、純潔、自如、慷慨、知足和無貪欲。「一條繩索」指欲望，而欲望表現多種多樣。「三條道路」指正法、非法和智慧。「兩個原因」指善業和惡業。業是導致生死輪迴的原因。

有五種水流的河，五個源頭，迅猛，
曲折，以五種氣息為波浪，以五種覺
為根源，有五種漩渦，以五種痛苦
為激流，有五十條支流，五個區域。——5

這裡將梵比作河。「五種水流」指眼、耳、鼻、舌和身。「五個源頭」指空、風、火、水和地。「五種氣息」指元氣、行氣、下氣、中氣和上氣。「五種覺」指五種感官知覺。「五種漩渦」指色、聲、香、味和觸。「五種痛苦」指胎、生、老、病和死。「五十條支流」即前面五十輻條指稱的五十種狀態。「五個區域」指無知、我執、貪愛、憎恨和執著。

在這大梵輪中，一切得以生存，
一切得以安居，天鵝飛行其中，
認識到自己不同於這位驅動者，
滿懷喜悅，由此獲得永恆性。——6

「天鵝」指個體自我，「驅動者」指驅動梵輪的至高之神。

這至高的梵受到讚頌，它含有
三重物，是堅實的根基，不滅者，
那些知梵者知道其中的不同，
沉潛梵中，專心致志，擺脫再生。——7

「三重物」指個體自我、世界和至高之神。

自在之神支撐世界這一切，它們是
可滅和不滅、顯現和不顯現的結合；
自我不是神，作為享受者而受束縛，
而認識到這位神，便擺脫一切束縛。——8

兩種不生者：知者和不知者，神和非神，
享受者和享受對象的結合是另外一種
不生者，還有無限的自我，呈現萬象，
不行動；一旦知道這三者，也就知道梵。——9

「兩種不生者」指神和個體自我。「另外一種不生者」指原初物質。「無限的自我」指至高自我。

原初物質可滅，訶羅永恆不滅，
這唯一的神主宰可滅者和自我；
沉思他，與他結合，進而與他的
本質合一，最終擺脫一切幻覺。——10

「訶羅」（Hara）指至高之神。

認識到這位神，便解除一切束縛，
消除煩惱，擺脫生死；身體瓦解時，
沉思他，達到主宰一切的第三狀態，
從而成為唯一者，願望獲得實現。——11

應該知道它永遠居於自我中，
沒有任何比它更高的可知者，

享受者認清享受對象和驅動者，
這就是所說的一切，三重的梵。——12

「享受者」指自我，「享受對象」指原初物質，「驅動者」指至高之神，這三者都是梵的表現形式。

火在胎藏中，無形而不可見，
但是它的特徵並沒有消失；
使用引火木，便可從胎藏中
鑽取，身體和唵也是如此。——13

這裡以使用引火木鑽取胎藏中的火，比喻依靠唵認知身體中的自我。

以自己的身體作為下引火木，
以唵這個音節作為上引火木，
依靠沉思，不斷地轉動鑽取，
便能看到如同隱藏其中的神。——14

正如芝麻中的油，凝乳中的酥油，
正如河流中的水，引火木中的火，
自身中的自我也是這樣得到把握，
依靠真理，依靠苦行，得以目睹。——15

自我遍及一切，猶如乳中酥油，
它是自我知識和苦行的根基；
這便是梵，至高無上的奧義，
這便是梵，至高無上的奧義！——16

第二章

沙維特利為求真諦，
首先控制思想和智慧，
然後確認火就是光，
將它從大地中取出。——1

沙維特利（Savitr）是一位太陽神。

我們在天神沙維特利的激勵下，
控制思想，企盼獲得天國和能力。——2

用思想和智慧控制前往天國的眾天神，
沙維特利激勵他們創造偉大的光輝。——3

這裡的「眾天神」喻指感官。

那些聖賢中的偉大聖賢，
他們控制思想，控制智慧；
而唯獨沙維特利通曉儀軌，
安排祭祀，受到普遍讚頌。——4

我懷著敬意，向你們提供古老的梵，
這些偈頌沿著太陽之路向前行進，
但願永恆者的所有兒子都能聆聽，
還有那些已經居住在天國的人們。——5

這裡的「梵」指頌詩或禱文。「永恆者的所有兒子」指創造主創造的眾生。

在那兒，火摩擦燃起，風吹拂，
蘇摩汁充溢，由此，思想產生。——6

「在那兒」指在祭祀活動中。

在沙維特利的激勵下，
人人會喜愛古老的梵，
你要從這裡獲得本源，
這樣，功德不會虧待你。——7

保持身體平衡，三部分挺直，
依靠思想，將感官收入心中，
智者便能乘坐梵船，渡過
所有一切充滿恐怖的河。——8

「三部分」指胸、頸和頭。

抑制體內呼吸，控制動作，
讓鼻孔中的呼吸漸漸減弱，
智者約束思想，毫不放鬆，
彷彿控制野馬駕馭的車輛。——9

應該選擇一個避風的洞穴，
平坦清潔，沒有沙、石和火，
那裡有水聲等等，令思想
隨順自如，也不刺激視覺。——10

這裡描述修習瑜伽的適宜地點。

瑜伽中，霧、煙和太陽，
風、火、螢火蟲和閃電，

玻璃和月亮，這些是
先於梵而顯現的形象。——11

一旦地、水、光、風和空，
這五重的瑜伽之德出現，
他的身體便由瑜伽之火
構成，不再有病、老和死。——12

輕鬆健康，擺脫貪欲，
容光煥發，聲音和悅，
氣息清淨，排泄減少，
這是瑜伽的最初表現。——13

猶如一面鏡子沾染塵土，
一旦擦拭乾淨，又光潔明亮，
同樣，有身者看清自我本質，
也就達到目的，擺脫憂愁。——14

「有身者」指人。

依靠自我本質，如同憑藉燈光，

在這裡看清梵的本質，知道
這位神不生，永恆，不受一切
性質汙染，他就擺脫一切束縛。——15

這位神遍及所有的方向，
既最先出生，又處在胎中，
既是過去生，又是未來生，
既居於人中，又面向一切。——16

這位神在火中，在水中，
進入一切存在之物中，
在藥草中，在樹林中，
向這位神致敬！致敬！——17

第三章

這位唯一者掌握著羅網，
憑藉支配力統治一切世界，

這位唯一者出現和產生，
人們知道他，便達到永恆。——1

樓陀羅是唯一者，獨一無二，
憑藉支配力統治這些世界；
他是保護者，居於眾生中，
創造世界萬物，劫末又收回。——2

樓陀羅（Rudra）也就是前面 1.10 中提到的訶羅。樓陀羅後來演變成濕婆（Śiva）大神。

眼睛遍及一切，面孔遍及一切，
雙臂遍及一切，雙腳遍及一切，
這位唯一的神創造天國和大地，
他依靠雙臂和羽翼進行鍛造。——3

這裡用工匠鍛造器具比喻唯一的神創造天地。「羽翼」指工匠用於煽風的工具。這首頌詩見《梨俱吠陀》10.81.3。

樓陀羅是大仙人，萬物主，
眾天神的源頭和產生者，
是他在從前創造出金胎，
願他賜予我們純潔的智慧。——4

「金胎」（Hiranyagarbha）指原初的創造主。

樓陀羅啊，你形態吉祥，
不恐怖，不呈現惡相，
山居者啊，請向我們
展示你吉祥的形體。──5

「山居者」是樓陀羅的稱號。

山居者啊，你手中持箭待發，請讓它保持
吉祥平安，不要傷害人和動物，護山者啊！──6

比這更高者是梵，至高，偉大，
依照類別，隱藏在一切眾生中，
知道這位囊括一切的唯一者，
這位自在之神，也就達到永恆。──7

我知道這位偉大的原人，
色澤如同太陽，超越黑暗；
知道了他，就能超越死亡，
前往那裡，別無其他之路。──8

沒有比他更高者，沒有比他
更小者，更大者，這唯一者
如同堅固的樹，屹立在天國，
這位原人充滿所有這一切。——9

比這更高者無形無病，知道它，
人們達到永恆，否則走向痛苦。——10

「比這更高者」指梵。

他是一切之臉、頭和頸，
居於一切眾生的洞穴中；
這位尊神遍及一切，因此，
他是進入一切的吉祥者。——11

「洞穴」指心。「吉祥者」(Śiva) 作為神名，也可譯為濕婆，即前面提及的樓陀羅。在以上一些描述中，樓陀羅（濕婆）、原人和梵幾乎互相等同。

原人確是偉大主宰，
一切存在的啟動者，
純潔無瑕的目的地，
自在者，不滅之光。——12

原人是內在自我，大似拇指，
永遠居於眾生的心中，這位
知識之主由心中的思想確定，
人們知道他，也就達到永恆。——13

原人有千頭、千眼和千足，
覆蓋整個大地，還超出十指。——14

「十指」是量度。這裡是說原人的長度或寬度超出大地十個指頭。這首頌詩見《梨俱吠陀》10.90.1。

原人是過去和未來的所有一切，
他是永生之主，依靠食物增長。——15

「依靠食物增長」指所有一切依靠食物增長。這首頌詩見《梨俱吠陀》10.90.2。

手足遍及一切，眼、頭和臉遍及一切，
耳朵遍及一切，他在世界上覆蓋一切。——16

似乎具有一切感官性質，
而實際上摒棄一切感官；
它是自在者，一切的主宰，
也是一切的偉大庇護所。——17

這個有身的天鵝居於
九門城中，又飛行在外，
它控制整個世界以及
所有的動物和不動物。——18

「天鵝」喻指至高自我。「九門城」喻指人體，以雙眼、雙耳、雙鼻孔、嘴、肛門和生殖器為九門。

無手能抓取，無腳能快行，
無眼能觀看，無耳能諦聽，
他知道一切，而無人知道他，
人們稱他為偉大的太初原人。——19

比微小更小，比偉大更大，
這自我居於眾生的洞穴中；
受創造主恩惠，看到這無欲者
偉大而自在，也就擺脫憂愁。——20

我知道它是一切的自我，
不老又古老，憑其遍布性
而遍及一切，梵論者們說

第四章

這唯一者無色，而施展多種能力，
懷有隱藏的目的，安排各種色彩；
世界一切先是聚合，最終又解體，
願這位神賜予我們純潔的智慧。——1

那是火，是太陽，是風，是月亮，
是純潔者，是梵，是水，是生主。——2

「純潔者」（śukra）是多義詞，也可譯為光、光明或精液。

你是女人，你是男人，
你是少男，你是少女，
你是老人，拄杖而行，
你一出生就面向一切。——3

這頌見《阿達婆吠陀》10.8.27。

你是青鳥，紅眼綠鸚鵡，
藏有閃電者，季節，海洋，

你無起始，而有遍布性，
世界所有一切產生於你。——4

「藏有閃電者」指烏雲。

一頭母羊有紅、白和黑色，
她生出許多同樣的羊羔；
一頭公羊興奮地與她做伴，
另一頭公羊享受後，離開她。——5

這裡譯為「公羊」的aja一詞兼有「不生者」這個詞義。「不生者」指自我。「母羊」喻指原初物質。「紅、白和黑」三色代表火、水和地，或者代表原初物質的憂性、善性和暗性。這樣，「一頭公羊」指沒有擺脫原初物質的自我，「另一頭公羊」指擺脫原初物質的自我。

兩隻鳥兒結伴為友，
棲息在同一棵樹上，
一隻鳥品嘗畢缽果，
另一隻鳥不吃，觀看。——6

這裡對兩只鳥兒的描寫，含義同上。這首頌詩見《梨俱吠陀》1.164.20，也見《剃髮奧義書》3.1.1。

在同一棵樹上，這個人消沉，
不能自主，陷入愚癡而憂愁；

一旦看到那個神主受到崇拜，
崇高偉大，他也就擺脫憂愁。——7

這頌見《剃髮奧義書》3.1.2。

在梨俱的至高不滅的空中，
那裡居住著所有的天神；
若不知道它，梨俱又有何用？
若是知道它，人們達到圓滿。——8

「梨俱」指頌詩詩節，尤其指《梨俱吠陀》。這首頌詩見《梨俱吠陀》1.164.39。

頌詩、祭祀、祭供、誓願、
過去、未來和吠陀所說者，
有幻力者創造所有這一切，
另一個也被幻力拘於其中。——9

「有幻力者」（māyin）指梵或創造之神。「幻力」（māyā，或譯幻相）指原初物質。梵是至高自我，「另一個」指個體自我。

應知幻力是原初物質，
有幻力者是大自在天，
正是他的各部分，遍布
整個世界的所有一切。——10

大自在天（Maheśvara）指創造之神。世界一切源自梵，而由創造之神具體創造。

這位唯一者支配每個子宮，
一切在他之中聚合又解體；
知道讚頌這位賜予恩惠的
自在神，便獲得永恆的平靜。——11

樓陀羅是大仙人，萬物主，
眾天神的源頭和產生者，
是他親眼目睹金胎出生，
願他賜予我們純潔的智慧。——12

他是天神之主，他是一切
世界的依靠，他統治世上
所有的兩足和四足生物，
我們應該祭供這位天神。——13

這首頌詩源自《梨俱吠陀》10.121.3。

比微妙更微妙，處在混沌中，
創造這一切，形式多種多樣，

知道這位遍及一切的唯一者，
吉祥者，便獲得永恆的平靜。——14

他確實是一切的主宰，及時地
保護世界，隱藏在一切眾生中，
婆羅門仙人和眾天神接近他，
知道他這樣，便斬斷死亡套索。——15

知道這位吉祥者似凝乳浮沫，
極其微妙，隱藏在一切眾生中；
知道這位神是遍及一切者，
唯一者，也就擺脫一切束縛。——16

這位神創造一切，靈魂偉大，
永遠居於一切眾生的心中，
由心中的智慧和思想確定，
人們知道他，也就達到永恆。——17

那時沒有黑暗，沒有晝夜，沒有
存在和不存在，唯有這位吉祥者，

獨一無二；那是沙維特利崇尚的
不滅者，古代的智慧從這裡流出。——18

無法從上面、從側面
或者從中間抓取他，
也沒有與他相像者，
他的名字是「大名」。——19

他不在視域之中，沒有人
能憑眼睛看到他的形象，
而憑心中的思想知道他
在心中，人們便達到永恆。——20

想到你是不生者，有人懷著
敬畏之心，前來尋求庇護，
樓陀羅啊，但願你那和藹
可親的面容永遠保護我！——21

不要傷害我們的子孫和壽命，
還有我們的牛和馬，樓陀羅啊！

不要發怒殺害我們的那些勇士，
因為我們經常召喚你，祭供你。——22

這首頌詩見《梨俱吠陀》1.114.8。

第五章

在不滅而無限的梵城中，
隱藏著知識和無知這兩者，
無知可滅，知識永恆，控制
知識和無知者是另一位。——1

這位唯一者控制每個子宮，
控制一切形式，一切起源；
在太初，看到仙人迦比羅
出生，用各種知識充實他。——2

「迦比羅」（Kapila）一詞的詞義為金黃色，故而可能是指金胎，而非後來的數論創始者迦比羅。參閱前面3.4和4.12。

這位神在田野上，以各種方式
撒開一張又一張網，然後收攏；
這位靈魂偉大的主宰者再次
創造各位主人，而他凌駕一切。——3

「田野」指世界。「網」指生死輪迴之網。

正如太陽照亮所有方向，
無論上面、下面或側面，
這位崇高的尊神，唯一者，
控制所有的子宮和本性。——4

「子宮」指事物的起源。「本性」指事物的固有性質。

他是萬物子宮，促使本性成熟，
讓一切應該成熟者變得成熟；
作為唯一者，主宰所有這一切，
由他安排分配各種事物性質。——5

梵天知道他是梵的子宮，隱藏
在蘊涵吠陀奧祕的奧義書中，

古代的天神和仙人都知道他，
因而具有他的性質，達到永恆。——6

這裡的「他」指梵，即至高自我。因而，「梵的子宮」應讀為吠陀的子宮。

他具有性質，製造和享受業果，
呈現所有的形式和三種性質，
作為生命之主，遵行三條道路，
依隨自己種種業行遊蕩活動。——7

這裡的「他」指個體自我。「三種性質」（亦稱三德）指善性、憂性和暗性。「三條道路」指正法、非法和智慧，或指天神、祖先和凡人。

大似拇指，形狀似太陽，
具有意念和自我意識，
憑藉智慧和自我的性質，
又看似別樣，大似錐尖。——8

應該知道這生命自我，
微小似頭髮末梢分成
一百份，再分成一百份，
但又被認為大到無限。——9

他非女性，非男性，非中性，
而受到獲得的任何身體保護。——10

通過意圖、接觸、觀看、癡迷
和豐富的飲食，自我出生和增長；
這個有身者按照自己的行為，
依次在各種境遇呈現各種形態。——11

這裡的「有身者」指個體自我。

這個有身者按照自己的性質，
選擇各種形態，或粗大，或細小，
通過行為的性質和自我的性質，
他成為結合的原因，看似別樣。——12

「看似別樣」指不同於自己的本來面目。

無始又無終，處在混沌中，
創造一切，形式多種多樣，
知道這位遍及一切的神，
唯一者，便擺脫一切束縛。——13

依靠精神把握，名為無形者，
這位吉祥者創造存在和不存在，
創造十六分以及天下萬物，
知道這位神，也就捨棄身體。——14

「十六分」指從生命至世界名稱的十六種事物。參閱《疑問奧義書》6.4。

第六章

有一些智者聲稱是本性，
另一些同樣糊塗，說是時間，
實際上，那是神的偉大，
在世界上轉動這個梵輪。——1

這位智者永遠囊括這一切，
是時間創造者，有性質者，
全知者，主導行動的運轉，
也就是地、水、光、風和空。——2

他完成這個工作，便停息，
然後又與真實的本質結合，
通過一、二、三或八者，
時間和微妙的自我性質。——3

「一者」指原人，「二者」指原人和原初物質，「三者」指善性、憂性和暗性，「八者」指地、水、光、風、空、心、覺和我慢（「自我意識」）。

他開始這些具有性質的工作，
安排一切狀態，直至它們消亡，
所有創造的事業毀滅和終結，
這時他才真正有別於這些。——4

他是起始，結合的原因，超越三時，
看來不可分，卻又呈現一切現象，
產生萬物；首先要崇拜這位居於
我們自己心中的、值得崇拜的神。——5

「超越三時」指超越過去、現在和未來。

他有別於和高於宇宙樹和時間，
世界萬象出自他；要知道他是

幸運之主，永恆者，一切的根基，
居於自我，帶來正法，驅除罪惡。——6

自在天中至高的大自在天，
天神中至高的天神，君主中
至高的君主，我們知道這位
可敬的世界神主至高無上。——7

沒有發現他有行動和行動器官，
也沒有看到與他相同或更高者，
而聽說他至高的能力多種多樣，
那是他內在智慧和力量的作用。——8

在這世界上，沒有控制他的
主人和統治者；他沒有標誌，
而他是原因，感官之主之主，
他既沒有父母，也沒有主子。——9

「感官之主之主」指一切具有感官者的主人。

這位唯一者出於自己本性，
用原初物質的種種產物，
如同蜘蛛吐絲，覆蓋自己，
但願他允許我們融入梵中。——10

這位唯一者隱藏在一切眾生中，
遍及一切，成為眾生的內在自我；
他居於一切眾生，是行為監督者，
見證者，智者，獨一無二，無性質。——11

他是許多不行動者的唯一控制者，
他促使唯一的種子變得多種多樣，
智者們看到他就在他們的自我中，
是他們，而非別人，獲得永恆幸福。——12

「不行動者」指個體自我，相對於行動的感官而言。

永恆中的永恆，知覺中的知覺，
也是唯一的滿足眾人願望者，
他是原因，依靠數論瑜伽理解，

知道這位神，便擺脫一切束縛。——13

參閱《伽陀奧義書》2.2.13。「數論」(Sāṁkhya) 一詞的原義是計數，引申為包括計數在內的分析研究方法。「瑜伽」(Yoga) 一詞的原義是聯繫或駕馭，引申為修練身心的方法。

在那裡，太陽不照耀，星月不照耀，
那些閃電不照耀，更不必說這火；
一旦他照耀，一切都隨之照耀，
依靠他的光芒，所有這些才照耀。——14

這頌見《伽陀奧義書》2.2.15。

他是世界的唯一天鵝，
也是潛藏在水中的火，
知道他，就能超越死亡，
別無其他的可行之路。——15

「唯一天鵝」喻指至高自我。

創造一切，通曉一切，以自我為子宮，
知者，創造時間者，有性質者，全知者，
原初物質和知領域者之主，性質之主，
生死輪迴、解脫、穩定和束縛的原因。——16

「知領域者」指個體自我。「領域」指身體。

自成者，永恆者，居於統治地位，
知者，遍及一切者，世界保護者，
他永遠統治著這個世界，確實是
找不到這種統治的任何其他原因。——17

在太初，他創造了梵天，
然後將那些吠陀交給他；
這位神憑自己的智慧發光，
我渴望解脫，尋求他庇護。——18

不可分，無行動，平靜，
沒有過失，沒有汙點，
如同柴薪燃燒之火，
通向永恆的至高橋梁。——19

一旦人們能捲起天空，如同捲起皮革，
那時，不知道這位神，痛苦也會消除。——20

這裡以「捲起天空」喻指不可能發生的事。

憑藉苦行威力和神的恩惠，

知梵者白騾仙人向隱棲的
修行者們正確地宣講至高的、
純潔的梵，為眾仙人所鍾愛。——21

這是上古時代宣示的、
吠檀多中的至高奧祕，
不能傳給心不平靜者，
以及非兒子和非弟子。——22

因為所說的這些意義，
只對靈魂高尚者顯現，
只對靈魂高尚者顯現，
他對神懷有至高虔誠，
對待老師也像對待神。——23

「只對靈魂高尚者顯現」重覆一次，以示強調。

考斯多基奥義書

第一章

吉多羅・甘吉亞耶尼準備祭祀，選擇阿盧尼為祭司。而阿盧尼吩咐兒子希婆多蓋杜說：「你去主持祭祀吧！」

希婆多蓋杜入座後，吉多羅詢問他：「喬答摩之子啊，你要將我安置在世界的隱祕之處，或者，有另一條道路，將我安置在那個世界？」他回答說：「我不知道。讓我去問老師。」

於是，他回到父親那裡，詢問道：「他問我這樣的問題，我應該怎樣回答？」父親說：「我也不知道怎樣回答。我們只是在祭祀集會上吟誦吠陀，接受別人的施捨。來吧，我倆一起去那裡。」

他手持柴薪，來到吉多羅・甘吉亞耶尼那裡，說道：「讓我拜你為師吧！」「你不愧為婆羅門，毫無傲氣。來吧，我會為你們講解。」——1

於是，他說道：「那些從這個世界逝去的人，全都前往月亮。由於他們的氣息，月亮在前半月充盈。它在後半月讓他們再生。確實，月亮是通向天國世界之門。凡能答出問題者，它便放行。而不能答出問題者，則變成雨水降下。按照他們的宿業和知識，在這世上各處再生為蛆蟲、飛蟲、魚、鳥、獅子、野豬、蛇、虎、人或其他。」

月亮詢問來到者：「你是誰？」他應該這樣回答：

「眾季節啊，精液採集自光輝，
與出生和祖先有關的十五分；
你將我送給你的一個代理人，
通過這代理人，將我送入母親。
「我依靠十二分父親出生，
作為附加的第十三分出生；
我知道這個，也知道相反，
眾季節啊，帶我進入永恆。

「依靠真理，依靠苦行，我是季節，我是季節的後裔。」「你是誰？」「我是你。」於是，月亮給他放行。——2

以上偈頌中有些難解的詞語。「眾季節」實際上是對月亮稱呼。「光輝」指月亮的光輝。月亮有十六分，因而「十五分」指月亮的十五分。「與出生和祖先有關」，因為前面提到人死後前往月亮，然後又出生。「十二分」指十二月，也就是年，象徵父親。「附加的第十三分」指閏月。

這樣，他踏上天神之路，首先到達火神世界。然後，他到達風神世界，伐樓那世界，因陀羅世界，生主世界，最後到達梵界。

在梵界中，有阿羅湖，危害祭祀的時間，不老河，伊利耶樹，娑羅吉耶城，無敵宮，因陀羅和生主兩位門衛，大會堂，智慧座，無量光輝床。可愛的思想女神和同樣可愛的眼睛女神採集鮮花。

還有，世界之母安芭和安芭利以及安必迦等等其他天女。

梵說道：「他知道這樣，而來到。你們快去迎候吧！憑藉我的光榮，他已經到達不老河，他也就不會再衰老。」——3

於是，五百個天女前去迎候，其中一百個手持果子，一百個手持油膏，一百個手持花環，一百個手持衣服，一百個手持香粉。她們用梵裝飾品裝飾他。這位經過梵裝飾品裝飾的知梵者走向梵。他來到阿羅湖，依靠思想越過它。那些只知眼前事物者走向它，便沉沒。他來到危害祭祀的時間逃跑。他來到不老河，依靠思想越過它。他在那裡拋棄善業和惡業。他的好親友繼承他的善業，他的壞親友繼承他的惡業。正像駕車者觀察兩只車輪，他也觀察白晝和黑夜，觀察善業和惡業以及一切對立物。這位知梵者拋棄善業和惡業，走向梵。——4

他來到伊利耶樹，梵香進入他。他來到娑羅吉耶城，梵味進入他。他來到無敵宮，梵光進入他。他來到因陀羅和生主兩位門衛那裡，他倆逃跑。他來到大會堂，梵的光榮進入他。

他來到智慧座。它的兩條前腿是毗訶特和羅檀多羅兩種娑摩，兩條後腿是歇耶多和瑙達婆兩種娑摩，兩條縱木是維盧波和維羅遮兩種娑摩，兩條橫木是夏揭婆羅和雷婆多兩種娑摩。這座就是智慧，因為人依靠智慧觀察。

他來到無量光輝床。它就是氣息。它的兩條前腿是過去和未來，兩條後腿是吉祥和大地，兩條橫木是跋陀羅和耶若耶吉尼耶兩種娑摩，兩條縱木是毗訶特和羅檀多羅兩種娑摩，縱向繩索是梨俱和娑摩，橫向繩索是夜柔，床墊是月光，床單是歌唱，枕頭是吉祥。

梵坐在床上。他知道這樣，抬腳登上。梵問他：「你是誰？」他應該回答說：——5

「我是季節。我是季節的後裔。我從空這個子宮中出生。我是年給予妻子的精液，是年的光，是一切眾生的自我。你是一切眾生的自我。我正是你。」

梵詢問他：「我是誰？」他應該回答說：「真實。」「真實（satya）是什麼？」「sat（存在）是不同於眾天神和眾氣息者，而 tya 是眾天神和眾氣息。因此，用真實（satya）這個詞表達所有這一切，而你就是所有這一切。」這是他的回答。

參閱《大森林奧義書》2.3.1。

有梨俱頌詩為證：——6

這位大仙人以夜柔為腹，
娑摩為頭，梨俱為形體，
由梵構成，不會毀滅，
應該知道，他就是梵。

梵詢問他：「你依靠什麼掌握我的那些陽性名稱？」他應該回答說：「依靠氣息。」

「你依靠什麼掌握我的那些中性名稱？」「依靠思想。」

「你依靠什麼掌握我的那些陰性名稱？」「依靠語言。」

「依靠什麼掌握那些香氣？」「鼻子。」

「依靠什麼掌握那些形態？」「眼睛。」

「依靠什麼掌握那些聲音？」「耳朵。」

「依靠什麼掌握那些食物滋味？」「舌頭。」

「依靠什麼掌握那些行動？」「雙手。」

「依靠什麼掌握那些苦樂？」「身體。」

「依靠什麼掌握歡喜、歡愛和生殖？」「生殖器。」

「依靠什麼掌握行走？」「雙足。」

「依靠什麼掌握思想、認知對象和願望？」「智慧。」

然後，梵對他說：「你確實已經掌握我的世界。」

凡是梵的勝利，梵的成功，只要知道這樣，知道這樣，他就會獲得這種勝利，這種成功。——7

「知道這樣」重覆一次，以示強調。

第二章

考斯多基經常說：「氣息是梵。」氣息作為梵，思想是它的使者，眼睛是衛士，耳朵是傳達者，語言是侍女。

確實，知道氣息作為梵，思想是它的使者，他就會有使者。知道眼睛是衛士，他就會有衛士。知道耳朵是傳達者，他就會有傳達者。知道語言是侍女，他就會有侍女。

氣息作為梵，不用乞求，所有的神靈就會為它送來供品。同樣，知道這樣，不用乞求，一切眾生就會為他送來供品。「不必乞求」，這是他的奧義。

譬如，有人在村中乞食，一無所獲。他會坐下，說：「我再也不吃這裡施捨的食物。」然後，那些先前拒絕他的人前來邀請他。這是不乞求之法。那些施捨食物的人前來邀請他，說：「我們給你。」——1

般吉耶經常說：「氣息是梵。」氣息作為梵，它的眼睛守在語言後面，耳朵守在眼睛後面，思想守在耳朵後面，氣息守在思想後面。

確實，氣息作為梵，不用乞求，所有的神靈就會為它送來供品。同樣，知道這樣，不用乞求，一切眾生就會為他送來供品。「不必乞求」，這是他的奧義。

譬如，有人在村中乞食，一無所獲。他會坐下，說：「我再也不吃這裡施捨的食物。」然後，那些先前拒絕他的人前來邀請他。這是不乞求之法。那些施捨食物的人前來邀請他，說：「我們給你。」——2

下面關於獲得無與倫比的財寶。如果想要獲得無與倫比的財寶，他就應該在滿月之夜或新月之夜，或在白半月的吉祥星宿之夜，點燃祭火，清掃周圍，鋪上吉祥草，四周灑水，右膝下跪，用祭匙向祭火澆灌酥油：

「名為語言的神靈是獲得者，但願他為我從某某那裡獲得這個。向他致敬，娑婆訶！

「名為鼻子的神靈是獲得者，但願他為我從某某那裡獲得這個。向他致敬，娑婆訶！

「名為眼睛的神靈是獲得者，但願他為我從某某那裡獲得這個。向他致敬，娑婆訶！

「名為耳朵的神靈是獲得者，但願他為我從某某那裡獲得這個。向他致敬，娑婆訶！

「名為思想的神靈是獲得者，但願他為我從某某那裡獲得這個。向他致敬，娑婆訶！

「名為智慧的神靈是獲得者，但願他為我從某某那裡獲得這個。向他致敬，娑婆訶！」

然後，他應該嗅聞煙氣香味，用酥油塗抹肢體，保持沉默，走出去，或直接向對方宣示目的，或派遣使者，他會如願以償。——3

下面關於神聖的愛。如果想要獲得一個男子或一個女子的愛，他就應該在與上述同樣的時辰，以同樣的方式向祭火澆灌酥油：

「我在我自身中祭供你的語言，某某，娑婆訶！

「我在我自身中祭供你的鼻子，某某，娑婆訶！

「我在我自身中祭供你的眼睛，某某，娑婆訶！

「我在我自身中祭供你的耳朵，某某，娑婆訶！

「我在我自身中祭供你的思想，某某，娑婆訶！
「我在我自身中祭供你的智慧，某某，娑婆訶！」
然後，他應該嗅聞煙氣香味，用酥油塗抹肢體，保持沉默，走出去，或直接前去與對方接觸，或站在上風處與對方交談，他就會獲得對方的愛。確實，對方會思念他。——4

「站在上風處」意謂對方容易聽到他的話。

下面關於波羅多爾陀那自制，人們稱為內在火祭。人在說話時，不能呼吸。這時，他用呼吸祭供語言。人在呼吸時，不能說話。這時，他用語言祭供呼吸。人無論醒著或入睡，他永遠供奉這兩種無限和不死的祭品。而其他各種祭品都是有限的，因為它們都涉及祭祀儀式。古人正是知道這一點，而不舉行火祭。——5

波羅多爾陀那是人名，參閱下面第三章。這裡將一般的火祭視為外在火祭，而將自制視為內在火祭。

修希迦跋倫伽羅經常說：「讚歌是梵。」應該崇拜它為梨俱。對於這樣的人，一切眾生都會為他的無比優越而讚頌他。應該崇拜它為夜柔。對於這樣的人，一切眾生都會為他的無比優越而與他結合。應該崇拜它為娑摩。對於這樣的人，一切眾生都會為他的無比優越而向他致敬。應該崇拜它為吉祥。應該崇拜它為光榮。應該崇拜它為光輝。正像它在一切頌詩中最吉祥，最光榮，最光輝，知道這樣，他也會在一切眾生中最吉祥，最光榮，最光輝。

行祭者祭司裝飾由儀式構成的祭祀的自我，交織進由夜柔構成的自我；誦者祭司在由夜柔構成的自我中，交織進由梨俱構成的自我；歌者祭司在由梨俱構成的自我中，交織進由娑摩構成的自我。這是三重知識的自我。知道這樣，他就會成為因陀羅的自我。——6

「三重知識」即三吠陀：《梨俱吠陀》、《娑摩吠陀》和《夜柔吠陀》。

下面關於戰勝一切的考斯多基的三次敬拜。戰勝一切的考斯多基敬拜升起的太陽。他戴上聖線，取來水，連續三次灑進水盆，說道：「你是驅除者，請驅除我的罪惡吧！」他以同樣的方式敬拜中午的太陽，說道：「你是拔除者，請拔除我的罪惡吧！」他以同樣的方式敬拜落下的太陽，說道：「你是滅除者，請滅除我的罪惡吧！」這樣，太陽滅除他在白天和夜晚犯下的罪惡。同樣，知道這樣，以同樣的方式敬拜太陽，太陽就會滅除他在白天和夜晚犯下的罪惡。——7

還有，每月的新月之夜，以同樣的方式敬拜出現在西邊的月亮，或者向它投擲兩片綠草，說道：

我的這顆形態優美的心，
完全依靠天上的月亮，
因此我認為我是知此者，
願我不為兒子不幸哭泣。

這樣，他的後代不會死在他之前。這是對有兒子者而言。下面關於無兒子者：

增長吧！讓精力匯集於你！
讓液汁和元氣匯集於你！

眾太陽神增長這光明！

默誦這三首梨俱頌詩後，說道：「請你不要用我們的氣息、子孫和牲畜增長自己，而用憎恨我們者和我們憎恨者的氣息、子孫和牲畜增長自己吧！」然後，右旋繞行，說道：「我隨因陀羅之轉而轉，我隨太陽之轉而轉。」——8

以上三首梨俱頌詩都是取每一首的第一句。前兩句取自《梨俱吠陀》1.91.16和18，第三句取自《阿達婆吠陀》7.81.6。

還有，在滿月之夜，以同樣的方式敬拜出現在東邊的月亮，說道：「你是聰明睿智的蘇摩王；你是有五張嘴的生主。婆羅門是你的一張嘴。你用這張嘴吃眾國王。你用這張嘴使我成為吃食物者吧！國王是你的一張嘴。你用這張嘴吃眾吠舍。你用這張嘴使我成為吃食物者吧！兀鷹是你的一張嘴。你用這張嘴吃鳥類。你用這張嘴使我成為吃食物者吧！火是你的一張嘴。你用這張嘴吃這個世界。你用這張嘴使我成為吃食物者吧！你還有第五張嘴。你用這張嘴吃一切眾生。你用這張嘴使我成為吃食物者吧！你不要減損我們的氣息、子孫和牲畜，而減損憎恨我們者和我們憎恨者的氣息、子孫和牲畜吧！」然後，右旋繞行，說道：「我隨天神之轉而轉，我隨太陽之轉而轉。」——9

還有，與妻子一起躺下時，應該撫摸她的心，說道：

美人啊，妳的心安放在生主中，因而
獲得永生，願妳不會為兒子不幸憂傷。

這樣，她的後代不會死在她之前。——10

還有，遠出而歸，應該親吻兒子頭頂，說道：

你出自我的每個肢體，
你出自我的心，兒子啊！
你是我的自我，救了我！
我衷心祝願你長命百歲！

呼喚兒子的名字，說道：

成為石頭！成為斧子！
成為不可摧毀的金子！
你是名為兒子的光明，
衷心祝願你長命百歲！

呼喚兒子的名字，擁抱他，說道：「正像生主擁抱他的後代，保證他們安全，我也擁抱你。」

再呼喚兒子的名字。

然後，貼近兒子的右耳低誦道：「摩伽凡啊，迅行者啊，賜予他！」又貼近兒子的左耳低誦道：「因陀羅啊，賜予他無上的財富！」接著，說道：

「摩伽凡」和「迅行者」均為天王因陀羅的稱號。

你別斷後，你別害怕，
我祝願你長命百歲！
兒子啊，伴隨你名字，
我親吻你的頭頂！

隨即，呼喚兒子的名字，連續三次親吻他的頭頂。然後，應該在兒子頭頂上連續三次發出哼聲，說道：「我向你發出牛的哼聲。」——11

下面關於天神的死亡。確實，火燃燒，梵照耀。火不燃燒，則死亡。它的光芒進入太陽，氣息進入風。太陽展現，梵照耀。太陽不展現，則死亡。它的光進入月亮，氣息進入風。月亮展現，梵照耀。月亮不展現，則死亡。它的光進入閃電，氣息進入風。閃電閃爍，梵照耀。閃電不閃爍，則死亡。它的光進入方位，氣息進入風。所有這些天神都進入風，但死於風中而不滅絕。因此，他們又從風中出現。這是關於天神，下面關於自我。——12

確實，人用語言說話，梵照耀。人不說話，則死亡。它的光進入眼睛，氣息進入氣息。人用眼睛觀看，梵照耀。人不觀看，則死亡。它的光進入耳朵，氣息進入氣息。人用耳朵聽取，梵照耀。人不聽取，則死亡。它的光進入思想，氣息進入氣息。人用思想思考，梵照耀。人不思考，則死亡。它的光進入氣息，氣息進入氣息。所有這些天神都進入氣息，但死於氣息而不滅絕。因此，他們又從氣息中出現。

如果知道這樣，即使南方和北方兩座山企圖摧毀他，也辦不到。而憎恨他的人和他憎恨的人卻會遭遇死亡。——13

下面關於獲得最優秀。這些天神互相爭論，都聲稱自己更優秀。他們一起離開這個身體。身體也就躺在那裡，沒有呼吸，如同枯木。

然後，語言進入。身體用語言說話，而依然躺著。

然後，眼睛進入。身體用語言說話，用眼睛觀看，而依然躺著。

然後，耳朵進入。身體用語言說話，用眼睛觀看，用耳朵聽取，而依然躺著。

然後，思想進入。身體用語言說話，用眼睛觀看，用耳朵聽取，用思想思考，而依然躺著。

然後，氣息進入。頓時，身體站起。

所有這些天神認識到氣息最優秀，確認氣息是智慧自我。他們與所有氣息一起離開這個身體，進入風，以空為自我，進入天國。

同樣，知道這樣，他就會認識到氣息最優秀，確認氣息是智慧自我。他與所有氣息一起離開這個身體，進入風，以空為自我，進入天國，前往這些天神的所在地。到達那裡，與這些永生的天神一樣，他獲得永生。——14

「這些天神」指各種感官，它們又與天國的那些天神相對應。關於氣息最優秀，可參閱《大森林奧義書》6.1.7-14，《歌者奧義書》5.1.6-15。

下面關於父子交接，人們稱為轉移。父親即將去世，叫來兒子。以新草鋪設屋子，點燃祭火，安置水罐和水杯，穿上新衣，父親躺著。兒子過來，伏在父親身上，所有器官互相接觸，或者兒子坐在前面，父親與他進行交接。這樣，父親囑托兒子。

父親說：「我將我的語言放在你身中。」兒子回答：「我將你的語言放在我身中。」

父親說：「我將我的氣息放在你身中。」兒子回答：「我將你的氣息放在我身中。」

父親說：「我將我的眼睛放在你身中。」兒子回答：「我將你的眼睛放在我身中。」

父親說：「我將我的耳朵放在你身中。」兒子回答：「我將你的耳朵放在我身中。」

父親說：「我將我的食物滋味放在你身中。」兒子回答：「我將你的食物滋味放在我身中。」

父親說：「我將我的行動放在你身中。」兒子回答：「我將你的行動放在我身中。」

父親說：「我將我的苦樂放在你身中。」兒子回答：「我將你的苦樂放在我身中。」

父親說：「我將我的歡喜、歡愛和生殖放在你身中。」兒子回答：「我將你的歡喜、歡愛和生殖放在我身中。」

父親說：「我將我的行走放在你身中。」兒子回答：「我將你的行走放在我身中。」

父親說：「我將我的思想放在你身中。」兒子回答：「我將你的思想放在我身中。」

父親說：「我將我的智慧放在你身中。」兒子回答：「我將你的智慧放在我身中。」

如果父親說話困難，則可以總括地說一句：「我將我的所有氣息放在你身中。」兒子回答：「我將你的所有氣息放在我身中。」

然後，兒子右旋繞行，走向東邊。父親呼喚道：「願名聲、梵的光輝和榮譽鍾愛你！」而兒子應該望著自己左肩，或者，用手掌或衣角掩面，回答：「願你到達天國世界，實現願望！」如果父親病癒，就應該在家中聽命兒子，或者離家出遊。如果他去世，就應該為他舉行合適的葬禮，合適的葬禮。——15

「合適的葬禮」重覆一次，以示強調。

第三章

提沃陀娑之子波羅多爾陀那憑藉戰鬥和勇氣，前往因陀羅可愛的住處。因陀羅對他說：「波羅多爾陀那，你選擇恩惠吧！」波羅多爾陀那回答說：「你為我選擇一個你認為對人類最有益的恩惠吧！」因陀羅對他說：「絕無高者為低者選擇恩惠之事，你自己選擇吧！」波羅多爾陀那回答說：「那我就不要恩惠了。」然而，因陀羅不違背真理，因為因陀羅就是真理。

於是，因陀羅對他說：「你要了解我！我認為對人類最有益的事是了解我。我殺死長有三頭的特瓦希特利之子。我將那些邪惡的耶提苦行者交給豺狼。我撕毀許多協議，殺死天上的波羅訶羅迪耶們、空中的寶羅摩們和地上的迦羅甘遮們，而我本人毫髮無損。知道我是這樣，那麼，無論

做什麼事，偷竊，殺害胎兒，殺害父母，他的世界都會毫髮無損。無論犯什麼罪，他都不會臉色發白。」——1

波羅多爾陀那是一位國王，捐軀疆場，而升入天國。特瓦希特利是天國工匠，他的兒子長有三頭。波羅訶羅迪耶們、寶羅摩們和迦羅甘遮們均為阿修羅。

因陀羅繼續說道：「我是氣息，智慧自我。你要崇拜我為壽命和永生。壽命是氣息，或者，氣息是壽命。只要身體中有氣息，就有壽命。確實，在這世界上，依靠氣息獲得永生，依靠智慧實現真正的意願。崇拜我為壽命和永生，他就會在這個世界活夠壽命，在天國獲得永生，永不毀滅。」

「而有些人說，那些氣息合成一體，任何人都不可能同時用語言認知名稱，用眼睛認知形象，用耳朵認知聲音，用思想認知思考。那些氣息合成一體，只能逐一認知這一切。語言說話時，所有氣息跟著說話。眼睛觀看時，所有氣息跟著觀看。耳朵聽取時，所有氣息跟著聽取。思想思考時，所有氣息跟著思考。氣息呼吸時，所有氣息跟著呼吸。」

因陀羅說道：「確實是這樣。但是，在那些氣息中，有最優秀者。——2

依據以上描述，這裡所謂的「那些氣息」不單指氣息，也包括語言、眼睛、耳朵和思想。

「沒有語言，照樣活著，因為我們看到那些啞巴。沒有眼睛，照樣活著，因為我們看到那些瞎子。沒有思想，照樣活著，因為我們看到那些傻子。砍去雙臂，照樣活著，砍去雙腿，照樣活著，因為我們看到這樣。

「但是，唯獨氣息是智慧自我。一旦它掌握這個身體，就會使身體站起（utthāpayati）。因此，應該崇拜它為讚歌（uktha）。確實，正是在氣息中獲得一切。

「氣息就是智慧。智慧就是氣息。見證這個，也就理解它。一個人進入沉睡，不做任何夢，達到與氣息合一。這樣，語言連同所有的名稱進入它，眼睛連同所有的形象進入它，耳朵連同所有的聲音進入它，思想連同所有的思考進入它。而一旦他醒來，正像那些火花從燃燒的火中濺出，飛向四面八方，那些氣息從自我中出來，回到各自的位置。眾天神出自眾氣息。眾世界出自眾天神。

「唯獨氣息是智慧自我。一旦它掌握這個身體，就會使身體站起。因此，應該崇拜它為讚歌。確實，正是在氣息中獲得一切。

「氣息就是智慧，智慧就是氣息。見證這個，也就理解它。一個病人將要死去，渾身無力，進入昏迷。人們說：『他的思想已離去。』這樣，他不聽取，不觀看，不用語言說話，不思考。然後，他與氣息合一。這樣，語言連同所有的名稱進入它，眼睛連同所有的形象進入它，耳朵連同所有的聲音進入它，思想連同所有的思考進入它。最後，它離開這個身體，連同所有這一切離開。——3

「語言向他釋放一切名稱，他依靠語言獲得一切名稱。氣息向他釋放一切香味，他依靠氣息獲得一切香味。眼睛向他釋放一切形象，他依靠眼睛獲得一切形象。耳朵向他釋放一切聲音，他依靠耳朵獲得一切聲音。思想向他釋放一切思考，他依靠思想獲得一切思考。正是在氣息中獲得一切，氣息就是智慧，智慧就是氣息。因為這兩者一起居於這個身體，也一起離開。下面，我們說

明一切眾生如何與這種智慧合一。——4

「氣息向他釋放一切香味，他依靠氣息獲得一切香味」。其中，「氣息」（prāṇa）一詞在有的抄本中為「鼻子」（ghrāṇa），下同。

「語言出自它的一部分，名稱是與語言相應的外部存在元素。氣息出自它的一部分，香味是與氣息相應的外部存在元素。眼睛出自它的一部分，形象是與眼睛相應的外部存在元素。耳朵出自它的一部分，聲音是與耳朵相應的外部存在元素。舌頭出自它的一部分，食物滋味是與舌頭相應的外部存在元素。雙手出自它的一部分，行動是與雙手相應的外部存在元素。身體出自它的一部分，苦樂是與身體相應的外部存在元素。生殖器出自它的一部分，歡喜、歡愛和生殖是與生殖器相應的外部存在元素。雙足出自它的一部分，行走是與雙足相應的外部存在元素。思想出自它的一部分，思考是與思想相應的外部存在元素。——5

「用智慧駕馭語言，他就憑語言獲得一切名稱。用智慧駕馭氣息，他就憑氣息獲得一切香味。用智慧駕馭眼睛，他就憑眼睛獲得一切形象。用智慧駕馭耳朵，他就憑耳朵獲得一切聲音。用智慧駕馭舌頭，他就憑舌頭獲得一切食物滋味。用智慧駕馭雙手，他就憑雙手獲得一切行動。用智慧駕馭身體，他就憑身體獲得苦樂。用智慧駕馭生殖器，他就憑生殖器獲得歡喜、歡愛和生殖。用智慧駕馭雙足，他就憑雙足獲得一切行走。用智慧駕馭思想，他就憑思想獲得一切思考。——6

「缺乏智慧，語言不能讓人認知任何名稱。他會說：『我的心思在別處，我不知道這個名稱。』

缺乏智慧，氣息不能讓人認知任何香味。他會說：『我的心思在別處，我不知道這個香味。』缺乏智慧，眼睛不能讓人認知任何形象。他會說：『我的心思在別處，我不知道這個形象。』缺乏智慧，耳朵不能讓人認知任何聲音。他會說：『我的心思在別處，我不知道這個聲音。』缺乏智慧，舌頭不能讓人認知任何食物滋味。他會說：『我的心思在別處，我不知道這個食物滋味。』缺乏智慧，身體不能讓人認知任何苦樂。他會說：『我的心思在別處，我不知道這個苦樂。』缺乏智慧，生殖器不能讓人認知任何歡喜、歡愛和生殖。他會說：『我的心思在別處，我不知道這個歡喜、歡愛和生殖。』缺乏智慧，雙足不能讓人認知任何行走。他會說：『我的心思在別處，我不知道這個行走。』缺乏智慧，不可能進行任何思考，不可能認知任何認知對象。——7

「不應該只想認知語言，而應該知道說話者。不應該只想認知香味，而應該知道嗅聞者。不應該只想認知形象，而應該知道觀看者。不應該只想認知聲音，而應該知道聽取者。不應該只想認知食物滋味，而應該知道品嘗食物滋味者。不應該只想認知行動，而應該知道行動者。不應該只想認知苦樂，而應該知道感受苦樂者。不應該只想認知歡喜、歡愛和生殖，而應該知道感受歡喜、歡愛和生殖者。不應該只想認知行走，而應該知道行走者。不應該只想認知思想，而應該知道思想者。

「這些是十種與智慧相應的存在元素和十種與存在相應的智慧元素。因為沒有這些存在元素，也就沒有這些智慧元素，或者，沒有這些智慧元素，也就沒有這些存在元素。因為只有其中的一方，就不可能構成任何形態。

「但這也並非多種多樣。正如輪輞固定在輻條上，輻條固定在輪轂上，同樣，這些存在元素固定在智慧元素上，這些智慧元素固定在氣息上。確實，氣息是智慧自我，是歡喜，不老，不死，不因善業而變大，也不因惡業而變小。正是它使想要從這些世界向上的人行善，使想要墮落的人作惡。它是世界保護者。它是世界之主。它是世界主宰。應該知道它是我的自我。應該知道它是我的自我。」——8

「應該知道它是我的自我」重覆一次，以示強調。

第四章

伽吉耶·跋羅基以博學聞名，遊歷優濕那羅族、薩特婆族、摩差族、俱盧族、般遮羅族、迦尸族和毗提訶族。他來到迦尸王阿闍世那裡，說道：「讓我為你講授梵。」阿闍世對他說：「我們會賜予你一千頭牛。」聽到這個消息，民眾會奔走相告：「遮那迦！遮那迦！」——1

遮那迦是一位著名的國王。這裡以呼叫「遮那迦」表示對阿闍世王的讚美。跋羅基和阿闍世王之間的這場對話，可參閱《大森林奧義書》第二章第一梵書。

太陽中的偉大者，月亮中的食物，閃電中的真理，雷中的聲音，風中的因陀羅·毗恭吒，空中的圓滿，火中的不可抵禦者，水中的光，以上這些關於天神。下面關於自我：鏡中的映像，影中的第二者，回音中的生命，聲音中的死亡，睡眠中的閻摩，身體中的生主，右眼中的語言，左眼中的真理。——2

跋羅基說道：「我崇拜太陽中的那個人。」阿闍世回答說：「你別讓我討論他。我只是崇拜他為偉大者，身著白衣，至高者，一切眾生的首領。若有人這樣崇拜他，則成為至高者，一切眾生的首領。」——3

跋羅基說道：「我崇拜月亮中的那個人。」阿闍世回答說：「你別讓我討論他。我只是崇拜他為食物的自我。若有人這樣崇拜他，則成為食物的自我。」——4

跋羅基說道：「我崇拜閃電中的那個人。」阿闍世回答說：「你別讓我討論他。我只是崇拜他為真理的自我。若有人這樣崇拜他，則成為真理的自我。」——5

跋羅基說道：「我崇拜雷中的那個人。」阿闍世回答說：「你別讓我討論他。我只是崇拜他為聲音的自我。若有人這樣崇拜他，則成為聲音的自我。」——6

跋羅基說道：「我崇拜風中的那個人。」阿闍世回答說：「你別讓我討論他。我只是崇拜他為因陀羅．毗恭吒或不可戰勝的軍隊。若有人這樣崇拜他，則成為勝利者，不可戰勝者，戰勝他人者。」——7

跋羅基說道：「我崇拜空中的那個人。」阿闍世回答說：「你別讓我討論他。我只是崇拜他為

圓滿而不動的梵。若有人這樣崇拜他，則充分擁有子孫、牲畜、名聲、梵的光輝和天國世界，活夠壽命。」——8

跋羅基說道：「我崇拜火中的那個人。」阿闍世回答說：「你別讓我討論他。我只是崇拜他為不可抵禦者。若有人這樣崇拜他，則成為別人不可抵禦者。」——9

跋羅基說道：「我崇拜水中的那個人。」阿闍世回答說：「你別讓我討論他。我只是崇拜他為光的自我。若有人這樣崇拜他，則成為光的自我。」以上關於天神，下面關於自我。——10

跋羅基說道：「我崇拜鏡中的那個人。」阿闍世回答說：「你別讓我討論他。我只是崇拜他為映像。若有人這樣崇拜他，則生下的後代像他，不會不像他。」——11

跋羅基說道：「我崇拜影中的那個人。」阿闍世回答說：「你別讓我討論他。我只是崇拜他為從不分離的第二者。若有人這樣崇拜他，則從第二者那裡獲得，而有第二者。」——12

「從第二者那裡獲得，而有第二者」，可理解為從妻子那裡獲得，而有兒子。

跋羅基說道：「我崇拜回音中的那個人。」阿闍世回答說：「你別讓我討論他。我只是崇拜他為生命。若有人這樣崇拜他，則不會在時間到達前失去知覺。」——13

「時間」指死期。「失去知覺」指死去。

跋羅基說道：「我崇拜聲音中的那個人。」阿闍世回答說：「你別讓我討論他。我只是崇拜他為死亡。若有人這樣崇拜他，則不會在時間到達前去世。」——14

跋羅基說道：「我崇拜入睡後在夢中活動的那個人。」阿闍世回答說：「你別讓我討論他。我只是崇拜他為閻摩王。若有人這樣崇拜他，則所有一切都服從他的利益。」——15

閻摩王（Yamarāja，或譯閻羅）是死神。

跋羅基說道：「我崇拜身體中的那個人。」阿闍世回答說：「你別讓我討論他。我只是崇拜他為生主。若有人這樣崇拜他，則擁有子孫、牲畜、名聲、梵的光輝和天國世界，活夠壽命。」——16

跋羅基說道：「我崇拜右眼中的那個人。」阿闍世回答說：「你別讓我討論他。我只是崇拜他為語言的自我，火的自我，光的自我。若有人這樣崇拜他，則成為這一切的自我。」——17

跋羅基說道：「我崇拜左眼中的那個人。」阿闍世回答說：「你別讓我討論他。我只是崇拜他為真理的自我，閃電的自我，光的自我。若有人這樣崇拜他，則成為這一切的自我。」——18

然後，跋羅基沉默不語。阿闍世對他說：「就這些嗎，跋羅基？」跋羅基回答說：「就這些。」於是，阿闍世對他說：「枉然你說『讓我為你講授梵』，而與我討論。跋羅基啊，真正應該知道的是你說的那些人的創造者。這一切是他的創造。」

然後，跋羅基手持柴薪前來，說道：「讓我拜你為師吧！」阿闍世對他說：「刹帝利接收婆羅門學生，我覺得確實是次序顛倒。但是，來吧，我會讓你取得認識。」於是，他握住跋羅基的手，一起出去。

他倆來到一個睡著的人身邊。阿闍世招呼道：「身著白衣的偉大者，蘇摩王！」但他依然躺著。

於是，阿闍世用手杖觸碰他。他頓時起身。

阿闍世詢問道：「跋羅基啊，這個人躺下時，他在哪裡？現在又從哪裡回來？」跋羅基對此一無所知。阿闍世對他說：「跋羅基啊，我來解答這個人躺下時，他在哪裡，現在又從哪裡回來。人有名為『利益』的脈管，在心中由裡向外延伸，布滿心包。它們細似一根頭髮的千分之一，含有褐色、白色、黑色、黃色和紅色的微小物質。如果進入沉睡，不做任何夢，他就在這些脈管中。——19

「他在這裡與氣息合一。語言連同所有名稱進入它。眼睛連同所有形象進入它。耳朵連同所有聲音進入它。思想連同所有思考進入它。而一旦他醒來，正像那些火花從燃燒的火中濺出，飛向四面八方，那些氣息從自我中出來，回到各自的位置。眾天神出自氣息。眾世界出自眾天神。

「確實，這些氣息是智慧自我，進入身體自我，直至毛髮和指甲。正如剃刀放在剃刀套中，火放在火盆中，同樣，這智慧自我進入身體自我，直至毛髮和指甲。那些自我依附這個自我，如同眾人依附首領。正如首領藉助眾人享受，或者，眾人依靠首領享受，同樣，智慧自我藉助那些自我享受，而那些自我依靠這個自我享受。

「因陀羅不知道這個自我時，眾阿修羅戰勝他。一旦他知道這個自我，便殺死和戰勝眾阿修羅，在一切天神中獲得至高無上的統治權。同樣，若有人知道這樣，則驅除一切罪惡，在一切眾生中獲得至高無上的統治權。因為他知道這樣，知道這樣。」——20

「知道這樣」重覆一次，以示強調。

彌勒奧義書

第一章

確實，梵祭是古人安置祭火。因此，祭祀者安置這些火，應該沉思自我。這樣，祭祀便圓滿無缺。那麼，應該沉思的那個是誰呢？它名為氣息。關於它，有這個故事。——1

有個國王，名為巨車。他讓兒子繼承王位後，想到這個身體無常，心生離欲，進入森林。他在那裡實施嚴酷的苦行，佇立著，高舉雙臂，凝視太陽。在滿一千天之時，來了一位牟尼，如無煙之火，又如燃燒的光焰。他是尊者夏迦耶尼耶，通曉自我。他對國王說道：「起身，起身！選擇一個恩惠吧！」國王向他行禮，說道：「尊者啊，我不知道自我。我們聽說你知道它的本質，請告訴我們吧！」夏迦耶尼耶回答說：「這已經是過去的事情。這個問題很難回答。甘蔗族子孫啊，你選擇別的願望吧！」而國王用頭接觸他的腳，吟誦偈頌：——2

「骨、皮、筋、骨髓、肉、精液、血、
唾液、淚、眼屎、糞、尿、風、膽汁
和黏液，聚集在這個難聞、空虛的
身體中，尊者啊，有什麼樂趣可言？

「欲望、憤怒、貪婪、癡迷、恐懼、

沮喪、妒忌、愛別離、怨憎會、
饑、渴、老、死、病和憂傷等等，
侵襲這個身體，有什麼樂趣可言？——3

「我們看到所有這一切走向毀滅，正如蚊蠅和草木等等生而又滅。這些算什麼？還有那些大弓箭手和轉輪王，蘇迪約那、菩利迪約那、因陀羅迪約那、古婆羅耶濕婆、約婆那濕婆、婆達利耶濕婆、阿濕婆波提、夏舍賓陀、訶利希旃陀羅、安波利舍、那納迦杜、沙利亞提、耶亞提、阿那羅尼耶和烏剎塞納等等，以及那些國王，摩努多和婆羅多等等，全都當著親人的面，捨棄龐大的財富，離開這個世界，前往另一個世界。

「這些算什麼？還有健達縛、阿修羅、藥叉、羅剎、鬼怪、精靈、鬼魂、蛇和魑魅等等，我們看到他們全都毀滅。

「這些算什麼？還有大海枯竭、山峰傾倒、北極星移位、風繩斷裂、大地沉沒和天神失位。在這樣的生死輪迴中，有什麼樂趣可言？我們看到那些過來人一再返回這個世界。而你能拯救我。我在這個輪迴世界，如同枯井中的蛙。尊者啊，你是我們的歸宿，你是我們的歸宿！」——4

「風繩」指固定星宿位置的風。

第二章

於是，尊者夏迦耶尼耶高興地對國王說道：「巨車大王啊，甘蔗族的旗幟！你以摩錄多（風神）為稱號，聞名於世。你很快就會知道自我，達到目的。這個就是你的自我。」國王問道：「哪個？尊者。」他回答如下。—— 1

尊者彌勒說：「它沒有停止呼吸，上升，既動，又不動，驅除黑暗。它是自我。」正因為他這樣說，才有這樣的說法：「這個平靜者離開這個身體，上升，抵達至高的光，呈現自己的本相。這是自我。它不死，無畏，它是梵。」—— 2

這裡提到的「這樣的說法」，見《歌者奧義書》8.3.4。

確實，這是尊者彌勒為我們宣講的梵的知識，國王啊，讓我講給你聽吧！

我們聽說婆利奇利耶人滌除罪惡，克制性欲，光輝燦爛。他們對生主迦羅杜說：「這個無意識的身體如同一輛車。是哪種超感官的存在具有這樣的威力，使它變得有意識，也就是成為它的驅動者？尊者啊，將你知道的告訴我們吧！」於是，他告訴他們說：—— 3

「確實，我們聽說它凌駕於各種性質，克制性欲，純潔，清淨，空無，平靜，無呼吸，無我，無限，不滅，堅定，永恆，不生，自主。它立足於自己的偉大。正是它使這個身體變得有意識，也就是成為它的驅動者。」

他們詢問他：「尊者啊，這個無願望者怎麼會使這樣的身體變得有意識？怎麼會成為它的驅動者？」於是，他告訴他們說：——4

「確實，它微妙，不可把握，不可目睹，名為『原人』。它不知不覺以一部分居於這個身體，猶如一個熟睡的人不知不覺醒來。確實，它的一部分，作為純意識，成為每個人的知領域者，以意願、決心和自大為標誌，是名為『一切』的生主。正是它，作為純意識，使這個身體變得有意識，也就是成為它的驅動者。」

「知領域者」指自我。

他們詢問他：「尊者啊，如果這個無願望者使這樣的身體變得有意識，那麼，怎麼會成為它的驅動者？」於是，他告訴他們說：——5

「確實，在太初，生主是唯一者，孤獨，不快樂。於是，他沉思自我，創造了眾生。他看到他們沒有知覺，沒有氣息，如同石頭，又像佇立的柱子。他不快樂，思忖道：『我要進入他們之中，喚醒他們。』他讓自己變得像風一樣，試圖進入。但作為一個整體，不能進入。於是，他將自己分成五部分，即元氣、下氣、中氣、上氣和行氣。

「向上移動者是元氣。向下移動者是下氣。維繫這兩者的是行氣。將食物中的粗大部分送往下氣，細小部分送往各個肢體，這是中氣。產生於它們中間而高於行氣者是上氣。這上氣是吞吐飲料和食物者。

「這邊是烏般蘇容器，那邊是安多利耶摩容器。在這兩者中間，神產生熱量。這熱量是原人。這原人就是火，名為『一切人』。別處這樣說：『這個名為一切人的火在人體中，消化吃下的食物。捂住雙耳，能聽到它的聲音。而在去世時，則聽不到它的聲音。』

烏般蘇容器和安多利摩耶容器是榨取蘇摩汁時使用的容器。「別處這樣說」，見《大森林奧義書》5.9.1和《歌者奧義書》3.13.8。

「確實，他將自己分成五部分，藏在洞穴中，由思想構成，以氣息為身體，以光為形，以真實為意願，以空為自我。他還沒有達到目的，心中思忖道：『讓我享受對象吧！』於是，他破開那些孔穴，用五條繩索享受對象。那些感覺器官是他的那些韁繩，那些行動器官是他的那些馬。身體是車。思想是禦者。刺棒由自然本性構成。他用這根刺棒驅動身體活動，猶如陶工轉動輪盤。正是這樣，他使這個身體變得有意識，也就是成為它的驅動者。——6

「洞穴」指心。「那些孔穴」指五種感覺器官（「五知根」），即眼、耳、鼻、舌和身。行動器官也有五種（「五作根」），即語言、雙手、雙足、肛門和生殖器。

「確實，仙人們宣稱這個自我在各個身體中行動，而彷彿不受黑白業果影響。它不顯現，微妙，不可目睹，不可把握，無我。這樣，它看似不居住，而是行動者。實際上，它居住，而不是行動者。

「黑白業果」指善業和惡業的果報。

「確實，它純潔，堅定，不動搖，不受汙染，不迷亂，無貪欲，安居於自己之中，安定似旁觀者。

它享受規律，用性質編織的外衣遮蓋自己，保持安定，保持安定。」——7

「規律」（rta）指果報。《伽陀奧義書》1.3.1中提到自我「飲用善行世界的規律」。「性質」指善性、憂性和暗性。「保持安定」重覆一次，以示強調。

第三章

他們說道：「尊者啊，如果你指出這個自我如此偉大，那麼，還有另一個，也稱為自我。它受黑白業果影響，進入善惡子宮，或向上，或向下，活動中受對立性制約。」——1

「確實，有另一個，稱為眾生自我。它受黑白業果影響，進入善惡子宮，或向上，或向下，活動中受對立性制約。五唯被稱為元素。五大也被稱為元素。它們的結合被稱為身體。身體中的那個被稱為眾生自我。它的這個不死的自我猶如蓮花葉上的水滴。確實，這個自我受自然性質影響。由於受影響，它癡迷。由於癡迷，它看不到居於自身中的神主，驅動者。它隨性質之流漂移，受汙染，不堅定，輕浮，沮喪，渴望，迷亂，自高自大，心想：『我是他。這個是我的。』它自己束縛自己，猶如陷入網中的鳥。這樣，它受業果影響，進入善惡子宮，或向上，或向下，活動中受對立性制約。」

「它究竟怎樣？」他告訴他們說：——2

「五唯」指色、聲、香、味和觸。「五大」指地、水、火、風和空。「眾生自我」指個體自我。「神主」指至高自我。

「別處這樣說：確實，行動者是眾生自我，利用感官驅動者是內在的原人。正像鐵塊受火影響，受工匠捶打，呈現各種形態，同樣，眾生自我受原人影響，受各種性質捶打，呈現各種形態。四類、十四種或八十四種生物群，呈現各種形態。確實，那些性質由原人驅動，猶如陶工轉動輪盤。正像鐵塊受到捶打，火並不受影響，同樣，眾生自我與性質結合，原人並不受影響。」——3

「原人」指至高自我，即梵。「四類生物群」指卵生、胎生、芽生和濕生。「十四種」或「八十四種」，具體所指，說法不一。

「別處這樣說：這個身體產生於交媾。它在黑暗中發育，從尿道口出生。它由骨骼組成，黏連肌肉，覆蓋皮膚，充滿糞、尿、膽汁、黏液、骨髓、脂肪、油膩和其他病患，猶如裝滿財物的倉庫。」——4

「黑暗」指子宮。

「別處這樣說：癡迷，恐懼，沮喪，昏睡，懶散，懈怠，衰老，憂愁，饑渴，貧乏，憤怒，無信仰，無知，妒忌，殘酷，愚昧，無恥，褻慢，鹵莽，不平等，這些是暗性。內心渴求，愛戀，激情，貪心，傷害，歡愛，憎恨，虛偽，嫉恨，愛欲，不堅定，輕浮，迷亂，好勝，貪財，奉承朋友，依賴家族，厭惡不喜歡的感官對象，執著喜歡的感官對象，言語尖酸，貪吃，這些是憂性。充滿這些憂性，受它們影響，故而眾生自我呈現各種形態。」——5

第四章

這些克制性欲者驚訝不已，走近前來，說道：「尊者啊，向你致敬！請繼續教導我們！你是我們的唯一歸宿，別無他路。依靠什麼方法，眾生自我離開這個身體，與那個自我結合？」他告訴他們說：——1

「別處這樣說：猶如大河的波浪，以前的所作所為不可挽回。猶如海潮，死亡不可阻擋。猶如跛腳，受善惡業果束縛。猶如囚徒，不能自主。猶如進入閻摩領域，充滿恐怖。猶如醉酒，癡迷沉醉。猶如中邪，四處亂跑。猶如被巨蟒咬住，被感官對象咬住。猶如黑暗籠罩，激情蔽目。猶如因陀羅網，充滿幻覺。猶如夢中，充滿假象。猶如芭蕉樹心，空空如也。猶如演員，瞬間換裝。猶如壁畫，虛有其美。因此，人們這樣說：

聲和觸等等感官對象對人沒有益處，
眾生自我執著它們，而忘卻至高境界。——2

「因陀羅網」指幻術或魔法。感官對象除聲和觸外，還有色、香和味。

「確實，這是眾生自我的療法：掌握吠陀知識，遵行自己的正法，履行自己人生階段的職責。自己的正法是誓願，其他的都是枝節。這樣就會向上，否則就會墮落。自己的正法依據吠陀。逾越自己的正法，便不可能履行人生階段的職責。苦行者不遵守人生階段的職責，這種說法不正確。然而，不修練苦行，也不能獲得自我的知識或事業的成功。人們這樣說：

通過苦行，獲得善性；通過善性，獲得思想；
通過思想，獲得自我；獲得自我，不再返回。——3

「自己的正法」指每種種姓各自的行為法則。「人生階段的職責」指婆羅門教將人生分為四個階段：梵行期、家居期、林居期和遁世期，每個階段都有特定的職責。

「通曉梵的知識者說：『梵存在。』依靠苦行滌除罪惡者說：『這是通向梵的門徑。』專心致志，不斷沉思者說：『唵！梵的偉大！』因此，依靠知識、苦行和沉思獲得梵，他就超越梵天，獲得高於眾天神的超神性。知道這樣，依靠這三者崇拜梵，他就會獲得無窮無盡的快樂，安然無恙。然後，擺脫充滿自身的那些影響者，駕車者與自我結合。」——4

梵天（Brahmā，陽性）是創造神。而梵（Bráhman，中性）超越包括梵天在內的眾天神。

他們說道：「尊者啊，你是導師，你是導師！你的這些教導，我們都已銘記在心。請你再解答一個疑問。火、風、太陽、時間、氣息、食物、梵天、樓陀羅和毗濕奴，有些人沉思這一個，有些人沉思那一個。請告訴我們哪一個最好？」他告訴他們說：——5

「這些是至高、不死的梵的主要形相。無論沉思其中哪一個，都會在世上快樂。因為前人已經說過：『梵就是所有這一切。』人們應該沉思、崇敬和摒棄這些形相。因為人們隨同它們依次走向更高的世界。然後，在萬物毀滅時，與原人合一，與原人合一。」——6

「與原人合一」重覆一次，以示強調。

第五章

下面是憍蹉衍那的讚歌：

確實，你是梵天，毗濕奴，樓陀羅，生主，

你是火神，伐樓那，風神，因陀羅，月亮，

你是食物，閻摩，大地，一切，不可毀滅者，

為了自身，出於本性，它們全都在你之中。

宇宙之主，宇宙自我，宇宙作者，向你致敬！

一切享受，一切壽命，一切娛樂和歡愛之主，

你，平靜的自我，隱祕的自我，向你致敬！

不可思議，不可測量，無始無終，向你致敬！——[1]

確實，在太初，黑暗是唯一存在。暗性在至高者中，受至高者驅動，出現不平衡，產生憂性狀態。憂性受驅動，出現不平衡，產生善性狀態。善性受驅動，流出液汁。這部分作為純意識，成為每個人的知領域者，以意願、決心和自大為標誌，是名為「一切」的生主。它的形相已在上面說到。這樣，諸位梵行者啊，它的暗性部分是樓陀羅。諸位梵行者啊，它的憂性部分是梵天。諸位梵行者啊，它的善性部分是毗濕奴。

確實，它是唯一者，而具有三重性。它又變得具有八重性、十一重性、十二重性乃至無計其數。這樣，它作為存在者，進入和活動在眾生之中。它成為眾生之主。因此，這自我既在內，又在外；既在內，又在外。——2

暗性、憂性和善性是原初物質的三種性質。樓陀羅（即後來的濕婆）、梵天和毗濕奴三位天神分別代表毀滅、創造和維護。「八重性」指五種氣息加上太陽、月亮和星星。「十一重性」指五種感覺器官、五種行動器官和心。「十二重性」是以上十一重性加上覺（智）。「既在內，又在外」重覆一次，以示強調。

第六章

這個自我將自己一分為二。這個是氣息，那個是太陽。這樣，它有向內和向外兩條道路，日夜運轉。那個太陽是外在自我，這個氣息是內在自我。因此，內在自我的行徑可以由外在自我的行徑推斷。因為人們這樣說：「任何智者都滌除罪惡，監視感官，思想純潔，立足自我，目光返回。」同樣，外在自我的行徑可以由內在自我的行徑推斷。因為人們這樣說：「太陽中的那個人由金子構成。他從他的金子居處觀看這個大地，甚至進入心蓮中吃食物。」——1

「進入心蓮中」即進入蓮花般的心中。「吃食物」意謂用熱量消化食物。

它進入心蓮中吃食物。它也是進入空中的太陽之火，名為時間，不可目睹者，以一切眾生為食。

而這蓮花是什麼？由什麼構成？這蓮花也是空。四面八方是它的花瓣。氣息和太陽互相接近。應該用唵這個音節、三聲和沙維特利崇拜這兩者。——2

「蓮花」喻指心。「三聲」指bhūḥ（地）、bhuvaḥ（空）和svaḥ（天）。沙維特利是一種吠陀詩律。

確實，有兩種梵：有形者和無形者。而有形者不真實，無形者真實。這是梵，這是光。光也是太陽。太陽以唵為自我。唵讓自己具有三重性，含有三個音素。通過它們，所有這一切經緯交織其中。因此，人們說：「太陽是唵。如果這樣沉思，就會與自我結合。」——3

唵（Om）這個音節有a、u和m三個音素。

別處這樣說：確實，歌唱是唵音，唵音是歌唱。歌唱是那個太陽，是唵音。因為人們這樣說：「歌唱名為唵音。它是引導者，以光為形，無眠，無老，無死，三足，三音，還應該知道它有五重性，藏在洞穴中。」人們還這樣說：「這三足之梵，根部向上，枝條是空、風、火、水和地等等，名為菩提樹。這是梵。它的光是太陽，也就是唵這個音節。」因此，應該不斷用唵這個音節崇拜它。它是唯一的啟明者。因為人們這樣說：

這個音節是功德，這個音節是至高者，
知道這個音節，他便得以心遂所願。——4

參閱《歌者奧義書》1.5.1，《伽陀奧義書》2.3.1和1.2.16。「三足」指清醒、做夢和沉睡三種狀態，參閱《蛙氏奧義書》。「三音」指a、u和m。「五重性」指五種氣息。「洞穴」指心。

別處這樣說：唵是它的聲音形體。陰性、陽性和中性是它的性別形態。火、風和太陽是它的光芒形態。梵天、樓陀羅和毗濕奴是它的君主形態。家主祭火、南祭火和東祭火是它的嘴巴形態。梨俱、夜柔和娑摩是它的知識形態。地、空和天是它的世界形態。過去、現在和未來是它的時間形態。氣息、火和太陽是它的熱量形態。食物、水和月亮是它的豐滿形態。覺、心和我慢是它的思想形態。元氣、下氣和行氣是它的氣息形態。因此，只要念誦唵，所有這些都受到讚頌、敬拜和供奉。因為人們這樣說：「薩諦耶迦摩啊，唵這個音節是上梵和下梵。」——5

薩諦耶迦摩，參閱《疑問奧義書》5.2。

從前，這個世界沒有名稱。生主是真實者。他修練苦行，說出地（bhūḥ）、空（bhuvaḥ）和天（svaḥ）。這確實是生主的粗大形體，世界形態。他的頭是天，肚臍是空，雙足是地，眼睛是太陽，因為龐大的群體需要眼睛。原人依靠眼睛在龐大的群體中活動。眼睛是真實者。原人居於眼睛中，在一切對象中活動。因此，應該崇拜地、空和天，崇拜它們等於崇拜生主，一切的自我，一切的眼睛。因為人們這樣說：「這是生主承載一切的形體。所有這一切隱藏在它之中，它隱藏在所有這一切中。因此，應該崇拜。」——6

「那是沙維特利的寵愛。」梵論者們說，沙維特利就是太陽，因此，受到熱愛自我的人們寵愛。「讓我們沉思神的光輝！」梵論者們說，沙維特利就是神，因此，我沉思這個稱為它的光輝者。「沉思激勵我們。」梵論者們說，沉思就是智慧，正是它們激勵我們。

沙維特利（Savitṛ）是太陽的名稱之一。這裡所謂「沙維特利的寵愛」或「神的光輝」指沙維特利（Sāvitrī）詩律。這種詩律名稱的詞義是「太陽的光輝」。「那是沙維特利的寵愛」，「讓我們沉思神的光輝」，「沉思激勵我們」，這三句源自《梨俱吠陀》3.62.10。

光輝藏在那個太陽中，或者說，是眼中的瞳人。梵論者們說，名為光輝（bharga），因為它依靠光芒（bhā）行進（gati）。或者，名為光輝，因為它如同製造乾旱（bharjayati）的樓陀羅。bharga（光輝）中的 bhā 表示「照耀（bhāsayati）這個世界」。ra 表示「令眾生喜悅（rañjayati）」。ga 表示眾生進（gacchanti）出（āgacchanti）於它。因此，它名為光輝。

太陽名為 Sūrya，因為不斷地壓榨（sūyamāna）；又名 Savitṛ，也是因為壓榨（savana）；又名 Āditya，因為攝取（ādāna）。火名為 Pāvana（淨化者），因為淨化（pavana）。水名為 Āpas，因為增長（pyāyana）。

「壓榨」指壓榨蘇摩汁。「攝取」指攝取大地上的水分。「淨化」指為眾生消除罪惡。「增長」指使眾生增長。

人們這樣說：確實，自己的自我被稱為引導者，不死者，思想者，思考者，行走者，排泄者，品嘗者，嗅聞者，觀看者，聽取者，接觸者，進入身體的遍入一切者。

人們還這樣說：具有對立性的知識，自我能聽取，能觀看，能嗅聞，能品嘗，能接觸，也就是能認知一切。而不具有對立性的知識，擺脫因、果和行動，不可言說，不可比擬，不可名狀，怎麼表述？——7

確實，這自我是主宰者，商波，薄婆，樓陀羅，生主，創造一切者，金胎，真實，生命，天鵝，導師，毗濕奴，那羅延，光明，創造者，維持者，統治者，因陀羅，月亮。它發熱，覆蓋有千眼金卵，猶如一個火覆蓋有另一個火。它值得認知和追求。一個人應該在賜予一切眾生無畏後，進入森林，拋棄外在感官對象，從自身中獲取它。

商波、薄婆和樓陀羅均為後來的濕婆神的名稱。「金胎」是梵天的名稱。「天鵝」是至高自我或個體自我的名稱。那羅延是毗濕奴神的名稱。「千眼金卵」是原始創造主的孕育者。

有一切形，輝煌，通曉萬物，
至高的歸宿，唯一的光和熱，
有千道光芒，有百種轉動，
眾生之生命，這太陽升起。——8

這頌見《疑問奧義書》1.8。

因此，知道這兩者（氣息和太陽）是自我，便沉思自我，祭供自我。這樣的沉思和用心實踐，受到智者們讚頌。應該吟誦名為《受到剩食汙損》的頌詩，以淨化思想的汙垢：

剩食或者受到剩食汙損的食物，
惡人或生下死胎者賜予的食物，
但願婆藪神的淨化力、火和陽光，
淨化我的食物和其他任何惡業！

進食前，先要用水漱口。進食時，念誦：「獻給元氣，娑婆訶！」「獻給下氣，娑婆訶！」「獻給行氣，娑婆訶！」「獻給中氣，娑婆訶！」「獻給上氣，娑婆訶！」祭供這五種氣息後，控制言語，吃完剩下的食物。然後，再次用水漱口。這樣，在漱口和祭供自我後，應該用《氣息和火》和《你是一切》這兩首頌詩沉思自我：

氣息和火，至高自我，
它以五種氣息進入，
但願這位享受一切者，
喜悅者，令一切喜悅！

你是一切，你是一切人，
你維繫你產生的一切，
但願一切祭品進入你，
有你永生者，就有眾生。

確實，按照這種方式進食，就不會再成為他人的食物。——9

「不再成為他人的食物」意謂達到與至高自我合一，不會再生。

還有別的應該知道的事。這是對祭供自我的擴充，也就是關於食物和吃食物者。下面予以說明。原人作為有意識者居於原初物質中。它作為享受者，享受原初食物。眾生自我成為它的食物。

眾生自我的創造者是原初物質。因此，任何由三性構成者是可享受者，享受者是內在的原人。

「三性」指原初物質的三種性質：善性、憂性和暗性。

這裡有例證：動物產生於種子，因此，種子是可享受者。這說明原初物質的可享受性。所以，原人是享受者，原初物質是可享受者。原人居於原初物質中享受。由於三性的分化轉變，原初食物由大至特殊，具有形相。由此，十四種方式得到說明。

「由大至特殊」指原初物質由於三性的分化轉變，依次產生大（覺）、心（思想）和五大元素（空、風、火、水和地）。五大元素構成各種特殊事物。「十四種方式」指原初物質、覺、我慢（「自我意識」）、心、五種感覺器官和五種行動器官。

確實，這個世界由食物形成，名為快樂、痛苦和癡迷。然而，要是不產生結果，也就無法品嘗種子美味。童年、青年和老年，在這樣的三個階段中，也具有食物性，因為食物性產生於變化性。原初物質正是這樣得以顯現，而能把握。其中有覺等等美味，有決心、意願和自大，以及五種感官對象美味，還有一切感官活動和各種氣息活動。無論顯現的食物或不顯現的食物，享受者是無性質者（原人）。而依據享受者這一點，就可以證明它是有意識者。正如火是眾天神的吃食物者，而蘇摩汁是食物。知道這樣，也就依靠火，吃食物。「眾生自我被稱為蘇摩汁，以未顯者為嘴者被稱為火。」依據這種說法，原人以未顯者為嘴者享受三性。

「未顯者」指原初物質。

知道這樣，也就成為棄世者，瑜伽行者，祭供自我者。正如不接觸進入空室的美女，他不接觸

進入自己的感官對象，成為棄世者，瑜伽行者，祭供自我者。——10

確實，食物是自我的最高形態。生命由食物構成。如果不吃，也就不能思想，不能聽取，不能接觸，不能觀看，不能說話，不能嗅聞，不能品嘗，氣息流失。因為人們這樣說：「如果吃，氣息增長，就能成為思想者，聽取者，接觸者，說話者，嗅聞者，品嘗者，觀看者。」人們還這樣說：

這些眾生依賴大地，全都從食物中產生，
然後，依靠食物生活，最終又返回它。——11

參閱《歌者奧義書》7.9.1和《泰帝利耶奧義書》2.2。

別處還這樣說：一切眾生天天為食物奔忙。太陽用光線攝取食物，由此它產生熱量。獲得食物，生命氣息進行消化。獲得食物，火燃燒發光。梵渴望食物而創制這個世界。因此，應該崇拜食物為自我。因為人們這樣說：

生物從食物中產生後，又依靠食物生長，
食物被吃，也吃生物，故而被稱為食物。——12

這頌見《泰帝利耶奧義書》2.2。

別處還這樣說：確實，這食物是尊神毗濕奴的形體，名為維持一切者。氣息是食物的精華。思想是氣息的精華。知識是思想的精華。歡喜是知識的精華。知道這樣，他就有食物，有氣息，有思想，有知識，有歡喜。知道這樣，只要世上眾生吃食物，他就居於其中吃食物。

參閱《泰帝利耶奧義書》2.1-5。

相傳，食物防止衰老，食物安撫一切，
食物是動物生命，是醫生，最為古老。——13

別處還這樣說：食物是一切的子宮。時間是食物的子宮。太陽是時間的子宮。年是時間的形態，含有瞬間等等時間單位，含有十二個月。年的一半屬於火神，另一半屬於伐樓那。在南行中，從星宿（magha）至危宿（śraviṣṭhā）的一半屬於火神。在北行中，從柳宿（sarpa）至危宿的一半屬於月神。在它自己的每個月中，按照行程含有九等份。由於時間的微妙性，運用這樣的計量標準進行計量。如果沒有計量標準，就不能計量對象。依據單位性，計量對象得到計量，達到認知自我的目的。因為人們這樣說：「那個太陽在時間的這些單位中運轉。若是崇拜時間為梵，時間就會遠離他。」人們還這樣說：

眾生從時間中流出，隨同時間增長，
又在時間中隱沒，時間無形而有形。——14

每個月含有「九等份」，也就是每個月含有九個四分之一宿，即二又四分之一宿，這樣，一年共有二十七宿。「時間就會離開他」意謂獲得長壽或永生。

確實，時間和無時間是梵的兩種形態。在太陽出現之前，沒有時間，沒有時間單位。隨著太陽出現，有時間，有時間單位。確實，年是時間的形態。眾生從年中產生。產生後，隨年增長，又在時間中隱沒。因此，年是生主，時間，梵的居處，自我。因為人們這樣說：

確實，時間在偉大的自我中催熟一切眾生，
而知道時間在何處被催熟，則是知吠陀者。——15

眾生產生於時間，時間產生於太陽，因此，這裡所謂「時間在何處被催熟」，蘊含的回答是在太陽中被催熟。

這有形的時間是眾生的大海。居於其中者名為沙維特利（太陽）。從它產生月亮、星星、彗星和年等等。又從它們產生這一切。世上善惡美醜的任何事物都產生於它們。因此，梵是太陽的自我。應該崇拜名為時間的太陽。人們說：「太陽是梵。」人們還這樣說：

祭祀者，享受祭祀者，祭品，
頌詩，祭祀，毗濕奴，生主，
這些都是主宰者，見證者，
在那個光輪中，熠熠生輝。——16

「太陽是梵」的說法，見《歌者奧義書》3.19.1。「享受祭祀者」指天神。「光輪」指太陽。

確實，在太初，梵是唯一者，無限者。向東無限，向南無限，向西無限，向北無限，向上和向下乃至一切方位都無限。因為對它而言，不存在東和南等等方位，也不存在縱橫上下。這個至高自我不可思量，不可測量，不生，不可思辨，不可思議。它以空為自我。在一切毀滅時，唯獨它保持清醒。它從空中喚醒這個純意識。這個純意識因它而沉思，最後又隱沒在它之中。

「這個純意識」指個體自我。

它的光輝形態呈現在熾熱的太陽中，也呈現為無煙之火的奇妙光焰，也是腹中的消化食物之火。因為人們這樣說：「它在火中，它在心中，它在那個太陽中。它是唯一者。知道這樣，也就會與唯一者合一。」——17

這是與它合一的方法：調息、攝心、靜慮、凝神、思辨和三摩地。這稱為瑜伽六支。依靠這個方法，

後來，帕坦伽利（Patañjali）在《瑜伽經》（Yogasūtra）中將瑜伽分為八支：「持戒、精進、體位、調息、攝心、凝神、靜慮和三摩地。」（2.2.29）

見到這位金色的創造者，
神主，原人，梵的源泉，
於是，智者摒棄善和惡，
一切與至高不滅者合一。

參閱《剃髮奧義書》3.1.3。

因為人們這樣說：

如同鳥獸不會依附燃燒的山，
罪惡永遠不會依附知梵者。——18

別處還這樣說：一旦智者將思想從外界撤回，氣息停住感官對象，也就處在毫無意念的狀態。

因為名為氣息的生命產生於無氣息，氣息應該將氣息保持在名為第四的狀態。因為人們這樣說：

居於意識中的無意識，
不可思議，隱祕，至高，
應該將意識安置其中，
讓微妙生命無所執著。——19

「第四狀態」指進入自我或梵的狀態，參閱《蛙氏奧義書》7和12。

別處還這樣說：還有比這更高的精神專注，用舌尖頂住上顎，抑止語言、思想和氣息，依靠思辨看到梵。通過抑止思想，依靠自我看到比微小更微小的、閃亮的自我。依靠自我看到自我，也就成為無我者。由於這種無我性，也就被認為不可測量，沒有起源。這是解脫的狀態，至高的奧祕。因為人們這樣說：

依靠思想的清淨，消除一切善業和惡業，
清淨的自我居於自我中，享受永久幸福。——20

「無我」（nirātman）指放棄個體自我，與至高自我合一。

別處還有這樣的說法：有一條名為蘇迅那的脈管，貫通上顎，引導氣息向上。通過它，與氣息、唵音和思想結合，他上升。用舌尖頂住上顎，摒棄感官，憑偉大觀看偉大。這樣，他獲得無我性。由於這種無我性，他不再享受苦樂，獲得獨一無二性。因為人們這樣說：

首先保持平靜，然後控制氣息，

就能超越有限，戴上無限頂冠。——21

「憑偉大觀看偉大」，也就是憑自我觀看自我。「獨一無二性」指梵性。

別處還這樣說：確實，應該沉思兩種梵：聲和無聲。依靠聲顯示無聲。唵是聲。依靠它，上升，最終達到無聲。人們說，這是歸宿，這是永生，這是合一，這是寂靜。正像蜘蛛沿著蛛絲向上，獲得廣闊空間，沉思者依靠唵，上升，達到獨立自主。

另一些聲論者有不同說法：用拇指按住耳朵，能聽到心中空間的聲音。對它有七種比喻：如河流，鈴鐺，銅器，車輪，蛙鳴，下雨，密室私語。一旦超越各種特徵，便隱沒在至高、無聲、不顯現的梵中。在那裡，沒有各種性質，沒有各種分別，猶如各種液汁合成蜜汁。因為人們這樣說：

應知兩種梵：聲梵和至高的梵，

通曉聲梵者，獲得至高的梵。——22

這頌見《摩訶婆羅多》12.224.60。「聲梵」通常指稱吠陀。

別處還這樣說：唵這個音節是聲。它的頂端是平靜，無聲，無畏，無憂，歡喜，滿足，堅定，不動，不死，不落，持久，名為毗濕奴，超越一切。應該崇拜這兩者。因為人們說：

既高又低，這位神以唵音命名，

無聲無有，應該將它安於頭頂。——23

別處還這樣說：身體是弓，唵音是箭，思想是箭頭，黑暗是靶子。穿越黑暗，達到沒有黑暗籠罩的地方。破除籠罩的黑暗，便看到梵。它閃耀似火輪，光輝似太陽，充滿活力，超越黑暗。它在那個太陽中，也在月亮中，火中，閃電中，閃閃發光。確實，看到它，便獲得永生。因為人們這樣說：

沉思導向內在至高真實，也導向外在對象，
這樣，沒有特殊性的意識變得有特殊性；
待到思想隱沒，便獲得自我見證的幸福，
那就是梵，永生，光明，歸宿，究竟世界。——24

別處還這樣說：猶如在睡眠中感官收回，猶如在夢中思想純淨，身處感官巢穴而不受束縛，他就看到名為唵音的引導者，以光為形，無眠，無老，無死，無憂。這樣，他也成為名為唵音的引導者，以光為形，無眠，無老，無死，無憂。因為人們這樣說：

這樣，他與氣息、唵音和多種多樣的
一切結合或被結合，因而稱為瑜伽。
氣息、思想和各種感官合一，
摒棄一切事物，這稱為瑜伽。——25

別處還這樣說：確實，正如漁夫用網捕取水中的魚，祭供腹中之火，同樣，唵音攝取這些氣息，祭供無病之火。正如熱罐中的酥油接觸到點燃的柴草而燃燒，同樣，這個名為無氣息者接觸到氣息而燃燒。這燃燒者是梵的形態，是毗濕奴的至高居處，樓陀羅的樓陀羅性。它將自己分成無限多樣，布滿這些世界。因為人們這樣說：

正如那些火花出自火，光線出自太陽，
氣息等等一再出自它，依次進入世界。——26

「無病之火」和「無氣息者」均指梵。「樓陀羅性」也可意譯為威猛性。

別處還這樣說：確實，至高和永生的梵沒有身體。而它的光是人的身體的熱量，人的身體則是它的酥油。雖然它顯現，但藏在心的空間中。人們依靠凝聚思慮，騰出空間，這樣，它的光彷彿進入。然後，自己迅速進入這種狀態，思想及其依托也就寂滅。這如同鐵塊埋進泥土，很快具有泥土性，火和鐵匠也就不會麻煩這泥土般的鐵塊。因為人們這樣說：

心中空間構成的庫房，歡喜，至高居處，
是我們自己和瑜伽，是火和太陽的光。——27

別處還這樣說：超越五大元素和感官對象後，手中握弓，以出家為弓弦，以堅定為弓背，以擺脫自大為箭，射殺梵的第一門衛。這個門衛以癡迷為頭冠，以貪婪和妒忌為耳環，以懶散、昏睡和邪惡為棍棒，自高自大，手中握弓，以憤怒為弓弦，以貪得為弓背，以欲望為箭，傷害眾生。射殺這個門衛後，以唵音為船，抵達心中空間的彼岸。在漸漸顯現的內在空間中，進入梵的廳堂，猶如探礦者掘洞探礦。在老師指導下，解除四網構成的梵鞘。然後，他變得純潔，清淨，空無，平靜，無氣息，無我，無限，不滅，堅定，永恆，不生，自主，立足於自己的偉大。看到自己立足於自己的偉大，便看清生死輪迴如同車輪轉動。因為人們這樣說：

修練瑜伽六個月，始終超凡脫俗，
他便通曉無限、至高和隱祕的瑜伽；
深陷憂性和暗性，執著妻兒家族，
即使他充滿熱情，仍將一無所獲。——28

「四網構成的梵鞘」指食物、氣息、思想和知識。參閱《泰帝利耶奧義書》2.1-4。

說完這些，夏迦耶尼耶內心沉靜，向他敬禮，說道：「國王啊，生主的兒子們依靠這種梵的知識登上梵路。通過修練瑜伽，人們獲得滿足，能夠承受對立的事物，達到平靜。這種隱祕的知識，不能傳給非兒子和非弟子，只能傳給具備一切品德而對業師忠誠不二者。」——29

國王指巨車王，見前面1.2。「生主的兒子們」指婆利奇利耶人，見前面2.3。

唵！應該在清淨之地，保持清淨，立足善性，研究真實，宣講真實，沉思真實，祭祀真實。然後，他在渴望真實的梵中獲得轉變，煥然一新。斬斷束縛是他獲得的果報。他無所企求，擺脫對別人的恐懼，如同別人擺脫對他的恐懼。他摒棄欲望，獲得永不毀滅的無量幸福。確實，摒棄欲望，如同獲得至高寶庫中的至高珍寶。因為人由一切欲望構成，以決心、意願和自大為標誌，受到束縛。

只有反其道而行之，才能獲得解脫。

對此，有些人說，性質受原初物質變化的控制，用決心之類束縛自我。只有克服決心之類的錯誤，才能獲得解脫。確實，人用思想觀看，用思想聽取。欲望，意願，懷疑，信仰，不信仰，堅定，不堅定，羞愧，沉思，恐懼，這一切都是思想。它隨性質之流漂移，受汙染，不堅定，輕浮，沮喪，渴望，迷亂，自高自大，心想：「我是他。這個是我的。」它自己束縛自己，猶如陷入網中的鳥。因此，人以決心、意願和自大為標誌，受到束縛。只有反其道而行之，才能獲得解脫。因此，應該排除決心，排除意願，排除自大。這是解脫的標誌。這是從這裡通向梵的道路。這是敞開的門。通過它，超越黑暗，達到彼岸。因為一切願望都容納其中。

參閱《大森林奧義書》1.5.3。

對此，人們這樣說：

一旦五種認知能力和思想保持安靜，

知覺不再活動，人們說這是至高歸宿。

「五種認知能力」也就是眼、耳、鼻、舌和身五種感官。

說完這些，夏迦耶尼耶內心沉靜。摩錄多按照儀軌向他行禮致敬。摩錄多已經達到目的，沿著太陽北行之道離開，因為別無他路。這是從這裡通向梵的道路。他穿越太陽之門，向上離去。

「摩錄多」是巨車王的稱號，見前面2.1。

對此，人們這樣說：

它居於心中，如同一盞明燈，光芒無限，
白色，黑色，棕色，藍色，褐色，粉紅色；
其中一道光芒向上伸展，穿透太陽光輪，
依靠它，人們越過梵界，達到最高歸宿。
還有另外的一百道光芒向上伸展，
依靠它們，人們到達眾天神的居處；
還有各種各樣微弱的光芒向下伸展，
人們不由自主，陷身塵世，享受業果。

參閱《歌者奧義書》8.6。

因此，那個可尊敬的太陽是創造、天國和解脫的原因。——30

有人問：「這些活動的感官具有什麼性質？誰是它們的釋放者和控制者？」回答說：「它們屬於自我的性質。自我是它們的釋放者和控制者。有誘人的感官對象和名為太陽光線者。自我依靠這五種光線享用感官對象。」

「五種太陽光線」指五種感官。與它們對應的五種感官對象是色、聲、香、味和觸。

「這自我是什麼？」「人們說，它的特徵是純潔、清淨、空無和平靜等等。通過它自己的這些特徵得以認知。有些人說，這個無特徵者的特徵如同寓於火中的熱量，寓於水中的清涼之味。另一些人說，它是語言、耳朵、眼睛、思想和氣息。還有一些人說，它是知覺、堅定、記憶和智慧。確實，這些特徵對於它，猶如芽對於種子，煙、光焰和火花對於火。」

對此，人們這樣說：

正如那些火花出自火，光線出自太陽，
氣息等等一再出自它，依次進入世界。——31

確實，從自我中出現一切氣息，一切世界，一切吠陀，一切天神，一切眾生。它的奧義是真實中的真實。猶如濕柴置於火中，冒出煙霧，同樣，從這偉大存在的呼吸中產生《梨俱吠陀》、《夜柔吠陀》、《娑摩吠陀》、《阿達婆安吉羅》、史詩、往世書、知識、奧義書、偈頌、經文、注釋和注疏，以及一切眾生。——32

參閱《大森林奧義書》2.1.20 和 2.4.10。《阿達婆安吉羅》即《阿達婆吠陀》。

這個五磚祭壇的家主祭火是年。這五磚是春季、夏季、雨季、秋季和冬季。它有頭、雙翼、背和尾。對於知原人者，這個祭火是大地，祭供生主的第一堆火。它用手舉起祭祀者，送往空中，交給風。

祭壇形狀似展翅之鳥，故而有頭、雙翼、背和尾。「原人」指自我。

確實，風是氣息。氣息是南祭火。它的五磚是元氣、行氣、下氣、中氣和上氣。它有頭、雙翼、背和尾。對於知原人者，這個祭火是空中，祭供生主的第二堆火。它用手舉起祭祀者，送往空中，交給因陀羅。

確實，因陀羅是那個太陽。太陽是東祭火。它的五磚是《梨俱吠陀》、《夜柔吠陀》、《娑摩吠陀》、《阿達婆安吉羅》和史詩往世書。它有頭、雙翼、背和尾。對於知原人者，這個祭火是天空，祭供生主的第三堆火。它用手舉起祭祀者，送往知自我者（生主），由知自我者交給梵。在那裡，他高興喜歡。——33

大地是家主祭火，空中是南祭火，天空是東祭火。它們是淨化者、清淨者和純潔者，因此，祭祀得以展現。腹中消食之火也是淨化者、清淨者和純潔者的聚合。因此，應該祭供、安置、讚頌和沉思祭火。祭祀者手捧祭品，心中沉思天神：

這金色的鳥在心中和太陽中，我們
祭供祭火中光輝似雨的水鳥，天鵝。

他也思考這首頌詩的意義：那是沙維特利（太陽）的寵愛，應該沉思它的光輝。他在知覺中沉思，進入思想平靜的境界，將它安放在自我中。在這方面，有這些偈頌：

正如撤去柴薪，火在原地安息，
斷絕活動，思想也在原地安息。

儘管追求真實的思想在原地安息，然而，
受宿業控制，受感官對象誘惑，仍有妄念。
因為思想就是世界，應該努力淨化它；
想什麼便成為什麼，這是永恆的奧祕。

這裡譯為「世界」的 saṁsāra 一詞，也可譯為「輪迴」，參閱前面 1.4。

依靠思想的清淨，消除一切善業和惡業，
清淨的自我居於自我中，享受永久幸福。

如果人的思想都像執著感官對象那樣
執著梵，那麼，還有誰不能獲得解脫？

人們將思想分為兩種：純潔和不純潔；
執著欲望而不純潔，摒棄欲望而純潔。

擺脫昏睡和迷亂，讓思想保持安靜不動，
一旦進入無意識狀態，便達到最高境界。

應該抑止思想，直到它在心中滅寂，
這是智慧和解脫，其他一切是贅言。

思想靠入定滌除汙垢，進入自我而幸福，
這不可言表，只能自己靠內部感官把握。
水中之水，火中之火，空中之空，不可分辨，
正是這樣，思想進入自我，也就獲得解脫。
這思想是人類束縛和解脫的原因：
執著對象為束縛，擺脫對象為解脫。
因此，不祭供祭火者，不安置祭火者，無知者，不沉思者，他們對空中梵界的記憶受到阻塞。
所以，應該祭供、安置、讚頌和沉思祭火。——34
向居於大地、記住世界的火神致敬！請賜予祭祀者以世界！
向居於空中、記住世界的風神致敬！請賜予祭祀者以世界！
向居於天空、記住世界的太陽神致敬！請賜予祭祀者以世界！
向居於一切、記住一切的梵致敬！請賜予祭祀者以一切！
真理的面容覆蓋著金盤，普善啊！
請你揭開它，讓人看到真法毗濕奴。

參閱《大森林奧義書》5.15.1和《自在奧義書》15。毗濕奴（Viṣṇu）是神名，按詞義是遍及一切者。

太陽中的那個原人就是我。這真法就是太陽的太陽性。它是純潔的原人性，沒有性別。

進入天空的光芒只是它的一部分。它彷彿在太陽中，眼睛中，火中。它是梵，是永生者，是光輝，是真法。

進入天空的光芒只是它的一部分。它是太陽中的甘露，月亮和各種氣息是它的嫩芽。它是梵，是永生者，是光輝，是真法。

進入天空的光芒只是它的一部分。它是在太陽中閃耀的夜柔。它是唵，是水，是光，是永生者，是梵，是地，是空，是天，唵！

八足，純潔，天鵝，三線，極微，不滅，
無視善惡兩性，見到一切者見到它。

「天鵝」指自我或梵。「八足」和「三線」（或「三經」）含義不詳。

進入天空的光芒只是它的一部分。它在太陽中升起，成為兩道光芒。它是智者，是真法，是夜柔，是熱量，是火，是風，是氣息，是水，是月亮，是精液，是甘露，是梵的領域，是光的海洋。祭祀者們如同鹽塊溶化其中，與梵合一。因為一切願望都容納其中。

對此，人們這樣說：

在眾天神中閃爍光輝，
如同微風吹動的燭光，
他知道這樣，知道對立，

知道合一，而與它合一。
如同不斷揚起的水沫，
如同高空雲中的閃電，
他們依托閃耀的光焰，
如同火的美妙的髮髻。——35

確實，梵的光芒有兩種形態：一種安靜，一種增長。安靜者依托空，增長者依托食物。因此，應該向祭壇祭供頌詩、藥草、酥油、肉類、糕餅和米飯等等，也將嘴視為東祭火，將剩餘的食物和飲料投入其中，以增長精力，贏得功德世界，達到永生。

祭祀者首先將食品祭神，然後自己吃祭神剩餘的食品。

對此，人們這樣說：嚮往天國，應該舉行火祭。通過讚頌火神的祭祀，贏得閻摩王國。通過詠唱讚歌的祭祀，贏得月亮王國。通過為期十六天的祭祀，贏得太陽王國。通過徹夜祭祀，贏得因陀羅王國。通過為期長達一千年的祭祀，贏得生主王國。

正如燈芯、燈托和燈油結合，燈就存在，
與宇宙之卵結合，自我和光輝就存在。——36

因此，應該用唵音崇拜無限的光輝。它有三種展現：在火中，在太陽中，在氣息中。祭供給火的大量食物通過脈管傳送給太陽。然後，液汁成流，降下雨水，如同讚歌。由此，這些氣息存在。

依靠這些氣息，眾生存在。

對此，人們這樣說：祭供給火的食物傳送給太陽。太陽用光線降雨。由此，產生食物。由食物產生眾生。因為人們這樣說：

祭品正確地投放火中，抵達太陽，
太陽生雨，雨生食物，食物生眾生。——37

舉行火祭者破除貪欲之網。由此，他破除癡迷，不再喜好發怒。他沉思願望，解除四網構成的梵鞘。由此，他達到至高的空。在那裡，他穿越太陽、月亮、火和真實者的領域。由此，他獲得淨化，看到它安居於真實中，不動，不死，不落，持久，名為毗濕奴，至高無上的居處，以真實為意願，通曉一切，獨立自主的精神，立足於自己的偉大中。

對此，人們這樣說：

月亮居於太陽中，火居於月亮中，
真實居於火中，不滅居於真實中。

沉思身體之內一拃口中間那個拇指般的、比微小更微小者，他便達到至高狀態。因為一切願望都容納其中。

「一拃口」指心。「拇指般的、比微小更微小者」指自我或梵。

對此，人們這樣說：

身體一拃口中，拇指般大小者，像燈火的光焰，二重，三重，那是受讚頌的梵，進入萬物的大神。

唵！向梵致敬！致敬！——38

第七章

火神，伽耶特利詩律，三重頌詩，羅檀多羅讚歌，春季，元氣，星星，眾婆藪神，從東方升起，發熱，降雨，讚頌，然後又進入，透過縫隙觀看。它不可思議，無形體，深沉，隱祕，無可挑剔，緊密，無性質，純潔，光輝，享受性質，恐怖，不流轉，瑜伽之主，通曉一切，強大，不可測量，無始無終，吉祥，不生，睿智，不可描述，創造一切，一切的自我，享受一切，一切的主宰，一切的底蘊。——1

因陀羅，特利濕圖樸詩律，十五重頌詩，毗訶特讚歌，夏季，行氣，月亮，眾樓陀羅神，從南方升起，發熱，降雨，讚頌，然後又進入，透過縫隙觀看。它無始無終，不可測量，不可分割，不與他者聯合，獨立自主，無標誌，無形體，能力無限，創造者，創造光明者。——2

眾摩錄多神，遮伽提詩律，十七重頌詩，維盧波讚歌，雨季，下氣，金星，眾太陽神，從西方升起，發熱，降雨，讚頌，然後又進入，透過縫隙觀看。它平靜，無聲，無畏，無憂，歡喜，滿足，堅定，不動，不死，不落，持久，名為毗濕奴，至高無上的居處。——3

眾毗奢神，阿奴圖濕樸詩律，二十一重頌詩，維羅遮讚歌，秋季，中氣，伐樓那神，眾沙提耶神，從北方升起，發熱，降雨，讚頌，然後又進入，透過縫隙觀看。它內在純潔，清淨，空無，平靜，無氣息，無我，無限。——4

密多羅神和伐樓那神，般格提詩律，二十七重和三十三重頌詩，夏格婆羅和雷婆多讚歌，寒季和霜季，上氣，眾安吉羅祭司，月亮，從上方升起，發熱，降雨，讚頌，然後又進入，透過縫隙觀看。它名為唵音，引導者，以光為形，無眠，無老，無死，無憂。——5

土星、羅睺、計都星、蛇、羅剎、藥叉、人、鳥、鹿和象等等，從下方升起，發熱，降雨，讚頌，然後又進入，透過縫隙觀看。它睿智，安排一切，寓於一切，不滅，純潔，清淨，光輝，寬容，平靜。——6

確實，它是心中的自我，微妙，猶如點燃的火，具有一切形態，以所有這一切為食物，眾生交織在它之中。這自我擺脫罪惡，無老，無死，無憂，無疑惑，無束縛，以真實為意願，以真實為欲望。它是至高自在，眾生之主，眾生保護者。它是堤防，維持者。這自我確實是主宰者，商波，薄婆，樓陀羅，生主，創造一切者，金胎，真實，生命，天鵝，導師，不落者，毗濕奴，那羅延。它在火中，在那個太陽中。它是唯一者。

向藏在真實的空中而具有一切形態的你致敬！——7

現在，國王啊，講述知識面對的危害。適合進入天國者與不適合進入天國者混淆不清，這是陷入愚癡之網的根源。儘管已經指出前面有無花果樹林，人們還是熱衷眼底下的草叢。

一些人經常娛樂，經常出遊，經常乞討，經常賣藝為生。一些人在城鎮中乞食，為賤民舉行祭祀，充當首陀羅的學生，或身為首陀羅卻通曉經典。一些人是騙子，偽善者，舞伎，雇傭兵，出家者，演員，褻瀆王室職務者，諸如此類。一些人自稱能降服藥叉、羅剎、鬼怪、精靈、鬼魂、蛇和魑魅等等，謀取錢財。一些人偽裝苦行者，穿袈裟衣，佩戴耳環和骷髏。一些人用偽思辨和假例證編織因陀羅網，企圖迷惑吠陀信眾。不能與這些人相處。他們顯然是盜賊，沒有資格進入天國。

按照婆羅門教，首陀羅是低級種姓，不能學習和教授經典。

因為人們這樣說：

用虛假的例證和因明，
宣揚否定自我的學說，
世上的人們受到迷惑，
不知吠陀和俗學有別。——8

因明（Hetuvidyā），為五明（聲明、內明、因明、醫方明、工巧明）之一，是一種思考法，也是探索真理的方式。

確實，毗訶波提曾經化作太白仙人，為了毀滅阿修羅，讓因陀羅擺脫恐懼，創造了無知。這樣，阿修羅們出於無知，指善為惡，指惡為善，鼓動人們追逐各種危害吠陀等等經典的法則。因此，不能聽取這種教導。那好比是石女，僅僅享受欲樂而已，違反常規，不能效法。因為人們這樣說：

「石女」指不能生育的女子。

智者們明白無知和知識，
這兩者的指向迥然有別；
我認為那吉蓋多渴求知識，
眾多的欲望不能動搖你。

這頌見《伽陀奧義書》1.2.4。

同時知道無知和知識這兩者的人，
憑無知超越死，憑知識達到不死。

這頌見《自在奧義書》11。

始終生活在無知之中，
卻自認是智者和學者；
愚人們徘徊在歧路，
猶如盲人引導盲人。——9

這頌見《伽陀奧義書》1.2.5。

確實，天神和阿修羅渴望自我，來到梵天身邊，向他致敬，說道：「尊者啊，我們渴望自我，請你告訴我們！」他沉思良久，心想：「這些阿修羅需要另一種自我。」於是，他告訴他們另一種自我。從此，這些愚者就這樣陷身癡迷，毀棄渡船，稱頌謬誤。他們反將真理視同謬誤，如同因陀羅網。因此，唯有吠陀中的教導是真理。智者們按照吠陀中的教導生活。因此，婆羅門不應該學習非吠陀知識。這應該是目標。——10

參閱《歌者奧義書》8.7-8。

確實，心穴中的空的自身形態就是那至高的光。它分成三種：在火中，在太陽中，在氣息中。確實，心穴中的空的自身形態就是唵這個音節。通過它，至高的光覺醒，上升，呼氣。它始終是學習梵的依靠。

確實，至高的光在氣息中放光發熱，正如煙在空中，圍繞主幹，生出枝枝杈杈。如投入水中的鹽，如酥油中的熱力，沉思者的思慮蔓延擴大。對此，人們這樣說：「為何稱它為閃電？因為它一出現，就照亮整個身體。」因此，應該用唵音崇拜這無量的光。

這位眼中原人居住在右眼中；
他是因陀羅，其妻居住左眼中。

參閱《大森林奧義書》4.2.2-3。

兩者匯合在這心穴中，
血球形成兩者的精力。

從心中延伸至眼睛，停在那裡，
一條脈管為這兩者一分為二。

思想激發體內之火，火激發風，
風在胸中湧動，產生輕柔之聲。

它與心中激起的火接觸，
比微小更微小，達到喉嚨，
擴大為兩倍，而達到舌尖，
則擴大為三倍，成為字母。

這樣的見者，不見死亡，
不見疾病，不見痛苦，
這樣的見者，無論何處，
看見一切，獲得一切。

這頌見《歌者奧義書》7.26.2。

用眼觀看，漫遊夢中，
進入沉睡，超越沉睡，
這是它的四種狀態，
而以第四種為至高。

梵以一足用於三種狀態，
而以三足用於至高狀態，
為了體驗真實和虛假，
偉大的自我具備二重性。

確實，偉大的自我具備二重性。——11

「偉大的自我」指至高自我，即梵。自我的「四種狀態」和「四足」，參閱《蛙氏奧義書》。

InSpirit 22

奧義書：生命的究竟奧祕【印度文學名家翻譯導讀】
Upaniṣad

作　者　佚名
譯　者　黃寶生
社　長　張瑩瑩
總編輯　蔡麗真
主　編　徐子涵
行銷企劃　林麗紅
封面設計　羅心梅

出　版　自由之丘文創事業
發　行　遠足文化事業股份有限公司(讀書共和國出版集團)
地址：231新北市新店區民權路108-3號8樓
電話：(02) 2218-1417　傳真：(02) 8667-1065
電子信箱：service@bookrep.com.tw
網址：www.bookrep.com.tw
郵撥帳號：19504465遠足文化事業股份有限公司
客服專線：0800-221-029

法律顧問　華洋法律事務所蘇文生律師
印　製　呈靖彩藝有限公司
初　版　2017年10月
二　版　2025年3月

ISBN　9786269857272 (紙本書)
　　　9786269857258 (PDF)

圖書館出版品預行編目 (CIP) 資料

書 : 生命的究竟奧祕 / 佚名著 ; 黃寶生譯.
版. -- 新北市 : 自由之丘文創事業出版 : 遠
化事業股份有限公司發行, 2025.03
;　公分. -- (Inspirit)
: Upaniṣad
N 978-626-98572-7-2(精裝)

T: 印度哲學

1　　114000098

ॐ

ॐ

ॐ

ॐ